GISELA GRAICHEN

Die neuen Hexen

W0094252

Buch

Wo der Glaube an Rationalismus, Wissenschaft und technischen Fortschritt brüchig geworden ist, wo sich die etablierten Kirchen vor dem
Hintergrund sozialer und ökologischer Probleme schwertun, Seelenheil
zu vermitteln, da wenden sich immer mehr Menschen einem Kult zu,
der nach den angloamerikanischen Ländern sich auch in Deutschland
in einer etablierten – doch immer noch unzusammenhängenden –
Szene verfestigt hat: neue Hexen und Heiden, die ihr Heil in vorchristlichen Religionsformen suchen.
Der Hexenboom der achtziger Jahre war mehr als ein Modetrend, wie
wir heute wissen. Die ernsthafte Suche nach Sinn, Religion und Kult im
»heidnischen« Glauben, nach altem Wissen und überlieferten Ritualen
hinterläßt ihre Spuren. Die Hexen sind vielfach aus ihrem Nischendasein heraus in die Öffentlichkeit gegangen, der zunehmend bewußt
wird, welche Möglichkeiten – z. B. auf dem Gebiet der Selbstheilungsarbeit – Rituale und innere Heilungsreisen bieten. Auch wenn sie sich
heute nicht mehr Hexe nennen, ist Hexesein ein Teil ihrer Persönlichkeit und Lebensweise geworden.
Neue Hexen und Grenzgänger geben in diesem Buch – zum Teil erst
nach langem Zögern aus Furcht vor gesellschaftlicher Ächtung – Auskunft über ihr Hexesein, was für viele von ihnen gleichbedeutend ist
mit gewonnenem Selbstvertrauen: Hexesein als Quelle, als Nahrung, als
Lehrstück.

Autorin

Gisela Graichen studierte Publizistik, Rechts- und Staatswissenschaf-
ten und ist diplomierte Volkswirtin. Als Fernsehautorin konzipierte sie
die Filmreihen »C 14« und »Schliemanns Erben« über neue For-
schungsergebnisse der Archäologie. Von ihr erschienen u. a. die Bücher:
»Das Kultplatzbuch«, »C 14 – Vorstoß in die Vergangenheit«, »C 14 –
Die Gebeine des Papstes«, »Schliemanns Erben und die Botschaft der
versunkenen Städte« und »Schatzjäger in Deutschland«.

Gisela Graichen

Die neuen Hexen

Gespräche mit Hexen

GOLDMANN

Dank
dem Hamburgischen Museum für Völkerkunde für die
Möglichkeit der Benutzung des »Hexenarchivs«

Umwelthinweis:
Alle bedruckten Materialien dieses Taschenbuches
sind chlorfrei und umweltschonend.

Aktualisierte und um ein neues Vorwort
erweiterte Taschenbuchausgabe Mai 1999
Wilhelm Goldmann Verlag, München,
in der Verlagsgruppe Bertelsmann GmbH
© 1986 und 1999 by Gisela Graichen
Umschlaggestaltung: Design Team München
unter Verwendung eines Fotos von Gisela Floto
Satz: Uhl + Massopust, Aalen
Druck: Elsnerdruck, Berlin
Verlagsnummer: 15049
AM · Herstellung: Sebastian Strohmaier
Made in Germany
ISBN 3-442-15049-3

1 3 5 7 9 10 8 6 4 2

Inhaltsverzeichnis

»Aberglaube regiert die seufzende
Christenheit, aber auf dem Olymp sitzt
ein junger Heidengott, schüttelt die
hellen Locken und lacht.«

HEINRICH HEINE

Die neuen Hexen –
an Macht gewonnen?

Oder:
Vom Hexenhaus ins Global village

Januar 1999. Die Spuren der Sonnwendfeier sind von einem leichten Reif überdeckt. Der Steinkreis im denkmalgeschützten Forst ist vom Laub gereinigt, in der Mitte liegen die schwarzverkohlten Reste des Feuers. Auf den Steinen, den vier Himmelsrichtungen zugewandt, frischer Kerzentalg. Keine schwarzen Kerzen, keine umgedrehten Kreuze aus Zweigen, nichts weist auf satanistische Kulte. Im Gegenteil, Bucheckern, Körner, Früchte, eine zartrosa Muschel als Frauensymbol deuten eher auf ein weißes Hexenritual von Frauen hin. Frauen, denen es offenbar um Fruchtbarkeit auch in einem ganz bestimmten Sinn geht. In der vor Jahrtausenden künstlich eingemeißelten Opferrinne des Steins liegt versteckt unter einer weiteren Muschel ein Pfennig: Geldmagie! Ein paar Schritte weiter, außerhalb des in vorgeschichtlichen Zeiten angelegten Kultplatzes, ist auf einem großen, flachen Stein eine Art Altar aufgebaut mit Bucheckern, Nüssen, Kastanien und einem skelettierten Tierschädel – nicht anders als schon vor 13 Jahren in den Zaubergärten der Frauen.

Deutschlands Archäologen stehen häufig etwas hilflos vor dem »Monumentenmißbrauch«. Solange vorsichtig und achtsam mit den Denkmälern unserer Vorzeit umgegangen wird, sind die Relikte moderner Zeremonien den Wissenschaftlern zwar obskur, aber es gibt keine Einwände. Wie die Christen in die Kirche ziehen moderne Heiden und Hexen zu den alten Opferstätten, zu ihren heiligen Orten, um hier ihre Rituale zu feiern, vor allem an den Jahreskreisfesten. Die Plätze werden gesäubert, Blumen mitgebracht, ein Altar aufgebaut, gesungen, getanzt.

Doch zuweilen entwickelt es sich in eine Richtung, wo jedes Verständnis aufhört: An einem germanischen Heiligtum aus der Zeit um Christi Geburt wurde – versteckt in einem Wäldchen – vor jedem der 13 im Kreis stehenden Menhire eine bunte Glaskugel deponiert, in der Mitte frische Wiesenblumen oder im Winter ein paar hübsche Tannenzweige. Ein Platz, der über Jahre immer wieder von der »Szene« begangen und augenscheinlich geehrt wurde. Bis die Stimmung kippte und der Zorn der Vorgeschichtler hervorgerufen wurde. Die Steine waren eines Tages ausgegraben und verrückt, man hatte nachgesehen, ob darunter etwas verborgen lag. Die Glasperlen waren verschwunden, frische Blumen gab es nicht mehr, dafür in die Bäume eingeritzte Runen, Spuren von Feuern, blutige, abgebrochene Pfeile. Der Landesarchäologe von Mecklenburg-Vorpommern, Dr. Friedrich Lüth, besuchte durch Zufall den Platz, kurz nachdem hier ein Opferritual stattgefunden hatte: Ein Hund war verbrannt worden, der halbverkohlte Kopf war noch gut identifizierbar. Sicher keine Weiße Magie, keine Beschwörung guter Energien, die hier stattgefunden hatte.

Denn »die« Szene gibt es nicht. Zwischen rechten Germanentümlern und neuen Hexen – Frauen und Männern, die sich in der Tradition der weisen, kräuterkundigen Heilerinnen sehen – tummelt sich nach wie vor ein breites Spektrum.

Wie hat sich die Hexenszene entwickelt seit der ersten Auflage von *Die neuen Hexen* vor 13 Jahren? Die Spuren der Rituale zeigen, es gibt sie noch, und sie üben immer noch dieselben Zeremonien aus. Nach dem Erscheinen gab es Hunderte von Zuschriften, erstaunlicherweise über die Hälfte von Männern. Fast alle wollten Kontakt zu Hexenzirkeln, wollten, daß ihre Briefe an die für das Buch Interviewten weitergeleitet wurden. Die baten recht bald, ihnen nichts mehr zuzuschicken. (Dies als Grund und Entschuldigung an alle, die keine Antwort bekommen haben.)

Die Zusendungen sind weniger geworden, aber sie kommen nach wie vor. Fast euphorisch geht es überwiegend darum, daß man sich endlich verstanden fühlt, gemäß dem alten Hexenspruch »Wisse, du bist nicht allein.« Gleichgesinnte werden in Hexenzirkeln gesucht: »Es ist unheimlich schwer, jemanden zu finden, der genauso veranlagt ist und sich dessen auch bewußt ist.«

Ein junger Mann schreibt: »Da mir die Okkultecke nicht mehr zusagt – oder nie zugesagt hat –, wahrscheinlich, weil ich doch ein Kelte bin, suche ich Verbindung zur Hexenszene. Ich meine Leute, denen es wirklich um die alte Weisheit geht.« Eine Frau aus dem Rheinland: »Durch die Lektüre des Buches habe ich jetzt erst erfahren, daß ich schon seit vielen Jahren eine Hexe bin.« Ein Berliner Krankenpfleger: »Ein Neuanfang für mich in Lieben und Selbsterkenntnis.« Ein Mann aus Bayern erklärt auf 36 eng getippten Seiten: »Ein langer Weg ist es, Magier zu werden. Manche versuchen es ihr Leben lang und kommen über das Ablesen von Zaubersprüchen nicht hinaus. Ganz zu schweigen von denen, die Hexe sein bzw. werden möchten.«

Um Hilfe in Lebenssituationen, aus denen man nicht mehr alleine herausfindet, geht es in vielen Briefen. Und sie zeugen von einer erschreckenden Einsamkeit und verzweifelten Sehnsucht nach Kontakten. Unwillkürlich fragt man sich, gibt es keine Familie, keine Freunde, die auffangen können? Die Kirchen können es offenbar nicht mehr, wie viele schreiben: »Der Katholizismus bringt mir nichts mehr. Zu viele Regeln und Tabus, die mit meinem Verständnis von Natur nicht zu vereinbaren sind… Ich bin gläubig, aber mit der katholischen Kirche kann ich nichts anfangen. Wer weiß, was uns bis heute von der Lehre Christi wirklich überliefert wurde.« So eine 24jährige katholische (»bis jetzt«) Angestellte in einer süddeutschen

Kommunalverwaltung. Bei der Suche nach dem Sinn des Lebens und dem richtigen Lebensweg soll geholfen werden, bei Problemen aller Art, Praktiken zur Geld- und Sexualmagie, Liebeskummer und Krankheiten. Ganz sachlich schreibt ein 24jähriger aus Köln, daß er sehr krank sei. Aber es gäbe doch Fälle, in denen durch Weiße Magie Menschen geheilt worden seien, die von den Ärzten aufgegeben wurden. Er bittet um Adressen von weißen Hexen, da es sehr schwer sei, an sie heranzukommen: »Ärzte schlägt man im Telefonbuch nach. Doch Hexen findet man in keiner Rubrik.«

Einer jungen Frau aus Süddeutschland soll nur postlagernd geantwortet werden, da sie doch in einer Kleinstadt lebe. Kontakt zur Hexenszene suchen viele, doch die meisten haben nach wie vor Furcht, dies zuzugeben oder sich gar öffentlich dazu zu bekennen. Haben sie Angst, als esoterische Spinner abgetan zu werden? Oder mit Satanismus und Schwarzer Magie in einen Topf geworfen zu werden?

Glimmen die Scheiterhaufen immer noch, wie die Begründerinnen der »Hexenschule Rheingau e. V.« vor 13 Jahren formulierten? Angelika Koppe, eine der wenigen, die damals bereit war, unter ihrem richtigen Namen für das Buch zu sprechen (siehe S. 224 ff.), ist auf ihrem Weg weitergegangen – und in eine ganz spannende Richtung. Nach der einstigen »Hexenschule« hat sie heute »Wildwuchs« gegründet, ein Beratungs- und Ausbildungsinstitut für Selbstheilungsarbeit in Walluf bei Wiesbaden. Sie selber ist Soziotherapeutin für chronisch und lebensgefährlich Erkrankte. Die heute 45jährige hat die Hexenschule nicht wegen der damaligen Anfeindungen aufgegeben. Im Gegenteil. Sie ist bewußt und offensiv mit ihrem Wissen in die Öffentlichkeit gegangen. »Es war ein toller Begriff, aber nichts, wovon man leben kann. Hexe war der Inbegriff von altem Wissen und Frauenmacht, die mit ebendiesem Wissen zusammenhängt. Aber er war zu abgegrenzt, gesellschaftlich nicht akzeptiert. Es war ein Nischendasein, ein Leben in der Ecke, verdeckt, versteckt, gezwungenermaßen heimlich, von Frauen, die ihr Wissen für sich behielten. Für mich war wichtig, aus diesem Nischendasein heraus und in die Öffentlichkeit zu gehen. Heute würde ich mich nicht mehr als Hexe benennen, aber Hexesein ist ein Teil meiner Persönlichkeit und Lebensweise geworden. Heute bin ich vieles zugleich: Hexe/ Wilde Frau, Unternehmerin (= unternehmende Frau), Gesundheitspolitikerin, Forscherin in Selbstheilungswegen, Lehrerin in altem Wissen, Coach für eigenwillige Frauen... Diese Facetten sind neu entwickelt und lassen sich (noch) nicht zu einem neuen Begriff gestalten.

Hexesein war damals wichtig als Basis – und ist es immer noch. Dein Buch brauchen Frauen zur Einführung in Wissen und Macht, als Grundlagenwerk sozusagen. Es ist wie eine Quelle, eine Nahrung, wie ein Knäuel, das man in die Hand nehmen und womit man Fäden entwickeln kann. Hexesein, das war das Lehrstück, das auch immer noch gilt: altes Wissen entdecken, alte Plätze, Kraftplätze, die verschiedenen Ebenen von Heilung, seine Macht entdecken... Aber wir sind in den 13 Jahren weitergegangen, auch die anderen Hexen.«

Haben die neuen Hexen an Macht gewonnen?

»Ja, ja, auf jeden Fall! Unser Selbstbewußtsein ist gewaltig gestiegen. Wir müssen nicht mehr aufpassen, weil wir angegriffen werden, wir müssen uns nicht mehr verstecken. Es hat einen enormen Wandel gegeben: Die anderen brauchen unser Wissen. Mit meiner Selbstheilungsarbeit auf dem Gebiet typischer Frauenkrankheiten arbeite ich mit Schulmedizinern zusammen, mit Uni-Kliniken, sitze in Fachausschüssen. Meine Beratungsmethoden sind öffentlich geworden, und man ist hochinteressiert daran. Schulmedizin wird heute z. B. auch mit schamanischen Ritualen verbunden.

Die Hexen sind mächtige Frauen, waren aber gesellschaftlich gesehen machtlos, solange sie in ihrer Nische saßen und Angst hatten, weil die Welt sie fertigmachen wollte. Diese alten Ängste kommen auch bei mir noch manchmal hoch, dieses Scheiterhaufengefühl, diese Angst, eingemacht zu werden. Aber ich kann heute sehr viel besser damit umgehen. Denn die Gesellschaft braucht das alte Wissen, zum Beispiel mit inneren Bildern, inneren Reisen Heilung zu bewirken, lernen, ganz anders mit dem Körper umzugehen, gerade in der Gynäkologie.

Das ist wie eine Spirale: In dem Maße, wie ich aus der Ecke rausgekommen bin, hat sich auch ein Stückchen die Gesellschaft geändert. Ich hätte niemals geglaubt, welche Macht mit unserer Arbeit bewirkt wird. Wir müssen uns nicht mehr verstecken, im Gegenteil. Ich will Öffentlichkeit, Einfluß, Geld. Frauen und Geld ist ja ein heißes Thema. Ich will Ansehen und Wertschätzung für unsere Inhalte und unserer Kenntnisse. Früher galt das als männlich. Das traut ihr euch? werde ich manchmal von anderen Frauen gefragt. Ja, ich nehme mir alles, was Macht bedeutet. Und es funktioniert! Und ich fühle mich heute total gut!«

Die Historikerin Heidi Staschen (siehe S. 67 ff.), die über die Hexenprozesse der beginnenden Neuzeit ihre Examensarbeit geschrieben, die Wanderausstellung »Hexen« des Hamburger Museums für Völkerkunde mitgestaltet hat und das »Hexenarchiv« führte, ist heute Fachleiterin der Volkshochschule. Für sie war der Begriff Hexe immer auch frauenpolitisch besetzt. Beruflich hat sie viel mit jungen Frauen zu tun: »Die sind weg vom Hexenhaus zum *global village*. Sie brauchen den Begriff Hexe nicht mehr. Sie leben ihn, zumindest einen Teil davon. Die Frage der Frauenemanzipation ist für sie kein Thema mehr. Sie haben das Selbstbewußtsein, das wir für sie erkämpft haben. Für die ist normal, was es für uns noch zu erobern galt, Frauenmacht zum Beispiel. Für uns ging es um drei Dinge: Emanzipation, Frauenmacht und Rituale. Die Hexen vor 13 Jahren guckten vor allem zurück: *religio* = Rückbindung. Heute gucken die nach vorn, in die ganze Welt, vernetzen sich im *global village*. Sie haben Spaß an ihrer *girlie power.*«

Die 28jährige Maren Tomforde ist Ethnologin und seit knapp vier Jahren Leiterin des Hexenarchivs im Völkerkundemuseum Hamburg, das inzwischen in einen großen Raum umgezogen und der Öffentlichkeit zugänglich ist. Zu ihrer wöchentlichen Hexensprechstunde am Donnerstagnachmittag erscheinen regelmäßig 40 bis 50 Besucher, zur Hälfte Männer. »Es war tatsächlich nicht nur eine kurzfristig auftauchende Bewegung, die man in der Ecke lassen kann. Die Bewegung hat sich befestigt – vor allem als Religion – und weiterentwickelt. Was sich entschieden verändert hat, ist die öffentliche Toleranz gegen Hexen, die in den 80er Jahren nur belächelt wurden. Viele Menschen sind anderen Religionsformen im allgemeinen gegenüber offener geworden.«

Ist für sie als studierte Ethnologin das Hexenwesen tatsächlich eine Religion?

»In der völkerkundlichen Definition trifft das natürlich nicht zu. Es fehlen die Kennzeichen regelmäßiger Versammlungen und – zumindest in Deutschland – der Organisationsform. In England, Irland, USA sind viele Hexen in einem *coven* organisiert. (Zu dem *wicca*-Kult siehe S. 167 ff.) Aber viele neue Hexen erzählen mir, daß sie das als ihre Religion ansehen. Sie kommen zu mir und glauben ernsthaft. Und ich nehme den Glauben ernst, wie ich als Ethnologin auch andere Religionsformen in anderen Kulturen akzeptiere. Die magischen Praktiken des Voodoo-Kultes zum Beispiel. Die Menschen, die in die Sprechstunde kommen und Bücher und Aktenordner durchgucken, wenden sehr viel Zeit darauf, sich kundig zu machen. Ich respektiere sie, weil sie sich für Weiße Magie interessieren. Sie wollen niemand damit schaden. Ganz selten kommen schwarzmagisch Interessierte. Die kommen meist in Gruppen und stellen so von hinten herum komische Fragen nach Rezepten, nach dem sechsten und siebten der Bücher Moses. Da bin ich gleich vorsichtig und gebe denen die Moses-Bücher nicht in die Hand, die habe ich auch in einem anderen

Raum, der nicht für die Öffentlichkeit bestimmt ist. In den Moses-Büchern sind Passagen aufgeführt, wie man Hexen erkennt, Kontakt mit dem Teufel aufnehmen kann, bestimmte Anleitungen, um Magie durchzuführen.«

Gibt es immer noch Angst vor der Öffentlichkeit und ein Sichverstecken?

»Viele sprechen jetzt offen darüber. Bei anderen ist die Furcht vor Diskriminierung immer noch da, bis hin zu der Angst, den Arbeitsplatz zu verlieren, weil man nicht mehr ernst genommen wird. Das gibt es schon immer noch, aber seltener. Viele wünschen sich immer noch mehr Toleranz gegenüber ihrem Glauben. Das Problem ist, daß nach wie vor vieles in einen Topf geworfen wird: neue Hexen, Satanisten, Neugermanen…

Viel geändert hat sich in Hinblick auf Hexe und Frauenbewegung. Die hat an Brisanz abgenommen, wir alle profitieren von ihren Ergebnissen. Die Hexenbewegung ist aus der Frauenbewegung heraus entstanden, hat sich aber selbstständig weiterentwickelt Richtung Kult und Religion. Der Glaube an vorchristliche Göttinnen spricht viele Frauen an. Sie wollen ihre Frauenmacht leben. Viele machen auch Geldopferungen, was es früher eher nicht gab, einen Wunschzauber, um Geld oder Jobs zu erreichen.

In die Hexensprechstunde kommen auf jeden Fall immer noch Frauen, die sich verfolgt fühlen, sowohl aus der Stadt als auch die traditionellen ›Dorfhexen‹ vom Land. Einige kommen regelmäßig, auch Männer. Da ist ein großer Bedarf an Aufklärung, um Hilfe zu bekommen, einen Ort zu haben, wo man frei sprechen kann. In mehreren Fällen kommen Menschen, die Angst haben, daß sie verhext werden, die sind so verzweifelt, die rufen so nach Hilfe. Eine Frau aus einem kleinen Dorf aus Mitteldeutschland kommt fünf Stunden gefahren. Ihr Nachbar verhext sie angeblich. Sie hat schon ihren ganzen Besitz verloren. Jetzt hat sie Angst, auch noch ihre Kinder zu verlieren. Dann frage ich sie, wieso meinst du, daß dein Nachbar dich verhexen kann? Und ich gebe ihr Schutzamulette. In anderen Kulturen ist das gang und gäbe, sich durch ein Amulett vor dem bösen Blick zu schützen, in der Türkei, Griechenland zum Beispiel. Ich habe von dort einige blaue Steine mitgebracht.

Eine Frau rief öfter an, die wollte ihren Namen nicht nennen und auch nicht nach Hamburg kommen. Die war so verzweifelt, daß sie verhext würde. Sie würde sich umbringen, wenn das nicht aufhörte. Jetzt habe ich nichts mehr von ihr gehört. Das berührt einen schon ganz stark. Darüber kann keiner mehr lächeln.«

Ute Schiran (siehe S. 232 ff.) lebt heute in einem abgelegenen, archaischen Tal in Portugal. Niemand findet sie, wenn sie nicht will. Mit dem Wagen geht es nur bis weit vor den Taleinschnitt. Über ein paar große Steine balancierend überqueren wir einen sprudelnd klaren Bach. Der Bach zieht sich durch das gesamte Tal und macht es fruchtbar. Es sind viele Hektar, die wir durchstreifen, üppig bewachsen mit Feigen-, Orangen-, Pfirsichbäumen. Unsere Zivilisation ist schnell vergessen: Das Wasser kommt aus dem Brunnen, die Wärme aus dem Kamin des von eigener Hand strohgedeckten kleinen Hauses, Strom gibt es nicht, dafür Kerzen. Ein Paradies, aber nur für die, die tatsächlich auf die »Segnungen« der Zivilisation verzichten wollen und können.

Sie »freut sich«, daß *Die neuen Hexen* wieder aufgelegt werden »als ein Puzzlesteinchen im Findespiel für Fragerinnen/Sucherinnen«. Denn »für alle Frauen, die ein undefiniertes Unbehagen an der gegebenen Unkultur haben und sich auf die Suche/Findung machen nach etwas, was sie mehr anspricht, ist das Buch immer noch ein guter ›Spurenaufnehmer‹. Immer braucht eine auf ihrem Weg Fingerzeige, Hinweisschilder, Anregungsmaterial. Außerdem ist es ein Zeitdokument aus der Zeit des Aufbruchs, der ersten Äußerungen derer, die damals willens waren, einer durch Vernichtung und Mord zerrissenen Lebensweise einen neuen Webstuhl zu zimmern, ein neues Garn zu spinnen, ein neues Muster zu weben. Und zwar nach den erinnerten Vorlagen, nach dem, was wir noch zusammensetzen konnten und neu erfinden mußten/wollten.

Wir, die wir damals so unvoreingenommen Antworten gaben, haben uns über das Knüpfen der Kettfäden hinausbewegt. Das Teppichmosaik ist viel zusammenhängender geworden, nicht nur als restauriertes, sondern auch als neu Erfundenes. Wir sind nicht mehr so naiv WIR. Wir, jede von uns, sind einsamer geworden – das hat mehr Freiheiten und mehr Raum für schöpferische Vielfalt gegeben. Wir können uns die Einsamkeit mehr leisten, brauchen das Wir nicht mehr zur Stärkung, weil die Kettfäden eben aus vielen Ebenen herangewachsen sind und sich im Laufe der Jahrzehnte als tragfähig erwiesen haben.«

Diese Tragfähigkeit zu erkennen, sich in ihr aufgehoben fühlen, ihr zu trauen, wünsche ich uns allen. Das »verlorene Paradies« liegt nicht nur in einem einsamen Tal in Portugal, sondern in uns, wenn wir den Mut dazu haben. Wie sagte Ute Schiran damals in einem der folgenden *Gespräche mit Hexen* (die unverändert gelassen worden sind): »Die Macht ruht in uns. Wir müssen sie nur wecken.«

Sie sind wieder da!

Einführung in die Hexenszene

»Hexen haben keine Lobby«, sagt Heidi Reichelt, Mitbegründerin der Hexenschule Rheingau. Und sie weiß, wovon sie spricht: Durchstochene Reifen, Schmierereien an Hauswänden, anonyme Anrufe und Briefe wie »Du Hexendrecksau, laß unsere Frauen in Ruhe!« zeigen, daß »die Scheiterhaufen immer noch glimmen«.

Zum Teil erst nach langem Zögern waren die für dieses Buch interviewten »neuen Hexen« bereit, mit mir zu sprechen. Sie hatten Angst. Angst vor den Emotionen, die bei dem Wort »Hexe« hochkommen, Angst vor Repressionen, vor Lächerlichmachung, Angst, ihren Arbeitsplatz zu verlieren. »Öffentlich kann ich mich nicht zum Hexenwesen bekennen«, sagt Christoph*, Diplomingenieur aus dem Großraum Frankfurt. »Das könnte ich mir schon beruflich nicht leisten. Da würde man mir solche Schwierigkeiten machen.« Oder Apaika, Erzieherin in einem christlichen Kinderheim: »Wenn ich mich offiziell als Hexe bekennen würde, müßte ich Angst um meine Stelle haben.« Gaea, die als höhere Beamtin im psychiatrischen Sozialbereich einer westdeutschen Großstadt arbeitet, befürchtet, »sofort auf der anderen Seite« zu sitzen, wenn ihr Name bekannt würde.

»Die Leute verbinden eben mit Hexe jemanden, der geistig nicht ganz normal ist, dem man nicht trauen kann, der über-

* Der Name ist geändert.

natürliche Kräfte hat, den man vernichten muß, der mehr Tier als Mensch ist. Das ist meine ganz persönliche Erfahrung. Hier ist alles, was mit positivem Denken Richtung Hexe zusammenhängt, so ausgerottet worden, daß die meisten ihre Riten allein in ihrem Kämmerchen machen, und das darf nur ja keiner wissen«, meint Argante, die (zum Zeitpunkt unseres Gesprächs) dreißigjährige gelernte Fotografin aus Dortmund. Sie lebte fünf Jahre in New York. Dort ist der Begriff Hexe lange nicht so negativ besetzt. Den 31. Oktober – Halloween, das Neujahrsfest der Hexen – bekam sie ganz offiziell von ihrem Arbeitgeber, einem großen Marktforschungsinstitut, als religiösen Feiertag frei. »Hier in Deutschland sind die Leute so negativ, so wenig tolerant«, sagt sie.

Grund genug für den fünfzigjährigen Diplomingenieur Bernd S.*, ein Doppelleben zu führen. »Normal« arbeitet er als Führungskraft in einem Chemiekonzern. Und so lernte ich ihn kennen, korrekt gekleidet, gedeckter Anzug, weißes Hemd. Dann kam ich in seine Wohnung, großzügig, hell, modern möbliert. Er öffnete mir in einem strengen schwarzen Gewand, hatte seinen Hexenschmuck angelegt – und hinter einer verschlossenen Tür stand der Altar, vor dem er seine Rituale macht. »Wenn du ein Buch herausbringst mit diesem Gespräch unter meinem richtigen Namen, mit meinem Wohnort« – das »Du« ist üblich in Deutschlands Hexenszene –, »das könnte ich mir überhaupt nicht leisten. Ich muß davon ausgehen, daß mein Arbeitgeber sagt, den Mann können wir in der Position nicht halten. Er vertritt Ansichten, die wir bei Leuten in verantwortlicher Stellung nicht tolerieren können. Und ich kann mir nicht leisten, meinen Job zu verlieren.«

Entsprechend schwierig und abenteuerlich gestalteten sich die Zusammenkünfte mit meinen Gesprächspartnern. Das einzige, was ich zum Teil hatte, waren eine Telefonnummer und

---

* Der Name ist geändert.

ein Codewort. Man kennt sich untereinander in der »Szene«, und nachdem der/die erste Vertrauen gefaßt hatte, wurde ich »weitergereicht«. Nach langen Telefonaten verabredeten wir uns zum Beispiel unter einem bestimmten Kennzeichen am Flughafen, wo ich dann verzweifelt mit Christoph nach einer stillen Ecke suchte, damit wir uns ungestört unterhalten konnten. Finden Sie die mal am Frankfurter Flughafen! Mit einer anderen »Hexe« sollte ich mich an einer Autobahnraststätte treffen, aber so, »daß ich ihren Wagen nicht sehen und mir das Kennzeichen nicht aufschreiben« könne.

Wovor haben diese Menschen Angst? Was treiben sie so Geheimnisvolles, die »neuen Hexen« Deutschlands, die zur Zeit in fast jeder Stadt des Bundesgebiets auftauchen? (Mir liegt eine Liste vor mit siebzig Städten, in denen es »am Hexenglauben Interessierte« gibt, um es ganz vorsichtig auszudrücken; die meisten davon mit eigenen, festen Coven, Hexenzirkeln. Dabei wird mit einer erheblichen Dunkelziffer gerechnet.)

Ich selber hatte keine Ahnung von dem »Hexenboom in Deutschland«, wie die Historikerin Heidi Staschen es ausdrückt. »Die neuen Hexen«, da war immer dieses Bild in mir aufgetaucht von wild angemalten, mit Kopftüchern vermummten Frauen, die ab 1977 in der Walpurgisnacht, der Nacht zum 1. Mai, laut kreischend und Besen schwenkend durch die Straßen Frankfurts, Hamburgs oder Berlins zogen. Welcher Kult sich da in den letzten Jahren entwickelt hat, der längst über den ursprünglich feministisch besetzten Begriff hinausgeht, war auch für mich neu.

Die Hexen sind wieder da, und sie sind unter uns. Die »Süddeutsche Zeitung« spricht von einer »modernen Hexenrenaissance«, »Die Zeit« schreibt: »Hexenkult hat Konjunktur.« Mich interessierte die Frage, was ist das für ein neuer – alter? – Kult? Wozu bekennen sich Menschen, die sagen, ich bin eine Hexe? Ist es nur ein Modetrend, dieser Hexenboom? Ist es chic, Hexe zu sein? Oder kommt da eine neue Bewegung auf uns zu, die in eine Leere stößt, die Kirche, Sekten und Fortschrittsgläubigkeit nicht mehr zu füllen vermögen? Was die Evangelische Zentralstelle für Weltanschauungsfragen (EZW), eine Einrichtung der Evangelischen Kirche in Deutschland mit heutigem Sitz in Berlin, zu Recht vermuten läßt: »Hexen, Hexenpriester und ›neue Heiden‹ sind nach einer Zeit der Abkehr vom Christentum in der Bundesrepublik Deutschland wieder auf dem Vormarsch.« Die EZW zitiert dazu die Zeitschrift »Heidenspaß«: »Das Heidentum ist zu einem Faktor geworden, mit dem alle Religionen und politischen Kräfte rechnen müssen.«

Dorfhexen und Aberglaube

Meine Recherchen begannen ganz harmlos.

Am 8. Februar 1979 wird im Hamburgischen Museum für Völkerkunde die Sonderausstellung »Hexen« eröffnet, die den Begriffsradius von der Inquisition bis zur neuen Frauenbewegung, von satanistischen Sekten bis zur Kräuterheilkunde der »weisen Frauen« darstellt. Das altehrwürdige Museum an der Rothenbaumchaussee erlebt Besucherrekorde: Die Ausstellung wird mehrmals auf fast zwei Jahre verlängert. Überwältigende Reaktionen in der Öffentlichkeit und in den Medien. Von 1981 an »wandert« sie – ab 1983 im Besitz der »Arbeitsgruppe Hexen« – von Kiel bis Freiburg durch rund drei Dutzend Städte, wo die Veranstalter jedesmal verblüfft sind von der Anziehungskraft der »Hexen«.

1987, zum fünfhundertjährigen »Jubiläum« des »Hexenhammers« (des Inquisitionsbuchs zweier Dominikanermönche), war sie zum Abschluß in Nürnberg zu sehen.

Dem vorausgegangen war eine Erbschaft, die das renommierte Museum angetreten hatte. Johann Kruse, damals 89 Jahre alt, ehemaliger Lehrer und Volkskundler aus Dithmarschen, stellte der Wissenschaft seine Sammlung »Neuzeitlicher Hexenwahn« zur Verfügung, die aus seinem jahrzehntelangen Kampf gegen Aberglauben und damit zusammenhängender Verfolgung und Verleumdung von meist älteren, alleinstehenden Frauen als »Dorfhexen« hervorgegangen war. Heidi Staschen, damals noch Studentin der Geschichte und an ihrer Examensarbeit über historische Hexenprozesse arbeitend, besuchte den alten Herrn in seiner Wohnung in Hamburg-Altona. Meterhoch stapelte sich auf Fußböden und Tischen das Material: Zeitungsartikel, Berichte, Aufsätze, Bücher, eigene Manuskripte und Korrespondenzen, die Kruse vor allem in den fünfziger und sechziger Jahren mit als Hexen verschrienen Frauen geführt hatte: verzweifelte Hilferufe, ihnen beizustehen gegen Verdächtigungen und Quälereien. Dazu Tüten, Töpfe und Beutel voll mit Enthexungsmitteln, die er ganz offiziell in Apotheken gekauft hatte, wie den berühmten »Teufelsdreck«. Teufelsdreck (Asa foetida), auch unter dem Namen Düwelsdreck, Braunes Pulver oder Hexenkraut in Apotheken gehandelt, ein widerlich stinkendes – und genauso eklig aussehendes – bräunliches, schmierig-klumpiges Gemisch, mit dem die Schwelle des Hauses eingerieben oder der Stall ausgeräuchert wird, um Mensch und Tier vor einer »Verhexung« zu schützen. Bereits in dem Protokoll eines Hexenprozesses von 1636 ist »Teufelsdreck« erwähnt. Im Großen Vollständigen Universallexikon von 1735 wird es als Mittel gegen den bösen Blick empfohlen.

Kruses Sammlung ist der Grundstock für das 1999 bereits 229 Ordner und eine gut sortierte Spezialbibliothek umfassende Hexenarchiv im Hamburgischen Museum für Völkerkunde geworden: ein erschütterndes Dokument über Aberglauben und Hexenwahn im Atomzeitalter. »Jährlich siebzig Hexenprozesse«, überschrieben die »Düsseldorfer Nachrichten« am 1. September 1955 eine dpa-Meldung. Wobei es korrekterweise nicht um Prozesse gegen als Hexen verschriene

Frauen ging, sondern um Verleumdungsklagen der Betroffenen gegen den »Hexenbanner«, den Enthexer, den Hexenmeister, wie er im Volksmund auch genannt wird. Fast ausschließlich handelt es sich hierbei um Männer, die sich für fähig halten, die – das Unglück verursachende – Hexe zu erkennen und ihren bösen Einfluß zu beseitigen. Einige können heute noch ganz gut davon leben.

Zwischen 1948 und 1965 häuften sich überall in Deutschland die Hexenfälle, die als »krimineller Aberglaube« bei Gericht anhängig wurden. Ein Beispiel von Hunderten, wahllos aus dem Hexenarchiv herausgegriffen, das zeigt, was sich im hochtechnisierten Deutschland abspielte, während sich die ersten Menschen anschickten, auf den Mond zu fliegen:

Am 3. Juni 1962 wurde der 26 Jahre alte Brunnenbauer Johann Vogel aus dem oberfränkischen Mailach wegen schwerer Brandstiftung und versuchten Totschlags zu drei Jahren Zuchthaus verurteilt. Was war geschehen? 1950 hatte die in Bamberg wohnende Haushälterin Elisabeth Hahn von ihrem Bruder ein Stück Wald bei Mailach geerbt. Sie zog dorthin, um hier ihren Lebensabend zu verbringen. Offenbar füllte sie in der 274 Seelen zählenden Gemeinde eine Lücke. Elisabeth Hahn wurde zur »Hexe vom Dienst«. Kinder warfen ihr Steine aufs Dach und liefen schreiend davon. Erwachsene machten einen Umweg. Sie galt als »Hexe mit dem bösen Blick«, die für jedes Unglück im Dorf verantwortlich gemacht wurde. Brandstifter Vogel: »Immer, wenn ich beim Brunnenbohren Pech gehabt habe, dann schlich bestimmt die Alte umher. Einmal bin ich nachts schweißgebadet aufgewacht, und vor meinem Schlafzimmer stand die alte Frau.« Am Pfingstmontag 1960 brannte ihr Haus nieder. Sie selbst erlitt schwere Brandwunden, starb 1961. Vogel bestritt, daß er sie umbringen wollte. Er hätte erst geprüft, ob sie zu Hause wäre, bevor er den Brand legte. Am Abend zuvor war er im Dorfgasthaus gewesen, wo ihn seine Stammtischbrüder noch mehr aufgeheizt hatten.

Nach dem Feuer blieb tagelang der Schutt liegen. Die freiwillige Feuerwehr weigerte sich aufzuräumen aus Angst, »Hexendreck zu berühren« und sich »damit zu verzaubern«. Gerichtsvorsitzender Maier in der Urteilsbegründung: »Vogel wurde das Wahnopfer seiner dörflichen Umgebung.«

Solche Vorgänge verwundern weniger, wenn man die Zahlen kennt: Das Allensbacher Institut für Demoskopie ermittelte 1956, daß acht Prozent der Befragten – auf die Gesamtzahl der Bundesbürger übertragen vier Millionen Menschen – die Existenz von Hexen nicht ausschließen wollten. Siebzehn Jahre später, also 1973, hatte sich bei derselben Fragestellung der Prozentsatz noch erhöht: Elf Prozent der Befragten hielten Hexerei für möglich: 6,8 Millionen Menschen! In einer parallelen Umfrage glaubten 23 Prozent der Befragten (entspricht 13,4 Millionen Bürgern), »daß es Leute gibt, die die Fähigkeit besitzen, anderen Unglück und Krankheit anzuwünschen). Und – hochgerechnet – zwei Millionen Menschen sind bereit, diese Fähigkeit gegen teures Geld zu benutzen.

1978 glaubten in einer Befragung von katholischen Theologen (!) 63 Prozent »an eine personale Existenz des Teufels«.

Die Umfragen und Beispiele liegen einige Zeit zurück. Doch auch noch Mitte/Ende der achtziger Jahre – fast eine Generation später – sah es nicht anders aus.

Frühjahr 1986. Ich betrete die Apotheke eines kleinen Ortes in Schleswig-Holstein. Ich wende mich an den Apotheker, verlange Teufelsdreck, verlange hier in dieser chromblitzenden, supermodern ausgestatteten Apotheke das magische Mittel gegen den bösen Blick, zum Bannen der Hexe. Der ältere Herr im strahlend weißen Kittel zögert nur kurz, nickt und geht nach hinten. Fünfzig Gramm kosten DM 18,50. Noch nie habe ich so etwas Ekliges, Widerliches, unglaublich Stinkendes nach Hause getragen und verzweifelt nach einem Aufbewahrungsort gesucht. (Ein Gestank, der erhebliche Zweifel aufkommen läßt an der schon Johann Kruse gegenüber vorgebrachten Behauptung, Teufelsdreck würde zur Verwendung als homöopathisches Arzneimittel von den Kunden verlangt.)

Sommer 1985. In Lothringen erleidet ein 71jähriger bettlägeriger Mann schwere Verbrennungen, weil ihm die eigenen Kinder für eine »Teufelsaustreibung« das Bett angezündet haben. (Laut »FAZ« geben die Franzosen vermutlich für Wahrsagerei, Hexerei und Teufelsaustreibung mehr aus als für Wissenschaft und Forschung.)

April 1985. Ein kleines Dorf im Schweizer Kanton Freiburg. Zwei Frauen bezichtigen sich gegenseitig der Hexerei. Ehemann und Kälber waren angeblich verhext worden. Wobei für letztere nicht etwa der Tierarzt, sondern der Kapuzinerpater geholt wurde, der den Stall segnete.

Sommer 1986. Irma Badin, Tochter einer Kleinbauernfamilie aus Barum bei Lüneburg, liegt heute noch in der psychiatrischen Klinik, nachdem sie eine jahrelange Beschimpfung und Verfolgung als Hexe durch die Dorfbewohner erleiden mußte. »Kein Einzelfall«, wie Hans-Joska Pintschovius, Lehrbeauftragter der Universität Hamburg und seit 1967 auf Hexenforschung spezialisiert, betont: »In Lüneburg gibt es heute noch eine bekannte Hexenbannerin, Frau B.« (Den genauen Namen wollte Pintschovius nicht nennen.) »Es ist beobachtet worden, wie an einem einzigen Vormittag dreißig Leute das winzige Haus aufsuchten, in dem sie praktiziert.«

Anfang 1985. Kleinanzeige im Bonner »General-Anzeiger«: »Hexe gesucht. Wer verhext Personen gegen Erfolgshonorar?«

Die »Bunte« berichtet im Frühjahr 1986 von einer Hexenagentur in Wien, die »jeden Hexendienst, mag er weiß sein oder schwarz«, vermittelt.

Viel scheint sich auch mit der neuen Generation nicht geändert zu haben. Im Gegenteil, Hexenforscher sprechen von der Wiederkehr des Aberglaubens: Die Menschen sind nicht *noch immer,* sondern in einem bewußten Rückgriff *schon wieder* zunehmend abergläubisch.

Der neue Satanskult

August 1985. Die Zivilkammer am Landgericht Kassel verurteilt die selbsternannte »Satanspriesterin« Ulla von Bernus aus dem oberhessischen Rotenburg dazu, 3000 Mark Zauberlohn an eine Kundin aus dem Raum Bremen zurückzuzahlen. Der Liebhaber der Kundin war nicht, wie von Ulla von Bernus zugesichert, mittels magischer Kräfte zu der Frau zurückgekommen. Ein Nachbar erzählte mir, daß die Okkultistin, seit sie in den Medien – auch als Folge eines Fernsehberichts – als »Hexe« gehandelt wird, eine enorme »Umsatzsteigerung« erlebe. Die Tochter des Esoterikers Alexander von Bernus wurde gezeigt, wie sie – Beschwörungen wie »in nomini Satanas« (sic!) murmelnd – eine Puppe im lodernden Feuer eines Kessels verbrennt. (Die Puppe steht für die zu vernichtende Person.) Angeblich werden ihr bis zu 30 000 Mark für ein solches »Todesritual« bezahlt.

Auch eine Dokumentationssendung des ZDF »über Hexen und Teufelsanbeter« – »Ich töte, wenn Satan es befiehlt ...« –, wegen angeblicher Jugendgefährdung auf 22.05 Uhr verlegt, erreicht eine doppelt so hohe Einschaltquote als üblich.

Die »Bild-Zeitung« beschreibt genau, wie die Riten ablaufen: »Da wird ein schönes, nacktes Mädchen auf eine Matratze gelegt, ein Hexenmeister gießt ihr unter beschwörenden Zauberformeln Rotwein in den Bauchnabel, schlürft ihn aus. Dann wird das Mädchen mit einer siebenschwänzigen Peitsche geschlagen: Hexenweihe in einem Schwabinger Mietshauskeller.«

»Hexe« ist nach wie vor ein Reizwort, in dem viel von Sexualität und Gewalt mitschwingt – da braucht nicht lange spekuliert zu werden, auf welche geheimen Gelüste die Anzeige in einer Berliner Zeitung zielt: »Exclusiver Kleinkreis zeigt Hexenprozeß live.« Ein Reizwort, das unbedenklich als Oberbegriff für alles Nicht-»Normale« verwendet wird. So zeigte auch die ZDF-Dokumentation nur Beispiele für Teufelsanbetung, für den parallel zum Hexenkult bestehenden *Satanismus*. Staschen: »Mit Hexen hatte der Film gar nichts zu tun. Das war die Vorführung einiger Teilaspekte des modernen Satanskults.«

In der christlichen Lehre galt alles als »satanisch«, was außerhalb ihrer eigenen Religion verehrt wurde. Eine Basis des spätmittelalterlichen Hexenwahns war der Glaube an den Pakt und die Buhlschaft mit dem Teufel. Deswegen die Begriffsvermischung Hexe/Satan. Die Anhänger des heutigen Satanskults beten den Teufel an und feiern »schwarze Messen«. Sexuelle Darstellungen und Handlungen im Rahmen der »Messe« sind die bewußte Umkehrung der sexualfeindlichen Einstellung der christlichen Kirchen. Für den katholischen Theologen Prof. Herbert Haag ist die Satansanbetung nicht verwunderlich: »Die Amtskirche rechnet mit der Existenz des Teufels, hat ihn geradezu zum Gegengott hochstilisiert. Sie wird die Teufelsanbetung nie verhindern können.«

Um sich einem möglichen »lawinenartigen Anwachsen des Bösen« entgegenzustemmen, hat die katholische Kirche zu altbewährten Mitteln gegriffen. (Ist doch erst im Juli 1976 die 23jährige Pädagogikstudentin Anneliese Michel aus Klingenberg an den Folgen einer »Teufelsaustreibung« verstorben.) Der Erzbischof von Turin, Anastasio Ballestrero, stellte im Februar 1986 sechs neue Exorzisten ein – nur für die Stadt Turin! –, um den sich ausbreitenden Satanskult zu bekämpfen. Laut dpa sollen nach Kirchenschätzungen rund 50 000 Turiner Anhänger von schwarzen Messen sein. Texte und Zeremonien sind den christlichen Teufelsjägern durch das »Rituale Romanum« vorgeschrieben, herausgegeben 1614 von Papst Paul V., erneuert 1969 auf Geheiß des Zweiten Vatikanischen Konzils.

Auch aus England wurde Anfang 1986 ein »grassierender Satanskult in und um Newick« (Grafschaft Sussex) gemeldet:

Der Springer-Auslandsdienst berichtete, daß der 46jährige Plattenproduzent Derry Mainwaring Knight vor Gericht stehe, weil er auf sonderbare Weise zu Reichtum gekommen sei: Fast eine Million Mark hatten ihm ein Pfarrer, ein Earl, ein Lord und einige wohlhabende Bürger zugesteckt, damit der Satan aus Knights Leibe fahre. Er hatte den Leuten weisgemacht, daß er sich als achtjähriger Junge dem Teufel verschrieben habe, ein Meister der Schwarzen Magie und einer der ranghöchsten Teufelspriester Englands sei. Hilfe biete nur, daß er den Anhängern Satans Kultgegenstände abkaufe. Die waren nicht billig. Aber um eine Seele zu retten, plündert man schon mal sein Sparbuch.

Alles in den Hexenkessel

Wie ernst es tatsächlich in den christlichen Amtsstuben aussieht, zeigt eine Information der Evangelischen Zentralstelle für Weltanschauungsfragen. Vor allem in der bundesrepublikanischen Alternativszene zeichnet sich ein neuer gesellschaftlicher Trend ab: Esoterik und Okkultismus als Ausdruck des Protestes gegen eine verweltlichte Gesellschaft. Die Frauenbewegung sei von Hexenzirkeln »unterwandert«. Die Suche nach Harmonie mit den Urkräften der Natur und des Kosmos sei der Grund für den »Ethnologie-, Kelten- und Schamanismusboom« sowie für die feministischen »Stadthexen.« Und: »Vor dem Hintergrund ökologischer und gesellschaftlicher Probleme wenden sich viele Menschen vorchristlichen Überlieferungen zu.«

Immer mehr Menschen suchen ihr Heil in einem Konglomerat verschiedenster Glaubensvorstellungen abseits der etablierten Kirchen. Pintschovius: »Wir haben überall die Erfahrung gemacht, daß sich unter Zivilisationsdruck resignierende Randgruppen in mystische und messianische Glaubensvorstellungen zurückziehen. Sie fühlen sich als wissende Außenseiter. In besonderen Lebenskrisen nimmt man Zuflucht in den Aberglauben.«

In der Sterndeuterbranche wird in der Bundesrepublik jährlich ein nahezu dreistelliger Millionenbetrag umgesetzt. Etwa 54 Prozent aller Deutschen lesen regelmäßig ein Horoskop. Keine Wochenausgabe einer noch so braven Zeitung ohne Dutzende von Anzeigen, in denen Hellseher, Kartenleger, Astrologen, Magier und Heiler, Spiritisten, Bewußtseinserweiterer und Esoteriker ihre Dienste anbieten, die »Krisengewinnler unserer Zeit« (Ulrich Greiner in »Die Zeit«). Jeder fünfte Deutsche, jeder vierte Engländer und jeder dritte Amerikaner ist überzeugt, mindestens schon einmal gelebt zu haben und nach dem Tod wiedergeboren zu werden.

Bei einer Umfrage des Bielefelder Emnid-Instituts unter jungen Leuten nach der Rangfolge von »Werten, für die es sich lohnt zu leben«, fiel der »feste religiöse Glaube« vom vorletzten auf den letzten Platz. Nur vierzehn Prozent kreuzten diesen Wert an. Die Aktion Jugendschutz in Deutschland meldet, daß sie »mehr und mehr« Anrufe zu Bewegungen wie »Schwarze Magie und Hexenkult« bekomme.

In einer Anfrage an den Hessischen Landtag »betreffend Okkultismus, Satanskult, Hexerei etc.« wollte der CDU-Abgeordnete Rösler wissen, welche Erkenntnisse der Regierung über die neuen »okkulten Strömungen« vorlägen, in denen »es zu den ›kultischen Handlungen‹ im Rahmen von ›Satansmessen‹ und Sitzungen magischer Zirkel gehört, unter anderem ein Weihrauch-Haschisch-Gemisch als ›Rauchopfer‹ einzusetzen«. Als Beispiel nannte er die Hexenschule Rheingau e. V. Auch hier wurden so unterschiedliche Gruppen wie die ehemalige Hexenschule in Eltville, Satansanbeter und Geistheiler durcheinandergeworfen. Heidi Reichelt von der Hexenschule: »Wir haben ganz persönlich gemerkt, wie eng es plötzlich wird, wenn unsere Häuser und Wohnungen im Fernsehen gezeigt werden, meine Adresse gezeigt wird, und das in einem Zusammenhang, wo ich keine Möglichkeit habe, mich zu wehren. Das geht ganz schön an die Substanz.«

Heidi Reichelt gehört zu den »neuen Hexen«, die sich – wie auch die anderen Gesprächspartner in diesem Buch – dagegen wehren, »in die Okkultecke« geschoben zu werden. Die nichts mit Satanskult, Schadenzauber, Schwarzer – also schädigender – Magie und Teufelsanbetung zu tun haben wollen.

Die Historikerin Heidi Staschen sieht deutlich »die große Gefahr«, daß alle möglichen Gruppen in einen Topf geworfen und zu einem »bösen Brei« verrührt werden: »Man muß sehr aufpassen, daß keine Verquickungen aufkommen. Man überlegt sich, was bei dem anderen abläuft, wenn man sagt, ich mache beim Hexenkult mit. Sofort entstehen Irritationen. Da läuft eben ab, hier handelt es sich um sexualmagische Praktiken und Orgien wie in dem Schwabinger Mietshauskeller.«

Nun, von Sexualmagie wird auch bei den neuen Hexen die Rede sein. Aber es soll der Versuch gemacht werden, mit Hilfe der folgenden Gesprächsprotokolle die »Hexenszene« zu erhellen, den Unterschied deutlich zu machen zum Satanskult mit seinen Schwarzen Messen und »Sexualorgien«, die so gerne von den Medien besprochen werden, und den abergläubisch verfolgten »alten« Hexen andererseits. Mit beiden haben die neuen Hexen nichts zu tun.

Hexe gleich Frauenmacht

Während »Außenseiter wie die Satanisten in einer bewußten Ablehnung des Christentums alles verkehren, was die Christen machen«, und sich »nur dadurch definieren, daß es das Christentum gibt und sie dagegen sind«, ist der neue Hexenkult »ganz positiv«, sagt Heidi Staschen. Doch: wenn positiv, wie und woraufhin positiv? Wir wissen ziemlich genau, wann der

»neue« Begriff Hexe nach Deutschland kam, also das Wort von Leuten benutzt wurde, die nichts mehr zu tun haben mit den verfolgten, gemiedenen, verleumdeten »Dorfhexen«, die nichts zu tun haben mit gewinnträchtigen Spekulationen von Wunderdoktoren und Wahrsagerinnen auf den Aberglauben ihrer Mitmenschen, sondern Frauen und Männer, die sich provozierend selbstbewußt »die neuen Hexen« nennen. Der moderne Hexenkult in Deutschland wird aus verschiedenen Quellen gespeist, die sich gegenseitig verstärken. Der bekannteste Zweig – weil öffentlich vorgetragen – ist die feministische Bewegung Ende der siebziger Jahre. 1977 fiel zum ersten Mal das Wort Hexe im neuen Sinn, als Frauen in Italien und Deutschland mit dem Slogan: »Zittert, zittert, wir sind wieder da! Die Hexen sind zurückgekehrt!«, auf die Straße gingen, um gegen Verfolgung, Vergewaltigungen, Unterdrückung und Benachteiligungen zu demonstrieren. Alljährlich zur Walpurgisnacht finden auch heute noch Demonstrationen statt.

Warum »Hexe« als neues Leitbild großer Teile der Frauenbewegung? Marie-Rose Iberl, Diplompsychologin mit eigener Praxis, berichtet von ihrem ersten Hexenwochenende, das sie als Gruppentherapie für Frauen veranstaltete: »Es war bedrückend, erschreckend, wie deutlich bei manchen der Bezug des Themas ›Hexen‹ zu ihrem eigenen Alltag heute herauskam. Dieses Sichgebundenfühlen, Sichunterdrücktfühlen, diese alltäglichen Erfahrungen, sich als Frau abgewertet und eingeschränkt zu empfinden, gebremst zu werden, kleingemacht zu werden. ›Hexe‹ hat für mich etwas zu tun mit der Geschichte von Frauen und deren gesellschaftlicher Unterdrückung.« Die Hexenverfolgungen der beginnenden Neuzeit – der Hexenwahn in Europa tobte keineswegs im »finsteren« Mittelalter – werden in einer Parallele zur Situation der Frau heute gesehen. Für Uta Sax, Berliner Schauspielerin, die ein Hexenprogramm auf der Bühne realisierte, kam »durch die Hexen das Erkennen dessen, was mit uns gemacht wird, denn Frauen sind die Erleidenden und die Opfer. Ich begriff, weshalb ich mich persönlich berührt fühlte.«

Der Begriff Hexe als Leitwort, das auf die Verfolgung und Unterdrückung von Frauen in einer patriarchalischen Gesellschaft – »damals wie heute« – aufmerksam machen sollte, erfuhr bald eine Wandlung. Der ursprüngliche Verfolgungsaspekt wurde fallengelassen. Für viele Frauen geht es nicht mehr um den Kampf gegen Benachteiligungen wie Leichtlohngruppen oder den Abtreibungsparagraphen – »Unser Bauch gehört uns!« –, wie in der Anfangsphase des Protestes. Es geht nicht mehr nur um das Ziel »Gleichberechtigung«. »Hexe« ist viel mehr. Hexe ist die weise Frau, die Kräuterkundige, die Heilerin, die durch die historischen Verfolgungen verschüttetes Wissen und damit Stärke und Macht in sich hat, die es freizulegen gilt. Simone de Beauvoir, im letzten Interview vor ihrem Tod nach dem Ende des Feminismus befragt: »Sie sind dabei, etwas aufzubauen. Das wirkt nur friedlicher, als protestierend durch die Straßen zu ziehen.«

Im Laufe der erst Ende der siebziger Jahre intensiv aufgekommenen Beschäftigung mit der eigenen Geschichte als Frau wurde »Hexe« zum mythischen Begriff für uraltes Wissen und Macht von Frauen. »Die Frauenbewegung ist nicht mehr in der Phase wie damals, als sie angefangen hat, den Kampf gegen Männer aufzunehmen«, sagt Angelika Koppe von der Hexenschule Rheingau. »Frauen haben lange ihre Schwäche bloßgelegt, sich zerpflückt, um sich zu therapieren. Ich will mit Frauen arbeiten, damit sie ihre Möglichkeiten entdecken, ihre innere Stärke, ihre Macht.«

Ein ähnliches therapeutisches Modell wie die Hexenschule bieten die Schiran-Frauen auf der Schwäbischen Alb bei Aalen. Eine Gruppe von dreizehn Frauen, die miteinander leben und arbeiten, Workshops und Seminare abhalten, sehen sich »in der mittelalterlichen Tradition von Heilerinnen, Hebammen, weisen Frauen. Fragend, forschend und nach Erinnerung suchend.« Ute Schiran: »Die Macht ruht in uns. Wir müssen sie nur wecken.«

An diesem Punkt der Entwicklung in der Frauenbewegung wird die Umkehrung des negativ belasteten Begriffs der »bösen« Hexe deutlich: Hexe ist etwas Positives. Symbol für Stärke und Unabhängigkeit.

Was ist das für eine Macht, an die Frauen sich erinnern sollen? Die Zeitschrift »Pardon« befürchtete bereits 1979 das Schlimmste unter der Überschrift »Die Natur ist weiblich«: »Mit Preßlufthämmern, Autobahnen und Penissymbolen jeder Art haben die Männer viertausend Jahre lang die Natur und die Frauen niedergemacht. Die Frauenbewegung will den Spieß jetzt umdrehen. Sie holt eine eigenartige Waffe unter ihrem großen Rock hervor: die Magie. Das Patriarchat soll weggehext werden!«

Die »eigenartige Waffe« fasziniert schon siebzehn- bis achtzehnjährige Schülerinnen, die am Wochenende klassenweise Hexenseminare besuchen. Corinna*, achtzehn: »Hexen reizen mich, weil sie übersinnliche Kräfte für sich beanspruchen, als Herausforderung, über die Grenzen zu gucken, und weil sie allein für sich gelebt haben, ohne die Abhängigkeit Frau-Mann. Es ist toll zu wissen, daß ich solche Vorfahren habe und vielleicht ein Stück von denen heute in mir steckt.«

Über die Grenzen schauen. Eine der Wurzeln, auf die das Wort Hexe zurückgeführt wird, ist die althochdeutsche *hagazussa*, das Zaunwesen, das auf dem Zaun zweier Welten sitzt, auf jener Grenze, die die Wildnis von der Zivilisation trennt, die Natur von der Natur»beherrschung«, das Emotional-Intuitive vom Rational-Logischen, die Welt des Bauches von der des Kopfes.

Der emotionale Bereich wird traditionell eher der Frau zugerechnet. Die Historikerin Staschen hat in den von ihr gelei-

* Der Name ist geändert.

teten Volkshochschulseminaren über Hexen die Erfahrung gemacht: »Frauen sind im Aufspüren der Strömungen und Atmosphären, die mit den fünf Sinnen nicht erklärbar sind, empfindsamer, weil sie weniger logische Barrieren haben als Männer. Die haben Angst, etwas von sich zu zeigen, auf ihr Inneres zu hören, sich gehenzulassen.«

»Als Hexe muß ich bereit sein, Sachen in mich aufzunehmen, die wohl vorhanden sind, die ich aber nicht logisch in den Griff bekomme«, sagt Christoph. »Der Mann versucht immer, logisch zu sein. Diese Logik stellt ja auch einen gewissen Panzer dar. Wenn ich alles beweisen kann, dann kann mir keiner an den Karren fahren.«

Wenn eine Frau erst einmal erfahren hat, daß sie sich auf ihre Intuitionen, ihre Gefühle und Ahnungen verlassen kann, hat sie damit eine Kraft in sich entdeckt, die sie einsetzen, mit der sie nach ihren Vorstellungen etwas verändern, das bedeutet magisch handeln, kann. Gaea geht soweit zu behaupten: »Magie ist weibliche Energie.«

»Meyers Enzyklopädisches Lexikon« über »Magie«: »Praktiken, mit denen der Mensch seinen eigenen Willen auf die Umwelt in einer Weise übertragen will, die nach naturwissenschaftlicher Betrachtungsweise irrational erscheint.« Wobei Schwarze Magie auf die Schädigung eines einzelnen oder einer Gruppe abzielt und Weiße Magie ohne Schädigung zur Mehrung von Gütern – auch Heilung – eingesetzt wird.

Schwarze Magie wird im Hexenglauben abgelehnt, weil jede Tat dreifach auf einen zurückfällt: »Was du gibst, erhältst du dreifach wieder«, heißt es.

Die neuen Heiden

Im Rückgriff auf altes, verschüttetes Wissen, auf Magie und Mythos, trifft sich die neue Frauenbewegung mit dem anderen Zweig des modernen Hexenwesens: dem *Neuen Heidentum,* das seit den siebziger Jahren aus England und den USA nach Deutschland herüberflutet.

Erst 1951 war in England das Gesetz gegen Hexerei aufgehoben worden. Jetzt konnten die verschiedenen Hexengruppen ans Licht der Öffentlichkeit treten, kleine naturmagische Kulte mit vorchristlichen Zügen. Die größte Anhängerschaft hat der *Wiccakult.* Die Mitglieder nennen sich selber »Hexe«. *Wicce* ist das altenglische Wort für *witch,* Hexe, Plural *wiccan,* wobei das englische Wort *witch* lange nicht so belastet ist wie das deutsche Wort Hexe. *Witch* war die Zauberin, die weise Frau. Mitglied im Wicca wird man durch die Hexeneinweihung. (Zwei Initiierungen sind in den folgenden Gesprächen mit der Wiccapriesterin Argante und mit Bernd S. beschrieben.)

Warum wird ausgerechnet das Wort »Hexe« für die Initiierten benutzt, wollte ich von Bernd wissen. Er glaubt, »daß es eine Verbindung zur mittelalterlichen Hexentradition gibt. Hexe gleich weise Frau. Es gab damals Riten, ein Wissen um die Kräfte der Natur, der Heilkraft und der Magie.« Man ist in eigenständigen Gruppen von maximal dreizehn Mitgliedern zusammengeschlossen, den sogenannten *Coven.* Anders als in den USA und England, wo Wicca selbstbewußt als neue – alte – Religion an die Öffentlichkeit getreten ist, traf man sich in Deutschland bisher noch im verborgenen. Aus Furcht vor der – heute durch die Medien (Stichwort Orgien), historisch durch die Kirche geschürte – Negativreaktion der Umwelt bei dem Wort »Hexe«. Jörg Wichmann weist in seinem Buch »Wicca – die magische Kunst der Hexen« auf die »in Insiderkreisen sprichwörtliche Unauffindbarkeit von Wiccacoven« hin.

Erst seit dem letzten Jahrzehnt zeigt man auch bei uns größere Offenheit. In Bremen kann bereits jeder an öffentlichen Ritualen teilnehmen. Die amerikanische Diplompsychologin und »Berufshexe« Miriam Simos – Hexenname Starhawk, Sternenfalke – und der englische selbsternannte »King of the witches« Alex Sanders bieten in Deutschland Monate vorher ausgebuchte und überfüllte Hexenseminare an. Wobei Alex Sanders in der Szene wegen seiner Vorliebe für Shows und große Auftritte recht umstritten ist. (Die verschiedenen Strömungen im Wicca machten – laut Wichmann – bereits in den sechziger Jahren ein »ökumenisches Wicca-Konzil« in New York erforderlich.)

Wicca versteht sich als eine selbständige alte Naturreligion, in der das Weibliche – im Unterschied zum patriarchalischen Christentum – verehrt und in der »Großen Göttin« angebetet wird. Ein Grund, weshalb die Wiccaszene starken Zulauf aus der Frauenbewegung erhält, obwohl es kein reiner Frauenkult ist. Während die feministischen Hexengläubigen den göttlichen Funken in jeder Frau, in sich selber sehen, wird im Wiccakult die Göttin überwiegend in der Natur gesucht.

Durch den »intensiven Naturbezug, der in allen Ritualen, Festen, Symbolen und Mythen zum Ausdruck kommt« (Wichmann) – die Natur ist heilig –, fühlen sich weite Bereiche der ökologischen Bewegung angezogen, die nun als dritter Zweig hinzukommt. Hier will man sich nicht »die Erde untertan machen«, sie zivilisieren, die Natur beherrschen, sondern sieht sich selbst bewußt als Teil der Natur. In ihrem Buch »Der Hexenkult als Urreligion der Großen Göttin« – das Buch der Bücher aller Hexengläubigen, obwohl sie selber betont: »Die Hexenreligion hat kein heiliges Buch« – schreibt Starhawk: »Wir haben die Natur zu besiegen versucht, wie wir versucht haben, die Sünde zu besiegen. Erst als die Folgen von Umweltverschmutzung und -zerstörung so schlimm wurden... erkannten wir die Bedeutung des ökologischen Gleichgewichts und die Abhängigkeit alles Lebendigen voneinander. Das Bild der Göttin, die der Natur innewohnt, fördert die Ehrfurcht vor der Heiligkeit alles Lebendigen. Hexenglaube kann als Religion der Ökologie betrachtet werden.«

Hexenszene in Deutschland

Zusammen mit »New Age«-Anhängern treffen sich Frauenbewegung, neues Heidentum und ökologische Bewegung im neuen Hexenkult Deutschlands. Alle vier Bewegungen »haben die gleiche Basis. Sie verstärken sich gegenseitig, befruchten sich und gewinnen dadurch viel Kraft«, meint Argante sowohl für die amerikanische als auch für die deutsche Szene festgestellt zu haben. In den USA soll Wicca bereits drei eigene Schallplattenfirmen besitzen, wie aus dem Archiv der evangelischen Kirche hervorgeht, das sie über den Wiccakult führt (den sie so gerne in die Ecke »Satanismus« schieben möchte).

Wie stark ist die Hexenbewegung bei uns? Keiner wagte, für die Bundesrepublik Zahlen zu nennen. Die EZW schätzt, daß in Deutschland rund ein Prozent der erwachsenen Bevölkerung zur Alternativszene gehört, in der sich der neue Trend abzeichnet.

Argante spricht von einer »riesigen Bewegung«. Aber: »Bei jeder neuen Sache springen die Leute erst mal darauf los, lassen sich ein halbes Jahr da reinziehen, und schon ist eine neue Welle da. Doch es gibt einen Kern von Leuten, die sich ernsthaft interessieren.« Sie kennt nur Zahlen für New York, wo sie fünf Jahre lang in verschiedenen Coven mitgemacht hat: In Manhattan weiß sie von dreißig Coven mit durchschnittlich zehn Mitgliedern, in ganz New York deutlich mehr als 10 000 praktizierenden Hexen. Dabei ist die Dunkelziffer sehr hoch: »Nur ein Bruchteil der Hexen ist in Gruppen organisiert. Die meisten arbeiten allein.«

Bernd S., der die deutschsprachige »Wicca news« bezieht, »um Informationen über die Szene zu haben, was da läuft«, weiß, »daß es in Deutschland viele kleine Gruppen gibt. Aber Zahlen zu nennen traue ich mir nicht zu. Ich kann nur sagen, daß es einen enormen Zulauf gibt.«

Da kursieren Berichte, daß sich in England mehr als 40 000 Menschen fest in Hexenzirkeln zusammengefunden haben, sie sollen »wie Pilze aus dem Boden« schießen; wobei der Zulauf überwiegend aus »bürgerlichen« Kreisen kommt. In den USA gehört das Hexenwesen mehr zur Alternativszene; dort haben die neuen Hexen angeblich die Millionengrenze überschritten: Auf drei Millionen werden die Anhänger geschätzt. Amerikanische Journalisten meldeten 1986 der erstaunten Alten Welt, daß »Hexenglauben, Hexenbräuche und Geisterbeschwörungen« sich »wie ein Buschbrand über die USA ausbreiten«. Dagegen werden die Satanisten – deren »berühmtester« Vertreter Charles Manson und seine Gruppe 1969 in Kalifornien die Schauspielerin Sharon Tate ermordet hatten – auf »nur« 50 000 Mitglieder geschätzt.

Ich halte sämtliche Zahlen für Spekulation. Doch eines kann man sagen: Es gibt tatsächlich in Deutschland eine »Hexenszene«, deren einzelne Gruppen beginnen, in einer Art Netzwerk, mittlerweile namentlich über das Internet, Kontakte zueinander zu knüpfen. Wie viele Frauen und Männer darüber hinaus allein im stillen Kämmerlein ihre Rituale feiern – Bücher wie Starhawks »Hexenkult« geben Übungshinweise für den Hausgebrauch –, liegt völlig im dunkeln.

Neben Hexenaufklebern, -ansteckern und -briefpapier werden Exkursionen zu magischen Orten, wie Stonehenge, den Externsteinen oder Carnac in der Bretagne, angeboten; Reisen zu den Inseln der »feministischen Frühzeitkultur« wie Kreta und Malta gelten seit langem als In-Tip. Volkshochschulen veranstalten Dreitagesseminare unter dem Titel »Hexen«. Veranstalter wie der Esoterik-Verleger Manfred Himmel haben sich auf »Exclusive Wochenend-Intensiv-Seminare« spezialisiert. In Mainz betreuen »Psycho-Hexen« Frauen nach einer psychiatrischen Behandlung. In Idstein gründeten drei Frauen einen Hexenbuchladen, der Randgruppen-, Alternativ- und Hexenliteratur vorstellt. Kneipen, die sich »Blocksberg« nennen, werben mit dem Slogan: »Wo Hexen früher tanzten, können wir jetzt essen!«

Selbsthilfebücher wie das »Hexengeflüster« holen in Vergessenheit geratene gynäkologische Behandlungsmethoden wieder hervor und entwickeln sie weiter. Und die Frauenmusikgruppe »Schneewittchen« singt: »Wir Hexen erwachen jetzt.«

Der Begriff Ritual ist zum neuen Modewort geworden. Selbst Kinderfeste werden als »Rituale« gefeiert, mit einem Häufchen Erde und einem mit Wasser gefüllten Kelch in der Mitte, unter Anrufung der vier Himmelsrichtungen, während eine Schar Kinder mit großen Augen, brennende Kerzen in der Hand, im Kreis um die Elementsymbole steht – so geschehen 1986 in der Hamburger Kampnagelfabrik.

Wo so viel in Bewegung ist, wird auch Erstaunliches aus dem Kirchenbereich gemeldet, von dem sonst nur Totschweigen oder Ablehnung kommt: Ein norddeutsches Jugendpfarramt veranstaltete ein Hexenseminar! Die Leiterin: »Ich bin in erster Linie Frau und dann erst Kirchenangestellte. Es wird heute offiziell darüber hinweggegangen und verschwiegen, daß die Kirche bei den historischen Hexenverfolgungen gut mitgemischt hat. Da hat keine Vergangenheitsbewältigung stattgefunden. Die Kirche hat sich bis heute nicht entschuldigt. Ich untersuchte mit den Mädchen die Frage, was hat die Hexe gekennzeichnet, wo lag die Bedrohung, wo war sie vermeintlich, wo tatsächlich? Welches Wissen sollte ausgerottet werden? Wir sind hinaus in die Natur gegangen, haben Kräuter gesucht, Heilsalben selber zubereitet. Bei den Mädchen kam die Betroffenheit hoch, das ist nicht nur Geschichte, Hexen sind keine

Fabelwesen aus dem Märchen, das betrifft mich heute selbst. Es war ein tolles Seminar.«

Ob ihr Schwierigkeiten von ihrem Arbeitgeber bereitet worden seien, wollte ich wissen. Nein, das nicht, aber die fehlende offizielle Reaktion bedeute nicht, daß solch ein Seminar begrüßt würde: »Die Diskussion wird nicht gesucht aus Scheu, in ein Wespennest zu greifen. Eine ernsthafte Auseinandersetzung würde doch bedeuten, daß man das männliche Bild der Kirche mit der entsprechenden Weltsicht in Frage stellen müßte. Schließlich ist im Interesse der patriarchalischen Kirche das weibliche Wissen ausgerottet worden.«

Soweit die Kirchenangestellte.

Ganz so großzügig wie in ihrem Fall war das NDR-Fernsehen nicht. Der für den 23. Januar 1986 vorgesehene Film über »Hexen heute« wurde kurzfristig »aus technischen Mängeln« abgesetzt. Empörte Zuschauerinnen sprachen von »fadenscheinigen Gründen« und: »Das Fernsehen hat sich wohl nicht getraut.« Die »Süddeutsche Zeitung« spürte unter der Überschrift »Warum ein Film über die Hexenrenaissance nicht ausgestrahlt wurde« den »technischen« Gründen etwas genauer nach und fand schnell heraus, daß die Absetzung des Films erfolgte, nachdem sich der für Religion und Philosophie zuständige Abteilungsleiter damit befaßt hatte.

»Fliegen« sie wieder?

Sind Hexen immer noch – oder schon wieder – so gefährlich, wie sie der Kirche des ausgehenden Mittelalters erschienen? »Fliegen« die Hexen vielleicht auch heute wieder zu ihren »orgiastischen Zusammenkünften« wie weiland mit Hilfe der berühmten Hexensalbe?

»Devotionalien«-Versandhäuser haben sich etabliert, die neben Hexenschmuck, Kelchen, Räucherschalen und selbstzündenden Kohletabletten – »rund mit Vertiefung für die Räucherung« – die für Rituale notwendigen Räucherstoffe, Kräuter und Öle anbieten. Die Mischungen werden nach »altägyptischen Rezepten« und »Rezepten aus der keltischen Tradition« hergestellt oder beziehen sich auf »mittelalterliche Kräuter- und Zauberbücher«.

Der Hexensalbe, die wir aus den historischen Prozessen kennen, ist in den letzten Jahren von Ärzten, Chemikern und Volkskundlern nachgespürt worden. Durch verschiedene Selbstversuche wurde ihre halluzinogene Wirkung nachgewiesen. Die Zaubersalbe, die ein Gefühl orgiastischer Erlebnisse hervorruft, gab es wirklich. Auf die nackte Haut und auf den zwischen die Schenkel geklemmten Besen aufgetragen, »vermittelte sie – wie eine Droge – das Gefühl zu fliegen«.

Ich bat den Essener Arzt Ralf-Achim Grünther, der über vergessene europäische Drogen und Hexensalben arbeitet, die in den Versandhandelskatalogen angegebenen Bestandteile auf eine Drogengefährdung zu prüfen. Daß die schon im 16. Jahrhundert für die Zubereitung von Hexensalben genannten rauscherzeugenden Pflanzen, wie das Bilsenkraut und der Stechapfel, heute noch benutzt werden, ist bekannt. Grünther zitiert dazu aus zwei Haschischkochbüchern den »Hieronymus-Bosch-Trip«: »Wirf einige Samenkörner von Bilsenkraut auf glühende Holzkohlen und atme den Rauch nicht zu heftig ein.«

Neben Bilsenkraut, Stechapfel, Tollkirsche und Alraune, die man laut Grünther in einem Versandhandel per Post beziehen kann (Grünther: »Vorsicht, man sollte die ›Reise‹ nicht ohne ärztliche Begleitung machen!«), scheinen auch andere in Katalogen erwähnte Substanzen nicht so ganz harmlos zu sein: Das Valeranon in der »heiligen Narde« hat tranquilizerähnliche Wirkung; Macis (die Muskatblüte) enthält wie die Muskatnuß selber Myristicin. Dieses aber zählt zu den psychotropen Wirkstoffen, die zur psychischen Sucht führen können. In amerikanischen Gefängnissen ist deshalb die Verwendung von Muskatnuß verboten. »Schon 5–30 Gramm Muskatpulver können halluzinogen-euphorisierend wirken. Wirkungseintritt nach zwei bis fünf Stunden mit leichter Bewußtseinsveränderung bis zu intensiver Halluzination, annähernd an einen Meskalinrausch. Die Droge führt zu anhaltenden orgiastischen Gefühlen über etwa drei Stunden.« Doch Achtung: Hinterher »kotzt man wie ein Reiher«.

Das angebotene Nachtschattengewächs Ton(k)gabohne wird heute noch von peruanischen Indianern benutzt, um mit der Unterwelt in Kontakt zu treten. Sie verfallen dabei in Rausch und Ekstase. Grünther hält den Kataloghinweis: »Sollten Sie seltene Kräuter oder Öle suchen, die nicht in der Liste zu finden sind, wenden Sie sich an uns. Wir können Ihnen sicher weiterhelfen«, für einen »guten Tip«, der in »bestimmten Kreisen sicherlich bekannt« ist.

Also doch! Die bösen Hexen, die mit Drogen arbeiten? Sämtliche Gesprächspartner in diesem Buch lehnen den Gebrauch von Drogen entschieden ab. Argante: »Ich brauche, um ›fliegen‹ zu können, solche Salben nicht.« Hexengläubige müssen nicht zu den »bestimmten Kreisen« gehören.

Trotzdem ein wichtiger Punkt. Denn er führt zu der Frage, in welcher Tradition sehen sich die »neuen Hexen«, wenn sie von »verschüttetem Wissen« sprechen, von den heil- und kräuterkundigen Frauen, die mit ihrem Wissen in den historischen Hexenverfolgungen ausgerottet werden sollten.

Wiedergeburt der »alten Religion«?

Nicht zuletzt der Frauenbewegung ist es zu verdanken, daß sich seit kurzem Historiker, Ethnologen und Wirtschaftswissenschaftler mit der Frage beschäftigen, wodurch das »große unerklärliche Rätsel« des plötzlich auftretenden Hexenwahns ausgelöst wurde. Warum aus der weisen Frau, der Heilkundigen, der Hebamme an einem ganz bestimmten Punkt der Geschichte die Böse, die Unholdin, die Hexe gemacht wurde.

Für Starhawk ist der Hexenglaube die alte Fruchtbarkeitsreligion, die den Wertvorstellungen des siegreichen Patriarchats weichen mußte. Auf dem Lande lebte sie jedoch weiter, bis die Kirche in einer Zeit innerer und äußerer Erschütterungen ihre heidnischen Rivalen nicht länger hinnehmen konnte und mit »Hexenbulle« und »Hexenhammer« die Gewalt gegen die alte Religion entfesselt wurde. In Amerika wie in Europa ging der Hexenglaube in den Untergrund und wurde zur Geheimreligion. Erst jetzt kommen die Hexen wieder aus der Besenkammer heraus.

Diese Sicht des Hexenwesens hatte bereits 1974 Eingang in »Meyers Lexikon« gefunden. Unter dem Stichwort »Hexe« findet man am Schluß den Hinweis: »In den angelsächsischen Ländern ist eine Wiederbelebung des Hexenglaubens zu verzeichnen. Die ›Hexensekte‹ um Margaret A. Murray behauptet die Kontinuität älterer außerchristlicher Geheimkulte bis auf die heutige Zeit.« (Wobei die angebliche Hexensekte um M. Murray keineswegs nachgewiesen ist. Bedeutsam wurde jedoch ihre positive Darstellung der Hexen: »Die Hexen waren hochachtbare, gebildete Menschen, die in heidnischen Tagen einen nützlichen Platz in der Gesellschaft als Ärzte, Astrologen und Alchemisten einnahmen.«)

Fast alle meine Gesprächspartner sehen den Hexenglauben in der Tradition uralter Religionen. Wiccapriesterin Argante: »Wir sind nichts neu Erstandenes. Wir sind keine Sekte. Wir sind eine Naturreligion, die auf die keltische Urreligion zurückgeht. Ich vermute stark, daß auch die spätmittelalterliche Hexenverfolgung ein Teil dieser langen Kette ist.«

Christoph K. meint: »Die Urquelle des heutigen Hexenwesens ist in den alten Fruchtbarkeitsreligionen zu sehen, in der alten weiblichen Religionsform mit weiblicher Priesterschaft, die sich erhalten hat trotz jahrhundertelanger Verfolgungen, wie sie auch jetzt wieder hochkommen.« Für Heidi Reichelt von der Hexenschule Rheingau ergibt sich »aus der Geschichte, daß Hexen die letzten Frauen waren, die diese Frauenmacht noch hatten, in einer Kontinuität vom Matriarchat bis ins späte Mittelalter. Mit den Hexenverfolgungen ist sie ausgelöscht worden. Und jetzt ist sie wieder da«. Auch die Schiran-Frauen führen sich auf »die alten Wurzeln der Matriarchate zurück«.

»Nun gut«, sagt da ein Freund zu mir, etwas gönnerhaft auf mich herabblickend – schließlich ist er Ordinarius für Ethnologie –, »die Sache hat nur einen Haken: Matriarchate sind nirgendwo in der Geschichte nachgewiesen.« Zu behaupten, es habe eine Matriarchatsperiode gegeben, sei »völliger Quatsch«.

Suchen Frauen ihre Wurzeln in einem wissenschaftlich nicht zu beweisenden Wunschbild? Selbst Simone de Beauvoir, eines der Leitbilder der neuen Frauenbewegung, formulierte schon 1949: »In Wirklichkeit ist dieses goldene Zeitalter der Frau nur ein Mythos.«

Dagegen steht Bachofens Annahme von einer Kulturstufe des »Mutterrechts« mit Hinweisen auf Lykien, Kreta oder Ägypten, die immer wieder angeführt werden.

Neuere Veröffentlichungen wie Uwe Wesels »Der Mythos vom Matriarchat« kommen zu dem Ergebnis, daß es eine »Herrschaft der Mutter in Familie und Gesellschaft« (= Matriarchat) nie gegeben habe. Die von Bachofen angeführten Gesellschaftsformen zeigten eine Gleichstellung von Frauen und Männern, ein Gleichgewicht der Geschlechter in einer Gesellschaft, »die in ihrer gesamten Ordnung auf die Frauen ausgerichtet« war, keineswegs eine Frauen*herrschaft*.

Die Auseinandersetzung um den Begriff des Matriarchats scheint mir ein Streit um Worte, nicht um Inhalte zu sein. Denn »Herrschaft« ist von den neuen Hexen auch gar nicht angestrebt. Die Psychologin Marie-Rose Iberl sieht als Ziel des Hexenwesens vielmehr »eine veränderte Gesellschaft, die nicht ohne Männer ist, die auch keine Machtumkehrung ist, also Herrschaft der Frauen über die Männer. Erstrebenswert finde ich eine Gesellschaftsform, in der nicht Menschen über Menschen herrschen, in der die Frage der Herrschaft nicht mehr wichtig ist«. Und für Argante bedeutete Matriarchat »keine Umkehrung des Patriarchats, sondern eine wesentlich gerechtere Gesellschaft allen Menschen gegenüber«.

Nicht die historische Belegbarkeit eines Matriarchats ist entscheidend, sondern daß eine solche Gesellschaftsform als Weltbild für »fabel«haft wahr gehalten wird. So entstehen Vorbild und Zielsetzung. Man verlegt etwas in die Vergangenheit, um sich ein Bild zu machen, wie es in der Zukunft aussehen könnte. Und das ist durchaus nichts Ungewöhnliches (vgl. die Urgesellschaft der Marxisten). Auch die Bibel ist ein solcher Mythos. Die Frage nach dem historisch nachgewiesenen Matriarchat ist für die Hexengläubigen genauso wichtig oder unwichtig wie für Christen die Frage, ob Jesus historisch belegbar am Kreuz gestorben ist oder nicht.

Wie sieht es nun mit der Kontinuität, der durchgehenden Linie des Hexenkultes von vorchristlichen Zeiten bis heute aus? War das tatsächliche Bestehen von »Hexensekten« ein Anlaß für die Verfolgungen der beginnenden Neuzeit? War der unter der dünnen Oberfläche einer Christianisierung vor allem auf dem Land immer noch vorhandene Glaube an heidnische Gottheiten ein Grund, die Hexen als deren vermeintliche Anhängerinnen zu verfolgen? (Während des gesamten Mittelalters – etwa 6. bis 15. Jahrhundert – lebten weniger als zehn Prozent der Bevölkerung in der Stadt!)

Wiccaanhänger berufen sich auf den britischen Forscher Charles G. Leland, der Ende des 19. Jahrhunderts das »Evangelium der Hexen« veröffentlichte. Die Aufzeichnungen stützten sich auf die Erzählungen einer jungen Italienerin, Madda-

lena, die behauptete, Angehörige eines uralten Fruchtbarkeits-
kultes zu sein. Sie bezeichnete sich selber als »strega« (Hexe)
und beschrieb Hexensabbate, auf denen die römische Göttin
Diana verehrt wurde, sowie alte Riten und Gesänge.

In unserem Jahrhundert kam dann durch die Bücher »The
Witch-Cult in Western Europe« (1921) und »The God of the
Witches« (1931) der britischen Ägyptologin Margaret Murray
die These auf, mit den spätmittelalterlichen Hexenprozessen
sei ein alter naturmystischer Fruchtbarkeitskult verfolgt worden, dessen seit steinzeitlichen Tagen angebeteter »Gehörnter
Gott« von der Kirche zum Teufel und dessen Priesterinnen
und Anhängerinnen zu »Hexen« gemacht wurden.

Sowohl das »Evangelium der Hexen« als auch Margaret Mu-
ray sind umstritten. Auswirkungen hatten sie jedoch durch
ihren Hinweis auf das mögliche Weiterleben vorchristlicher
Kulte: Und zwar bis in die heutige Zeit, behauptete in den fünfziger Jahren Wiccaaltmeister Gerald Gardner nach Aufhebung
des *Witchcraft Act* in England. Er, Gardner, habe in seiner Gegend Hexen kennengelernt, weise Frauen, die keine Schwarze
Magie machten, und sei von ihnen in ihren alten Hexenkult,
den Wiccakult, eingeführt worden.

Was sagen Historiker und Ethnologen zu dieser Theorie des
überlieferten alten Hexenkultes, der in der Anfangszeit der
Verfolgung durch die Inquisition zerstört werden sollte?

Von Hexensekten
und nachtfahrenden Weibern

Der Ethnologe und Philosoph Hans Peter Duerr, Verfasser des
berühmt gewordenen Aufsatzes »Können Hexen fliegen?«,
geht in seiner mittlerweile zum alternativen Kultbuch avan-
cierten Abhandlung »Traumzeit – über die Grenze zwischen
Wildnis und Zivilisation« der Frage nach, was für Frauen die

sogenannten »nachtfahrenden Weiber« des Mittelalters waren, welche Rolle Diana dabei spielte, in deren Gefolge sie angeblich durch die Lüfte flogen, und welche Bedeutung dabei bewußtseinsverändernde Pflanzen sowohl im späten Mittelalter als auch in archaischen Kulturen hatten. Er äußerte die Vermutung, daß noch vor dem »Hexenhammer« der Dominikaner Jean Vineti, Inquisitor von Carcassone, 1450 als erster von einer »neuen Sekte« der Hexen gesprochen habe, die nach Berechnungen des Dominikaners Silvestro Mozzolino von 1404 an in Erscheinung getreten sei. Dagegen durchstreiften die nachtfahrenden Weiber – vor allem im Gefolge Dianas – »seit alters in der Anschauung des Volkes mit heidnischen Göttinnen des Nachts die Wälder«. Von ihnen habe man gewußt, »daß sie sich bisweilen mit geheimnisvollen Pflanzensalben einrieben, worauf ihr Leib in eine Erstarrung fiel und ihre Seele oder was auch immer in die Wildnis entwich«.

Artemis/Diana, Nachfolgerin der Liebes- und Fruchtbarkeitsgöttinnen archaischer Völker, deren wohlgerundete Statuetten man bei Ausgrabungen gefunden hat, war eine uralte Frauengöttin, Hüterin der Fruchtbarkeit, der unbeherrschten wildwachsenden Natur. Auch Diana wurde zur »Gebieterin all derer, die *außerhalb* der Kultur, jenseits der Ordnung lebten«. Vor allem das einfache Volk auf dem Land verehrte sie. Nördlich der Alpen wurde sie mit keltischen Naturgöttinnen gleichgesetzt. »Auch in anderen Teilen des römischen Weltreiches war der Kult der Diana, die jeweils mit entsprechenden einheimischen Göttinnen identifiziert wurde, weit verbreitet.« Sie war »vermutlich eine der hartnäckigsten Gegnerinnen der neuen Religion. Insbesondere gegen sie richtete sich der christliche Eifer.«

Duerr bezweifelt im Unterschied zu Margaret Murray die Identität von Nachtfahrenden und der eben *neuen* Hexensekte des ausgehenden Mittelalters – und damit einen durchgehenden Kult von archaischen Zeiten bis heute –, auch wenn beide

Gruppen recht früh in einem Atemzug genannt wurden. Folgerichtig wendet sich Duerr gegen das »sorglose« Durcheinanderwerfen beider Gruppen, während tatsächlich der »Kult der Großen Mutter« langsam versickert sei. Gleichzeitig weist er selber darauf hin, wie schwierig »die säuberliche Trennung zwischen Nachtfahrenden und strigaartigen Hexen« war: Er berichtet einerseits von den Klagen Papst Marinus' II. im Jahre 942 über »ausgelassene Tänze und Jagdtreiben« am Berg Tifata, einem alten Dianaheiligtum, und daß dieses »Treiben« noch im 19. Jahrhundert dort beobachtet worden sein soll, gleichzeitig weist er darauf hin, daß es »regelrechte Hexenorganisationen« noch bis in unsere Zeit in Ungarn gegeben habe, deren Mitglieder sich mit einem »Zauberfett« einreiben, um fliegen zu können.

Warum ist eine säuberliche Trennung der beiden Gruppen – falls es denn tatsächlich zwei unterschiedliche waren – so schwierig?

Beide Gruppen stellten sich außerhalb der von Staat und Kirche vorgegebenen Ordnung, waren Grenzgänger zwischen Zivilisation und Wildnis, der rationalen und intuitiven Welt, Frauen, die ihre eigenen Riten und Feste feierten, zu denen sie nächtens »flogen«. Beiden Gruppen war der Gebrauch bewußtseinsverändernder Drogen wie Bilsenkraut und Tollkirsche bekannt. Duerr gibt ausführliche Beispiele für den Gebrauch halluzinogener Drogen sowohl in archaischen Kulturen, als deren Nachfolgerinnen die Nachtfahrenden angesehen wurden, wie auch im späten Mittelalter, als das Wissen darüber vor allem den »Hexen-Hebammen« zugerechnet wurde. Mit dem Beginn der Hexenverfolgungen – die sehr bald eine Eigendynamik bekamen – habe die Kirche *sowohl* überliefertes heidnisches Brauchtum *als auch* das damalige »neue« Heidentum der Ketzer und Hexen auslöschen wollen. Damit sollte auch das Wissen um Kräuter, Pflanzen und Drogen vernichtet werden. Die christliche Kirche stand dem Gebrauch derartiger Mittel feindlich gegenüber, denn sie konnte nicht zugestehen, daß »eine Sensibilität für die bisher verborgenen Eigenschaften oder Tatsachen der Wirklichkeit frei wurde«.

Tatsachen der Wirklichkeit, nicht Schein; keine *andere* Wirklichkeit, sondern der andere Teil *der* Wirklichkeit, der außerhalb der vorgegebenen, geordneten Gesetze seine Wertigkeit hat. Die Zivilisation kann nicht zulassen, was außerhalb des Zaunes liegt, um sich mit ihren Werten nicht in Frage stellen zu müssen. »Sie begegnet dem Jenseitigen von nun an, indem sie dessen Erfahrungen zunehmend unterbindet, verdrängt oder später ›spiritualisiert‹ und subjektiviert.«

Bis heute? Horkheimer/Adorno in »Dialektik der Aufklärung«: »Es darf überhaupt nichts mehr draußen sein, weil die bloße Vorstellung des Draußen die eigentliche Quelle der Angst ist.«

Um Angst, um panische Angst, geht es auch dem französischen Professor für Geschichte am berühmten Collège de France, Jean Delumeau. Er zeichnet, auf der Suche nach einer Lösung des »großen historischen Rätsels« der Hexenverfolgung in Europa zu Beginn der Neuzeit, in seiner Untersuchung »Angst im Abendland« die These von einem kontinuierlichen Hexenwesen nach: Die Behauptung, heidnische Kulte hätten im Christentum fortbestanden, sei von mehreren Forschern massiv unterstützt worden. Nach dem romantischen französischen Historiker Michelet in »La Sorcière« hätte das siegreiche Christentum zwar die Aristokraten des Olymps verdrängt, nicht aber »die Vielzahl der einheimischen Götter, die große Schar der Götter, die noch im Besitz der unendlich weiten Felder, Wälder, Berge und Quellen waren«. Michelets Vorstellungen hörten sich jedoch eher wie die Beschreibung des modernen Satanismus an, mit Teufelsverehrung, Schwarzen Messen und Verkehrung der offiziellen Moralvorstellungen. Teufelspakt als »Mittel der Rettung einer magischen und animistischen Kultur« und als Ausdruck einer »Flucht vor den

Zwängen der Gegenwart mit Hilfe des Teufelsmythos«? (Hier bietet sich nicht zum ersten Mal der Vergleich zum Heute an, die Frage nach einem auch im späten Mittelalter parallel nebeneinander bestehenden Satanskult und dem Hexenkult der »weisen Frauen«.)

1890 löste J. Frazer mit der ersten Ausgabe von »The Golden Bough« den »Kult der Fruchtbarkeitskulte« aus. Dann, in den zwanziger Jahren, folgte Margaret Murray mit ihrer Erklärung für den Hexenwahn, der Angriff der Kirche habe der alten Religion gegolten, die auf dem ganzen Kontinent verbreitet gewesen sei.

Der »fanatische Katholik« M. Summers griff Murrays These auf, um eine Erklärung für das Vorgehen der Kirche zu liefern. Er versicherte, daß es eine »mächtige, geheime staats- und kirchenfeindliche Organisation« von Hexen gegeben habe, die es zum Schutz des Christentums zu zerschlagen galt.

Auch nach dem Zweiten Weltkrieg suchten Wissenschaftler wie A. Runeberg, E. Rose und J. Russell die Erklärung für die Hexenverfolgung im Kampf der Kirche gegen das hartnäckige Heidentum und gegen überlieferte Kulte. Rose meinte eine Kontinuität der Vereinigung von Hexen aus uralten Zeiten erkennen zu können, die während der Verfolgung im 16. und 17. Jahrhundert zu Geheimgesellschaften geworden seien.

Jean Delumeau bestätigt das Überleben nichtchristlicher Riten und Anschauungen unter der dünnen Decke des Christentums und gibt »Belege in Hülle und Fülle« für kultische Überbleibsel mit und ohne christliche Verkleidung. (Noch im 18. Jahrhundert soll es in Luxemburg zahlreiche Statuen der Göttin Diana gegeben haben.) Aber er schließt sich – wie Duerr – nicht der Meinung an, daß das Überleben von Resten alter Religionen die ungebrochene Tradition der Existenz von Fruchtbarkeitskulten und des Fortbestehens eines in sich geschlossenen heidnischen Kultes bedeute: Das Heidentum »wurde vielleicht gelebt, jedoch nicht gedacht und nicht gewollt«. Der verbreitete Glaube an Magie und die außergewöhnlichen Kräfte bestimmter Menschen habe nichts zu tun mit dem angeblichen Bestehen von organisierten Sekten und geheimen Verschwörungen, die er als Angstphantasien einer sich bedroht fühlenden herrschenden Kultur bezeichnet.

Wovon fühlten sich Kirche und Staat zu Beginn der Neuzeit so bedroht, daß sie zu einer »Gesetzgebung aus panischer Angst« griffen, die auf der Grundlage von »Hexenbulle« und »Hexenhammer« erfolgte?

Auf der Suche nach dem Sündenbock

Noch im 8. Jahrhundert wurde unter Karl dem Großen der Glaube an Hexen als Aberglaube verurteilt und Hexenverfolger und dörfliche Lynchjustiz mit der Todesstrafe bedroht. Und noch 906 erklärte das Handbuch für bischöfliche Visiten – der berühmte *Canon episcopi* – den überlieferten Glauben an nächtliche Ausritte im Gefolge Dianas als Täuschung, Phantasie und Illusion. Die hohe Geistlichkeit bewies zu dieser Zeit »angesichts der zum größten Teil noch heidnischen Massen und eines die Magie nur theoretisch streng bestrafenden Rechts eine verhältnismäßig kritische und auf jeden Fall pragmatische Haltung« (Delumeau). Das änderte sich im 13. und 14. Jahrhundert mit dem Kampf gegen Ketzersekten und infolge der Gleichsetzung von Hexerei und Ketzerei durch die Bulle von 1326 *Super illus specula*. Der »Hexenhammer« schließlich legte fest, daß diese teuflische Sekte zum größten Teil aus Frauen bestehe. (Nur 18 bis 20 Prozent der Angeklagten waren Männer; und das nach der Verselbständigung der Prozesse.)

Wodurch war diese Umkehr der Verfolgung der Hexenverfolger zur Verfolgung der Hexen und schließlich »der Frau« ausgelöst worden? Welches Weltbild war ins Wanken geraten?

Die Autorität der Kirche wurde ab dem 12. Jahrhundert durch das zunehmende Anwachsen von Ketzerbewegungen (Katharer, Albigenser, Waldenser) in ihren Grundfesten erschüttert. Sie kritisierten die Diskrepanz zwischen den Ansprüchen des Urchristentums (Armut, Nächstenliebe, Ablehnung der Kleriker als Mittler zu Gott) und dem tatsächlichen Leben von Priestern und Mönchen. Die Kirche reagierte mit der Einsetzung der Inquisition.

Durch das avignonische Exil des Papstes (1309–1376) und die Frage nach dem rechtmäßigen Papst wurde die bestehende Ordnung zusätzlich in Frage gestellt. Dazu kamen Naturkatastrophen und Seuchen. Die große Pest von 1348 bis 1352 löschte 25 bis 30 Prozent der europäischen Bevölkerung aus und führte zu einer folgenschweren Auflösung aller ethischen und sozialen Bindungen. Die empfindlichen Niederlagen der christlichen Heere gegen die Türken und der Fall Konstantinopels 1453 wirkten wie ein Schock und steigerten die Atmosphäre des Zweifels, der Unsicherheit und der Bedrohung ins Unerträgliche.

Das Abendland rechnete mit dem baldigen Weltuntergang, den man aus verschiedenen Prophezeiungen »hochgerechnet« hatte, und dem Jüngsten Gericht. Die lutherische Reformation (1517) kündigte sich an, in dem Säkularisierung und Mißstände innerhalb der Kirche bloßgelegt wurden. Die deutschen Bauern griffen die lutherischen Vorstellungen auf und ergänzten sie um sozialpolitische Forderungen. Die Menschen zu Beginn der Neuzeit waren plötzlich mit einer eigenen Entscheidungsfreiheit konfrontiert, der sie sich hilflos und voller Angst ausgeliefert fühlten.

Eine solche von Panik ergriffene Masse suchte sich ein Ventil für ihre Ängste, suchten einen Sündenbock, auf den sie Aggressionen abladen, gegen den sie als Masse handeln konnte. Den »bösen Feind« fand man im Satan, »der wütend seine letzte große Schlacht vor dem Ende der Welt führt« (Delumeau), der die Menschheit nicht nur von außen bedroht, sondern dessen Anhänger – Ketzer und Hexen – schon mitten im Inneren des Dorfes, der Gemeinschaft stehen.

Die Hexenverfolgungen ließen in dem Maße nach, wie sich die Angst verringerte. Das neu entstehende Weltbild, geprägt von einer Hinwendung zur Rationalität und Wissenschaft, überlagerte die Ängste und vermittelte den Menschen den Glauben an eine scheinbare Sicherheit und Stabilität, der erst heute wieder in Frage gestellt wird.

Die Abwertung »der Frau« schließlich ist in hohem Maße in der traditionellen (bis auf den Apostel Paulus zurückzuverfolgenden) Frauenfeindlichkeit der Kirche begründet. Die Gleichsetzung von Sexualität und Sünde führte dazu, daß Frauen als »Agenten Satans« gesehen wurden, als »Einfallspforte alles Bösen« oder als »Köder, dessen sich der Teufel bedient, um das andere Geschlecht in die Hölle zu locken«.

Als die Schlimmsten unter ihnen galten die kräuterkundigen Hebammen. Die »weisen Frauen« (frz. *sages-femmes*), die Wissen hatten über Tränke, Heilmittel, Drogen, Verhütung, Abtreibung, übertrafen »alle anderen an Bosheit«. Im »Hexenhammer« werden in einem eigenen Kapitel die Schädigungen der »Hexenhebammen« aufgeführt. Fazit: »Niemand schadet dem katholischen Glauben mehr als die Hebammen«.

Die Konzentration der Verfolgung (vor der Verselbständigung) auf die Hebammen verleitete den Sozialwissenschaftler Gunnar Heinsohn und den Wirtschaftswissenschaftler Otto Steiger, beide Professoren an der Universität Bremen, zu einer Erklärung des »großen historischen Rätsels«, die bereitwilligst aufgenommen wurde. Der Erfolg ihres Buches »Die Vernichtung der weisen Frauen« zeigt, wie dankbar eine These aufgegriffen wird, die mit Schaubildern, Tabellen und Statistiken »bewiesen« und in der mit solch »vernünftigen« Begriffen wie »Nettoreproduktionsrate« argumentiert wird.

Heinsohn/Steigers These, die Verfolgung der Hexenhebammen sei eine bevölkerungspolitische Maßnahme gewesen, ist ganz eingängig, ob sie stimmt, eine andere Frage. In den Hebammen seien diejenigen verfolgt worden, die als einzige – zumindest auf dem Land – über medizinische und pharmakologische Kenntnisse verfügten, die mit Magie und Drogen arbeiteten: Heilwissen für das Volk, Schadenzauber für die Herrschenden. Aus dem Kalkül einer »ersten – merkantilistischen – Pionierphase…, daß mehr Menschen auch mehr Reichtum erbringen«, sollte ihr Wissen um die Geburtenkontrolle vernichtet werden. Denn die bis dahin stetig wachsende Bevölkerung Europas war im 14. Jahrhundert katastrophal geschrumpft: von 73 Millionen Einwohnern im Jahre 1300 auf 45 Millionen um 1400.

Während das »Fliegen der Hexen auf Besenstielen zum Hexensabbat, wie auch ihre Verwandlung in Tiere etc., als halluzinatorisches Resultat von Rauschmitteln« dechiffriert wurde, wurden deren Hersteller nunmehr deshalb verfolgt, »weil sie zugleich – und das erst macht sie zum Ziel der Verfolgung – die verhütenden und abtreibenden Tränke« brauten. Es habe sich also zu Beginn der Neuzeit keineswegs um einen irrationalen Hexenwahn gehandelt, folgern Heinsohn/Steiger, der sich gegen »Zauberei, religiöse Extratouren oder schlichten Aberglauben« richtete; auch seien Hexenjagden nicht Ausfluß einer »Dämonenobsession« der kirchlichen und weltlichen Eliten oder Hexenverfolger geifernde Wahnsinnige gewesen. Jene zentral geleitete Hexenverfolgung habe sich vielmehr gegen ein *Wissen* und *nicht* gegen ein Geschlecht gerichtet. (Warum haben dann Sprenger/Institoris ausdrücklich die weibliche Form für den Titel ihres Hexenjagd-Handbuches Malleus male*ficarum* gewählt, während es beim »Ketzerhammer« noch Malleus haereti*corum* hieß? Nun, bei Heinsohn/Steiger wird die deutsche Übersetzung statt mit Unholdinnenhammer auch mit Unholdenhammer wiedergegeben.)

Die beiden Autoren sehen keine Rechtfertigung für die

These, daß mit der Hexenverfolgung Jagd auf eine »riesige geheime Sekte«, die heidnische Gottheiten anbetete, gemacht werden sollte, vermeiden aber eine direkte Ablehnung der Auffassung Margaret Murrays über einen seit archaischen Zeiten bestehenden Fruchtbarkeitskult. Der Bedarf der »Kunden« an Magie und Drogen und Geburtenkontrolle stehe »keineswegs in Widerspruch« dazu.

Tatsache ist, daß gegen Ende des 15. Jahrhunderts der europäische Bevölkerungsschwund zum Stillstand kam und sich bald ins Gegenteil verkehrte: zu einer ungeheuren Bevölkerungsexplosion.

Nach dem römischen Katechismus von 1566, der künstliche Empfängnisverhütung mit gemeinem Meuchelmord gleichsetzt, richtet sich das katholische Abtreibungs- und Verhütungsverbot bis heute: Siehe die Enzyklika »Humanae Vitae«, von Papst Paul VI. am 25. Juli 1968 verkündet, ausdrücklich bestätigt von Papst Johannes Paul II. im Jahr 1984. (Angesichts des Massenelends in der dritten Welt könnte sich die katholische Kirche eines Tages nach ihrer Verantwortlichkeit fragen lassen müssen!)

Die Verliererinnen wehren sich

Vor allem die Frauen wollen den Machtanspruch einer patriarchischen Kirche nicht länger akzeptieren. Die Schiran-Frauen sind aus der Kirche ausgetreten, weil sie »alles darangesetzt hat, mich als Frau zu verteufeln. Ich kann und will nicht diese Millionen von Frauen vergessen, die sie umgebracht haben.« Die Diplompsychologin Marie-Rose Iberl wehrt sich gegen die »Trennung von Körper, Geist, Seele. Das böse Fleisch und der gute Geist. Diese Einstellung ist widernatürlich und schlichtweg Unsinn. Sie werden das neue Heidentum noch sehr ernst nehmen müssen.« Für die Beamtin Gaea, die sich selber als

Hexe bezeichnet, ist »die alte Religion, der ich angehöre, von Grund auf verfälscht worden. Aus der Göttin, der Urmutter, ist *der* Gott geworden. Alles wurde umgedreht.« Aber wir müssen »uns darüber im klaren sein, jede Geschichtsschreibung ist immer die Geschichtsschreibung des Siegers, nie des Verlierers. Und Sieger waren in diesem Fall der Mann und die Kirche als Vertreter des Mannes.« (Christoph K.)

Nun, »der Verlierer« – die Frau – beginnt sich zu wehren. Theologinnen stellen ihre Sicht der Historie dar. Allen voran die Amerikanerin Mary Daly (studierte Theologin, dann feministische Theologin, schließlich nur noch Feministin), die auch in Deutschland Einfluß gewonnen hat und den totalen Bruch mit dem Christentum fordert, das für Abwertung, Unterdrückung und Verfolgung »der Frau« verantwortlich sei.

Protestantische und katholische Frauen, die sich gegen den Herrschaftsanspruch einer patriarchalischen Kirche *innerhalb* des Christentums wehren wollen, haben die Jungfrau Maria als »Große Göttin« wiederentdeckt, was ihnen die Möglichkeit gibt, ihr feministisches Selbstverständnis mit dem Christentum in Einklang zu bringen (siehe Christa Mulack, »Maria – die geheime Göttin im Christentum«). Die Auseinandersetzung mit matriarchalen Religionen und Göttinnenkulten hat einen neuen Zugang zum Marienkult geschaffen, in dem mit fortschreitender Christianisierung alte heidnische Mutterreligionen aufgegangen waren.

So sind es auch keineswegs christliche Philosophie und Überlieferung, die abgelehnt werden. Das christliche »Liebe deinen Nächsten«, Jesus, »wie ihn die Bibel darstellt«, eine »Religion, die unter so guten Vorzeichen angefangen hat, voller Toleranz«, sind auch Vorbild und Sehnsucht der neuen Hexen: der Traum von einer Gesellschaft, in der die Menschen sich lieben. So wie die Bibel und die Berichte von einem »uralten Matriarchat« Mythen sind, deren historischer Wahrheitsgehalt für die Gläubigen zweitrangig ist, so ist auch die Frage nach der Belegbarkeit einer kontinuierlichen Linie von archaischen Fruchtbarkeitskulten über das späte Mittelalter bis heute, nach der ungebundenen Tradition eines Hexenkultes, dessen Vertreter nach einer Zeit der Verfolgung jetzt wieder ans Tageslicht kommen, höchstens von historisch-wissenschaftlichem Interesse. Und das hat mit Glauben nicht viel zu tun.

Ob alt oder neu – eine Religion ist der Hexenkult für die Hexengläubigen allemal. Apaika bezeichnet sich als Hexe, weil sie sich »der Urreligion zugehörig« fühlt. »So wie sich Anhänger des Christentums als Christen bezeichnen.« Für den Wiccainitiierten Bernd S. ist der Hexenkult eine Naturreligion für Individualisten, im Unterschied zu Sekten und Logen, die patriarchalisch und hierarchisch auf eine Person bezogen sind und sich als Organisation stark nach außen abgrenzen.

Eine Religion vorchristlicher Gottheiten ist in einem anderen europäischen Land bereits wieder zu amtlichen Ehren gekommen: Im Mai 1973 wurde in Island der Odinismus offiziell als gleichberechtigte Religion neben der (seit dem Jahr 1550) protestantischen Staatskirche anerkannt.

»Hier in Island ist das Heidentum eine ganz normale Sache. Ich habe mehr Angst zuzugeben, daß ich rauche als daß ich Heide bin«, sagte mir der 62jährige Sveinbjörn Beinteinsson, Hohepriester des Odinismus, des *Asatru,* des Glaubens an die Asen, die alten nordischen Götter. Beinteinsson kann – genau wie der Pfarrer der Kirche nebenan – ohne Standesamt rechtsgültige Trauungen und Scheidungen vollziehen. Laut Auskunft der deutschen Botschaft in Reykjavik ist ein Dutzend Anfragen aus Deutschland wegen der Rechtsgültigkeit eingegangen, die bestätigt wurde.

Von dem isländischen Dichter Thorgeir Thorgeirson weiß ich, daß auch sein Sohn – zusammen mit seinen Freunden – sich im *Asatru* »konfirmieren« ließ. Als Konfirmationsspruch suchte sich jeder einen Vers aus den Heldensagas aus.

Als ich mit Vigdís Finnbogadóttir, der in ihrem Land überaus beliebten früheren isländischen Staatspräsidentin, über den *Asatru* sprach, betonte sie, daß der Glaube an Wesen, die uns umgeben, als völlig natürlich im Volk verankert sei. (Auch sie fand in ihrer Residenz Bessastadir, dem ehemaligen Amtssitz der dänischen Statthalter, einen weiblichen Geist vor, mit dem sie sich ganz selbstverständlich unterhält, der Geist der Geliebten eines früheren Statthalters, die sich das Leben nahm, als der sein Eheversprechen nicht hielt.) Die Anerkennung des Odinismus als offizielle Religion sei eine Frage der Religionsfreiheit und der Toleranz.

Die in Island größere Toleranz in Glaubensfragen geht einher mit einer im Vergleich zum europäischen Festland traditionell stärkeren, eher gleichberechtigten Stellung der Frau. Eine Isländerin behält seit jeher zum Beispiel auch nach der Heirat ihren Namen. 1983 zog in Island die erste Frauenpartei ins Parlament ein. Die größten Massenversammlungen Islands sind die regelmäßig stattfindenden Frauendemonstrationen in Reykjavik mit 20 000 bis 25 000 Teilnehmerinnen. Auch die Staatspräsidentin erschien an diesem Tag nicht an ihrem Arbeitsplatz im Parlament, um an der Spitze der isländischen Frauen in einer 24-Stunden-Streikaktion auf die Bedeutung von Frauenarbeit hinzuweisen.

Die Hexenverfolgung der frühen Neuzeit war hier lange nicht so ausgeprägt wie auf dem Festland. Und von den im 17. Jahrhundert hingerichteten 28 Hexen – bei einer Gesamtbevölkerung von rund 70 000 – waren 27 Männer! Die Bibel wurde in Island nie zum Bestandteil der traditionellen Literatur. Die Auflagen zwischen 1584 und 1747 umfaßten jeweils nur tausend Exemplare und waren entsprechend teuer. Die alte Religion, die alten Götter waren und sind mit der Edda und den Sagas im Volk immer noch lebendig.

Benteinsson: »Das einfache Volk hat immer an die Natur geglaubt, an Naturereignisse, an Wesen, die in der Natur leben,

wie Elfen, Kobolde und gute Wesen, die die Menschen begleiten und ihnen helfen«. Er sieht den *Asatru* als bewußten Gegensatz zu den Sekten, die Anfang der siebziger Jahre in Island
aufkamen: »Wir haben einen alten Glauben. Wieso brauchen
wir Sekten?«

Angst damals – Angst heute

Warum kommt der »alte Glaube« jetzt wieder hervor? Was
zieht immer mehr Menschen zum neuen Heidentum oder modernen Hexenkult? Leben wir heute ähnlich wie im ausgehenden Mittelalter in einer »Zeit zwischen den Zeiten« (Duerr)?
In der die »alte Zeit vergangen und die neue noch nicht ange-
brochen ist«, die Grenze zwischen Zivilisation und Wildnis
sich auflöst, die vorgegebene Ordnung nicht mehr als richtig
und gültig hingenommen wird? Eine Zeit, die auch heute geprägt ist von kollektiven und individuellen Ängsten. Angst vor
Krieg, Weltuntergang und Verseuchung, Angst vor der Zerstörung von Natur und Umwelt durch eine maßlos gewordene
Wissenschaft, die macht, was technisch machbar ist, Verun-
sicherung des herrschenden Patriarchats durch eine Verselbständigung der Frau, ein Sichwehren gegen eine Zivilisation,
die alles außerhalb genormter Grenzen – »was nicht beweisbar
ist« – nicht anerkennen will. Eine individuelle Unsicherheit
durch ein Gefühl mangelnder Geborgenheit und Vereinsa-
mung, durch nicht sinken wollende Arbeitslosigkeit, durch eine
undurchschaubar gewordene Politik und Verwaltung, der man
sich hoffnungslos ausgeliefert sieht. Selbst düstere Prophezeiungen tauchen wieder auf – wie die dritte Prophezeiung von
Fatima –, die mit der Ankündigung großer Plagen und Kriege
zum Ende des 20. Jahrhunderts Endzeitstimmung verbreiten.
  Im ausgehenden Mittelalter erschien den Menschen die un-
mittelbare Zukunft bedrohlich und unheilvoll. »In der Kultur

jener Zeit empfand man beim Gedanken an morgen mehr Furcht als Hoffnung.« (Delumeau) Und heute? »Alle Formen des Glaubens, die sich nicht wissenschaftlich ausweisen konnten, wurden erfolgreich zerstört. Der Mensch ist mit dem Diesseits und seiner Vernunft endlich allein. Die Kälte hätte größer nicht sein können.« (Hoimar v. Ditfurth)

Die achtzehnjährige Schülerin Corinna sagte es ganz einfach: »In der Kirche wird nichts mehr geglaubt, nur noch verstanden und eingesehen.«

Die Sehnsucht, aus dieser Kälte herauszufinden, kennzeichnete alle Gespräche, die ich führte. Aus welchem Zweig des neuen Hexenkultes in Deutschland sie auch kommen mögen: Wicca (wie im ersten Teil des Buches), Feminismus, Friedensbewegung, ökologische oder »New Age«-Bewegung, es sind die gleichen Ängste, die gleichen Sehnsüchte, die gleichen Hoffnungen, die sie zum Hexenglauben brachten.

Die etablierten Religionen können vielen kein Seelenheil mehr vermitteln, der Staat keine Ideale, und die Fortschrittsgläubigkeit in Medizin und Technik ist nicht erst nach neuen Seuchen wie Aids und nach Reaktor- und Weltraumunfällen ins Wanken geraten.

Was bleibt? Ein Vakuum zieht immer etwas Neues an. Die neuen Hexen haben ihre eigene Form von Glauben gefunden, durch den sie eine neue Art von Sicherheit bekommen haben, wie sie übereinstimmend betonen, ein neues Selbstbewußtsein voller Stärke auf einer nicht äußeren Ebene, eine neue Sensibilität gegenüber der Natur und dem anderen Menschen.

Zu wissen, daß man in einer Gemeinschaft von Hexen lebt, in der man willkommen ist und aufgenommen wird, der Gedanke, »nie mehr allein« zu sein, der »Abbau von Ängsten und Zweifeln«, das Gefühl, »mit mir und der Erde identisch« zu sein, die Vorstellung, sich selber und die Welt »ein Stückchen heiler« machen zu können, geben ihnen Sinn und Kraft. Das Streben, wie die *hagazussa* die logisch-rationale und die emotional-intuitive Seite zu einer Harmonie zu bringen, die Möglichkeit, die Verkrustungen des logischen Verstandes aufzubrechen, aufgezwungene, jetzt brüchig werdende Grenzen, die sich einer Kontrolle durch Staat und Kirche entziehen und innerhalb derer man »sich nicht mehr wohl fühlt«, zu überschreiten, das Ziel, »daß alle Menschen füreinander da sind«, eine »positive, lebensbejahende Einstellung zu mir und dem anderen, auch zu meiner Sexualität, meiner Sinnlichkeit, meiner Lust«, die Hoffnung, das Steuer in einer von Zerstörung bedrohten Welt noch herumdrehen zu können durch Kraft und Wissen, die in uns ruhen und die es freizulegen gilt, das alles vereint die neuen Hexen in ihrem Glauben, in ihrer Religion, in einem neuen Kult.

»Hier habe ich gefunden, wonach ich immer suchte«, sagt eine der Schiran-Frauen. »Hier habe ich Klarheit über mich selbst und eine Möglichkeit des Lebens gefunden, die wunderbar ist. Es ist besser, als ich es mir jemals vorstellen konnte.«

Gaea hat bei ihrem ersten Hexenseminar »geweint vor Glück«: »Es war so wunderschön, es war wie Nachhausekommen. Ich bin endlich nach Hause gekommen.«

Nach Hause kommen – wer will das nicht? Und wissen, wo für jeden einzelnen das Zuhause liegt, in dem sie willkommen sind, das sie beschützt und sie erwärmt. Für immer mehr Menschen können Staat, Kirche und Wissenschaft kein Zuhause mehr sein. Sie verweigern sich dem, was »man«, was die »Zivilisation« von ihnen erwartet. Einige steigen aus, verlassen – auch rein äußerlich – die Gesellschaft. Andere verkriechen sich in einer – oft sich selbst gegenüber nicht zugegebenen – Einsamkeit und Isolation, die – genau wie eine Anpassung an vorgegebene Normen – oft genug zu Depressionen, Pessimismus oder Aggressivität führen.

Die in der folgenden Auswahl von dreizehn – gekürzten – Gesprächen vorgestellten neuen Hexen suchen ihren eigenen Weg »nach Hause«, zu sich selbst. Die meisten bleiben dabei rein äußerlich ein »ehrenwertes Mitglied« der Gesellschaft, wagen es nicht, sich zu ihrem Hexenglauben öffentlich zu bekennen. Aber es sind unsere Nachbarn, die morgens zwei Stunden früher aufstehen, um die »Große Göttin« anzubeten, es sind unsere Kollegen am Arbeitsplatz, die abends ihren Altarraum aufschließen, um ein Ritual zu feiern. Von der siebzehnjährigen Schülerin bis zum fünfzigjährigen Manager, von der Chefsekretärin in Heidelberg bis zum Zahntechniker in der Pfalz, von der 29jährigen Hotelkauffrau bis zur fünfzigjährigen Beamtin.

Der neue Hexenglaube ist anscheinend ein Weg für immer mehr Menschen, die nach einer Lebenserfüllung, nach einem – inneren wie äußeren – Gleichgewicht suchen, die die westliche Zivilisation mit ihrem mechanistischen Denken ihnen nicht bieten kann und für die die etablierten Religionen versagt haben.

»Die Kirche ist alt geworden«, schrieb »Die Zeit«. Vielleicht sollte eine Religionsgemeinschaft, die in dogmatischen Antworten erstarrt ist, ihre Krise als Chance nützen und die neue heidnische Bewegung nicht nur negativ sehen, als leichtfertige, überhebliche »Koketterie«, den »Rückfall in die Anbetung der Natur als Göttin als eine gefährliche, verheerende Sünde«, denn »Gott will nicht, daß die Natur herrscht. Er will ihr Herr sein«. (Christa Meves)

Will Gott das wirklich? Kann nicht der immer deutlicher werdende Zweifel vieler Menschen an dem seit fast 2000 Jahren unbeweglichen Autoritätsanspruch der christlichen Kirchen eine Chance zur dringend notwendigen Verjüngungskur: weg vom Dogma, hin zum Menschen, bieten?

Bekommt vielleicht auch die Mann-Frau-Beziehung eine neue Chance? Neue Strukturen wollen die Hexengläubigen schaffen, den »Geschlechterkrieg« beenden, eine menschlichere Gesellschaft in gleichwertiger Partnerschaft und eine Harmonie der »typisch« männlichen und »typisch« weiblichen

Eigenschaften und Verhaltensweisen. »Auch die Männer müssen ein anderes Bewußtsein bekommen«, fordert Gaea, »das Heilerbewußtsein und nicht das Vernichtungsbewußtsein.«

»Wir müssen im Laufe der nächsten Zeit beide Geschlechter mündig bekommen, um überleben zu können. Auch der Mann hat eine Gehirnhälfte mit Emotionalität, mit Kreativität, mit Visionen«, sagt Uta Sax. Sie kennt genug Männer, »die das Weibliche in sich wahrnehmen und mehr zu Wort kommen lassen, die Gefühle und Zärtlichkeit nicht verdrängen. Und das sind prima Männer.«

Die Diplompsychologin Iberl behandelt in ihrer Praxis zunehmend Männer, um ihnen aufzuzeigen, »wie sie mit der neuen Situation fertig werden«, in einer Zeit, in der Frauen ihre Sicherheit, Stärke und Kraft wiederentdecken und sie mit Sätzen wie »Als Gott den Mann erschuf, da übte sie nur«, konfrontiert werden. Iberl: »Unsere Kraft ist notwendig, um eine veränderte Gesellschaft zu erreichen. Frauen sind immer diejenigen, die den Stein ins Rollen bringen, damit sich etwas in Richtung ›mehr Leben‹ weiterentwickelt. Und toll ist es, wenn der Mann mitrollt. Männer, die den Mut aufbringen, sich mit Frauen zu verbinden, die ihren Möglichkeiten leben, die finde ich prima, herzlich willkommen. Solch einer weiß genau, was los ist, den will ich auch haben.«

An dem, woran sie glauben, wonach sie streben, was sie verwirklichen wollen, daran sollten wir die neuen Hexen messen. Nicht an dem negativen Klang des Wortes »Hexe«, der sofort hochkommt seit den Jahrhunderten der Verteufelung und der Verfolgung durch die christliche Kirche, nicht an einem – bewußt geschürten – Bild Richtung Sexualorgien und satanischen Schwarzen Messen, nicht an dem Geruch einer feministischen, männerverfluchenden Clique oder okkulter Spinner.

Meine »Gespräche mit Hexen« wollen versuchen, in einem Wust von Meldungen *über* den neuen Hexenboom, *über* die neuen Hexen und das neue Heidentum in Deutschland etwas

Klarheit zu verschaffen. Hier kommen sie selber zu Wort, die Hexen und Grenzgänger von heute, die auf dem Zaun reiten, von dem Duerr behauptet, man muß jenseits gewesen sein, um drinnen leben zu können. Und ich möchte allen für das Vertrauen danken, so offen auf meine Fragen geantwortet zu haben. Trotz aller Repressionen, die sie zum Teil – immer noch – befürchten.

Zaunreiter oder:
Wer hat den falschen Glauben?

Und ich selber? Was haben diese Begegnungen in mir bewirkt? Nun, da liegt in einer Glasschale ein Stück von Gaeas Zauberstab, das abbrach, als sie ein Ritual in meinem Arbeitszimmer machte. »Um der Göttin willen« darf ich dieses kleine bräunliche Stückchen Holz nicht wegwerfen. Ich schaue es an – zweifelnd, kritisch, unsicher…

Da bin ich doch beruhigt über die Erklärung von »Aberglauben« in Meyers Lexikon: Aberglaube – gleich falscher Glaube – ist ein durch die jeweilige Zeit bestimmter Begriff. »Heute: Das unreflektierte Vertrauen in die unbegrenzten Möglichkeiten der Naturwissenschaften mag man selbst in der Nähe abergläubischer Vorstellungen suchen.«

So definiert, gebe ich Aberglauben gerne zu. Wer hat da den »falschen Glauben«?

Und diese beiden Kerzen, die einträchtig nebeneinander auf meiner Fensterbank stehen? Die eine Überrest eines Rituals, das Isis bei mir machte, indem sie den Schutzkreis um uns bildete, die vier Himmelsrichtungen und die entsprechenden Göttinnen anrief. Die andere aus der Wallfahrtskirche Vierzehnheiligen, geweiht vom katholischen Priester als Schutz gegen Gewitter und Unwetter. Wer bietet da den »besseren« Schutz?

Mag sein, ich halte es mit der »Zeit« und ihrer Beschreibung der Anlage eines Hexengartens für die Bereitung der Flugsalben: »Man muß keine Hexensalbe daraus machen, aber schon der Gedanke, daß man es könnte, ist erhebend.«

Heidi Staschen, 31, Historikerin

»Wir haben einen Hexenboom
in Deutschland.«

Alles begann 1977, in Italien. Ein junges Mädchen war vergewaltigt worden. Ein unglaublich schlimmer Fall von Vergewaltigung. Das Mädchen ist an den Folgen gestorben. Das Verbrechen hatte eine Gruppe junger Männer begangen, die nur zu ganz geringen Strafen verurteilt wurden. In dieser Nacht gingen die Frauen auf die Straße. Nachts, wovor sonst jede Frau Angst hat und wovor jeder Frau auch abgeraten wird. Sie faßten sich an den Händen, hakten sich unter, schrien laut, machten auf sich aufmerksam, um zu zeigen, wenn wir viele sind, dann brauchen wir keine Angst zu haben, auch nachts nicht. Es sollen hunderttausend gewesen sein in dieser Nacht, in den Straßen von Rom, die gegen Männergewalt und den italienischen Abtreibungsparagraphen protestierten, die skandierten: »Zittert, zittert, die Hexen sind wieder da!« Immer und immer wieder riefen sie das. Die Straßen hallten wider vom Geschrei der Frauen: »Zittert, zittert, die Hexen sind zurückgekehrt!« Damals fiel zum ersten Mal das Worte Hexe: *strega* auf italienisch. Strega ist ein ganz altes Wort, vom lateinischen *striga,* gleich Nachteule oder kinderstehlender weiblicher Dämon, abgeleitet.

Dieses Wort tauchte sehr schnell in der deutschen Frauenbewegung auf. 1977 und dann vor allem 1978 fanden die ersten Demonstrationen in der Walpurgisnacht statt, in der Nacht vom 30. April zum 1. Mai. Ganz bewußt wurde versucht, aus dem früheren Fest der Fruchtbarkeit ein Frauenfest zu machen.

Walpurgis galt in den historischen Hexenprozessen als der Zeitpunkt, an dem die bösen Hexen auf Besen zum Blocksberg reiten, um dort dem Teufel zu begegnen und schlimme Dinge zu tun. Und dieses Hexentreffen wurde jetzt von der Frauenbewegung ins Positive gewendet. Vor allem in den Großstädten Hamburg, Berlin, Frankfurt, München wurde in der Nacht des 30. April demonstriert mit Plakaten: »Die Frauen erobern die Nacht zurück...« Dabei war interessant, daß die Frauen bewußt versuchten, dem Bild der Hexe zu entsprechen, das wir allgemein in unseren Köpfen haben. Sie verkleideten sich wild und bunt und farbenfroh, trugen zu ihren weißgeschminkten Gesichtern Kopftücher, so daß man sie kaum erkennen konnte, hatten Besen dabei und Topfdeckel, um Lärm zu machen. Sie haben gekreischt, geschrien, weil man eben mit einer Hexe die Vorstellung von hysterischem Kreischen verbindet.

Das ist eine ganz neue Entwicklung in der deutschen Frauenbewegung seit 1978. Weg von Aktionen wie denjenigen gegen Paragraph 218 oder Leichtlohngruppen. Jetzt plötzlich wird ein ganz anderer Schwerpunkt gesetzt. Die Hexen sind da, und sie sind auch wieder unter uns – dort, wo die Frauenbewegung versucht, sie zu ihrem neuen Leitbild zu machen.

Warum gerade die Hexe als neues Leitbild?

Natürlich, das ist ein befrachtetes Wort. Man denkt gleich an die brennenden Scheiterhaufen, an Hexenprozesse, an Verfolgungen, an Folterungen. Das ist auch einer der Gründe dafür, die Hexe als Leitbild zu nehmen, weil man den historischen Hexen vorgeworfen hatte, ihr seid böse, ihr könnt böse Magie, Macht ausüben. So daß jetzt die Frauen sagten, gut, dann nehmen wir diese Vorstellung auf uns, dann sind wir wirklich so: also die Beleidigung gegen denjenigen wenden, der sie benutzt. Ähnlich wie bei einer anderen Gruppe, den Homosexuellen, die sich bewußt Schwule nennen, was früher auch ein Schimpfwort war.

68

Also ein bewußtes Als-Hexe-in-die-Öffentlichkeit-Treten.

Und ein bewußtes Zurückgehen auf die Frauengeschichte. Die Benutzung des Wortes Hexe soll auch bedeuten: Wir werden unsere Geschichte suchen, wir werden auf unsere Wurzeln zurückgehen.

Welches sind die Wurzeln des Wortes Hexe?

Eine Erklärung ist die altnordische *hagazussa*, die Zaunreiterin, die auf dem Zaun zweier Welten sitzt. Ein Bein in der Tagwelt, wo alles rational klar geordnet ist, das andere Bein in der Welt des Irrationalen, wo Gefühl und Bauch regieren. Hagazussa ist in beiden Welten zu Hause. Sie bevorzugt keine, bringt sie zu einer Einheit, einer Harmonie.

Meinen Sie, daß diese Harmonie noch das Ziel der Frauenbewegung ist?

Oh, bei einige Frauen habe ich das Gefühl, daß sie schon ganz schön auf der anderen Seite heruntergefallen sind, nur noch aus dem Bauch heraus agieren und den Kopf dabei vergessen.

Wie ist es mit der Hexe als weiser Frau, als Kräuterkundiger, als Hebamme?

Wenn die Frauen auf ihre Wurzeln zurückgehen, suchen sie in der Vergangenheit etwas, das wir in unserer Gegenwart nicht haben, nämlich Macht. Welche Macht hatten Hexen? Zugeschrieben wurde ihnen immer nur die böse…

Die böse Hexe im Kasperltheater…

…die kriegt eins auf die Nase. Ganz genau. Die böse Hexe. Und es gehört auch zur Moral, daß sie eins auf die Nase kriegt. Das wissen schon die Kinder. Wenn wir an Märchen wie Hänsel und Gretel oder Rapunzel denken, am Ende muß die Bestrafung der bösen Hexe stattfinden, des bösen Daseins. Das wollten die Frauen nicht mehr auf sich beruhen lassen. Hexe gleich Macht. Ja, aber was für eine Macht? Und da erschien zur gleichen Zeit, also 1977, ein interessantes Buch von zwei amerikanischen Krankenschwestern: »Hexen, Hebammen, Krankenschwestern«. Sie ziehen die Verbindung von der Hexe zu sich selbst, den Krankenschwestern, und sagen, Hexen hatten auch ein Heilwissen.

Das war in der Frauengeschichtsforschung ein ganz wichtiger Punkt. Die positive Macht der Hexen, die bisher negiert wurde. Natürlich, Hexenforschung wurde bis dahin zu neunzig Prozent von Männern betrieben. Dieses Buch, das ja kein wissenschaftliches Buch ist, veranlaßte Historikerinnen, dieser Theorie nachzugehen. Tatsächlich waren viele Frauen damals weise Frauen; Frauen, die Wissen hatten um Kräuter, Heilkunde, Abtreibung. Diese weisen Frauen wurden in der Geschichte an einem bestimmten Punkt zu Hexen gemacht, das heißt, es wurde eine Umkehrung vorgenommen, um sie und ihre Macht als böse hinzustellen. Das Wort Hexe war von Anfang an negativ besetzt: *striga,* der weibliche Dämon, der nachts herumfliegt und Kindern das Blut aussaugt, oder auch *malefica,* schlicht übersetzt: Schadenzauberin. Durch die Hexenprozesse wurden diese weisen Frauen ausgerottet.

Auch ihr Wissen?

Wir Frauen und Historikerinnen versuchen, es neu zu entdecken. Es ist sehr schwer herauszubekommen, was sie wirklich gewußt haben. Es gibt Apothekerlisten aus jener Zeit, denen man entnehmen kann, was die an Mittelchen besaßen. Diese Listen mußten sie einmal im Jahr dem Stadtamt vorlegen, das die Aufsicht über die Apotheker hatte. Daraus kann man entnehmen, was die Frauen gebraucht haben. Denn sie selber haben es niemals niedergeschrieben, sie haben es mündlich weitergegeben. Die Kräuterbücher, die man heute im Nachdruck bekommt, sind alle spätere Werke, noch dazu von Männern geschrieben. Das Wissen um Geburt und Abtreibung war eine Macht, an die Männer nicht herankamen: das einzige Machtmittel der Frauen in dieser Zeit. Der Vorgang der Geburt war ein sehr wichtiger Ritus, von dem Männer ausgeschlossen waren. Dieser ganze Bereich – und damit die Hebammen – waren ihnen suspekt.

Ich erinnere mich an einen Holzschnitt von 1483, auf dem Hebammen einen Kaiserschnitt ausführen!

Ja, so etwas konnten die damals schon. Sie hatten auch einen Brutkasten. In den Bauch eines frisch geschlachteten Schweines wurde das zu früh geborene Menschenkind hineingelegt, damit die Wärme des Tieres auf das Kind übergehen konnte. Im 16. Jahrhundert wird im Zusammenhang mit der Hexenverfolgung der Beruf der Hebamme immer stärker eingeschränkt. Zuerst machen sie ihren Kaiserschnitt alleine, dann dürfen sie ihn nur vornehmen, wenn ein – männlicher – Arzt dabei ist, und schließlich macht ihn nur noch der Arzt. Wobei interessant ist, daß Hebammen heute versuchen, das Ganze wieder mehr in die Hand zu bekommen durch andere Geburtsmethoden und durch Hausgeburten. Die Frauen sind auch sehr offen dafür.

Hexe als Leitwort der Frauenbewegung ist also ein bewußtes Zurückgehen auf die Macht der weisen Frauen. Ist es auch ein bewußtes Zurückgehen auf die Verfolgungen, die sie erleiden mußten?

Dieser Aspekt wird heute nicht mehr genannt. Der war vielleicht im Ansatz vorhanden, als 1977 die hunderttausend Frauen auf die Straße gingen. Hexe ist sehr schnell zu einem mythischen Begriff in Richtung Macht aufgebaut worden, wobei die Verfolgung rausgelassen wird. Sonst müßte man sich auch klarmachen, daß viele von den Frauen, die verbrannt worden sind, ganz arme Wesen waren, die mit diesem Wissen gar nichts zu tun hatten. Denn irgendwann bekamen die Hexenprozesse ja eine Eigengesetzlichkeit. Das ging wie in einem Schneeballsystem von alleine weiter. Dieser Aspekt der Verfolgung unzähliger armer, leidender Frauen wird gerne außer acht gelassen in der neuen Frauenbewegung, weshalb es auch gerade bei Historikerinnen eine Menge Kontroversen gibt. Hexe wird nur gesehen in der Verbindung Hexe, Hebamme, weise Frau und dann in dem großen Bogen: Erst war das Matriarchat, dann kamen die Amazonen, dann die Hexen, dann die Suffragetten, und danach, da kommen wir. So ist die Geschichte der starken Frauen. Da sieht man vor sich das Bild der tapferen Frau, die heroisch auf den Scheiterhaufen gegangen ist – und das stimmt einfach nicht! An der historischen Tatsache der verfolgten, gequälten Frau ist nichts Positives.

Wird nicht genauso gerne der Aspekt vergessen, daß auch zahlreiche Männer als Hexer verbrannt worden sind?

Ja, das stimmt, das waren etwa zwanzig Prozent. Richter, die sich weigerten, Frauen als Hexen zu verurteilen. Oder der Bürgermeister von Bamberg, der aufgrund interner Spannungen, aufgrund von Intrigen angeklagt wurde. Oder Männer, die nach Aussagen von Hexen unter der Folter genannt worden sind. Das Muster war ja sehr einfach: Es wird gefragt, man antwortet, nein, ich bin keine Hexe (oder kein Hexer). Dann kommt die Folter ersten, Folter zweiten, Folter dritten Grades. Und irgendwann sagt man natürlich, man ist es gewesen, und schon ist die Sache geklärt. Da wurde unter der Folter gefragt, wer ist denn noch dabeigewesen bei dem Hexensabbat, und dann wurden irgendwelche Namen genannt. So daß in der Phase der Verselbständigung der Prozesse eben auch Männer mit einbezogen und verbrannt wurden, Kinder, Jungen und Mädchen, eben alle. Trotzdem halte ich es für legitim, sich einmal nur mit Frauen zu beschäftigen. Denn es ist eine schlimme Sache, wie man schon in der Schule, in den Geschichtsbüchern den Mädchen ihre Identifikationsmöglichkeit als Frau vorenthält. Als ich noch im Schuldienst war, habe ich die Geschichtsbücher an den Hamburger Schulen durchgeguckt, was da über die Hexenprozesse steht. Es wird nirgendwo auf das Wissen der weisen Frauen hingewiesen, wie der Ansatzpunkt war, sondern nur auf die Verfolgungen. Das ist doch der Widerspruch: Die Hexenprozesse sind ja nicht im Mittelalter anzusetzen, sondern in der frühen Neuzeit, die man in den Geschichtsbüchern mit Aufklärung, Humanismus gleichsetzt. Damals haben die meisten Scheiterhaufen gebrannt.

Welche Rolle spielt dabei der »Hexenhammer«?

Damit ging es erst richtig los. Das ist ein Werk von zwei Dominikanermönchen, 1487 veröffentlicht, das also fünfhundert Jahre alt ist. Diese beiden Mönche, Heinrich Institoris und Jakob Sprenger, waren Inquisitoren in der Nähe von Straßburg und auch Innsbruck und stießen da auf ziemlichen Widerstand, weil die Bischöfe es nicht so gerne sahen, daß ihnen in ihre Kompetenzen hineingepfuscht werden sollte. Das fanden die beiden so entsetzlich, daß sie dem Papst schrieben, Innozenz VIII., und ihn baten, ihnen eine Bulle auszustellen, also ein päpstliches Schriftstück, worin stand, daß sie in Ruhe dort inquirieren könnten. Diese sogenannte Hexenbulle wurde dann 1484 vom Papst ausgefertigt, abgefaßt wie so viele Ketzerbullen in der Art: »Ich habe von meinen heißgeliebten Söhnen gehört, daß in vielen Gegenden des Rheinlandes es Menschen gibt, die vom christlichen Glauben abgefallen sind ...«

Hier war noch von Menschen beiderlei Geschlechts die Rede, nicht nur von Frauen. Sie schädigen die Erde, das Vieh und verrichten alles mögliche an Schadenzauber. Aber diese Bulle bezieht sich nur auf *Ketzer*.

Und jetzt kommt der Witz dabei: Die beiden Patres nahmen diese Bulle »De Summis Desiderantes« und stellten sie dem Buch, das sie geschrieben hatten, dem »Malleus maleficarum«, als Vorwort an. Als die erste *gedruckte* Bulle fand sie eine enorme Verbreitung, zumal es so aussehen mußte, als ob der Papst diese Bulle nur für sie und ihr Buch geschrieben hätte, was gar nicht der Fall war.

Sie machten noch ein weiteres: Sie fälschten ein Gutachten. Wie alle, so mußten auch sie ihre Schriftstücke, die den Glauben betrafen, bei der Alma mater, der Universität Köln, einreichen, um prüfen zu lassen, ob der Wortlaut so akzeptiert werden könne. Sieben Professoren hatten das Gutachten zu unterzeichnen. Die beiden Mönche schickten also ihren »Hexenhammer«, den Malleus maleficarum, dorthin. Das Gutachten war vernichtend. Das Elaborat wurde als zu weit hergeholt abgelehnt. Das focht freilich die beiden Dominikaner nicht an. Sie fälschten einfach zwei Unterschriften und stellten nun auch dieses gefälschte Gutachten – wie schon die Bulle des Papstes – ihrem Hexenhammer voran. Damit ihre Fälschung nicht entdeckt würde, verhinderten sie die Verbreitung in und um Köln.

Mit diesen nun drei Teilen ihres – gedruckten – Buches gingen sie in alter scholastischer Tradition auf die Argumente der Gegenseite ein und widerlegten jedes einzelne für sich. Sie behaupteten, es sei eine neue Hexensekte entstanden. Es war also nicht mehr von Ketzern die Rede. Das war etwas ganz Neues! Und daß es Frauen seien. »Niemand schadet dem katholischen Glauben mehr als die Hebammen«, steht da zum Beispiel. Oder: »Also schlecht ist das Weib von Natur, da es schneller am Glauben zweifelt, was die Grundlage für die Hexerei ist.« Es handelt sich eindeutig um die Hexerei der Frauen und nicht um die der Männer.

Hier wird in bösartigster Form über die Frau geredet. Schon der Titel Malleus maleficarum, der Unholdinnenhammer – das Wort Hexe war noch nicht verbreitet –, sollte ausdrücken, was die Autoren vorhatten: Die Angeklagten sollten im wahrsten Sinne des Wortes zerschmettert werden, wobei für sie bewußt der weibliche Genitiv »maleficarum«, der »Unholdinnen«, gewählt worden war. Die Beschreibung der Frau als Personifikation des Bösen machte sie verfolgbar. Wörtlich hieß es: Das Weib ist nur ein unvollkommenes Tier. Das Weib ist die Einfallspforte des Bösen. Das Weib ist fleischlicher gesinnt als der Mann. Hier stehen eindeutig Sexualität, Körperlichkeit, Sinnlichkeit auf dem Prüfstand. Die Hexe im Hexenhammer ist siebenfach definiert, und alle Definitionen kommen aus dem Bereich Liebesakt und Empfängnis. Hexen rufen unzüchtige Leidenschaften hervor, kennen die Geheimnisse der Zeugungskraft, vollziehen Kastrationen an Jungen, rufen Mißgeburten hervor, können abtreiben.

Die Angst der Männer vor dem Weibe?

Ja, die Angst spielt hier eine ganz große Rolle. Vor allem auf sexuellem Gebiet. Sexualität ist etwas Böses, wird als unzüchtige Leidenschaft verworfen. Leidenschaft »ohne Zucht und Ordnung«. Etwas, worauf die Kirche keinen Einfluß hatte. »Tod, dein Name ist Weib«, solche Worte gibt es in dieser Zeit häufig. Auch dieses Bild der Frau Welt, das in so manchen Kirchen hängt: diese von vorne sehr schöne Frau, die, wenn man sie umdreht, hinten schon von Würmern angefressen ist – ein Bild, das für Eitelkeit stehen soll und für die Verbindung von schöner Larve und böser Sexualität, die dahintersteckt.

Was hat die Männer so geängstigt?

Vielleicht die Tatsache, daß Frauen einen Orgasmus nach dem anderen bekommen können, sie aber nur einmal und dann Pause? Ist es diese immerwährende Potenz, die »Unersättlichkeit der Gebärmutter«, die sie ängstigt, die sie nicht in den Griff bekommen können? Die Angst vor der allverschlingenden Vagina? Da gibt es ein Bild aus dieser Zeit von der Vagina, mit kleinen Zähnen besetzt, die sie kastriert. Im Hexenhammer kommt einer der beiden Autoren zu einer Hexe, deren Baum im Garten voller Glieder von Männern hängt, die sie ihnen weggezaubert hat. Also eine ganz starke Kastrationsangst.

Auch in der Kunst werden Hexen gerne mit einer Schere dargestellt, die ja wohl eindeutigen Zwecken dienen soll.

Ja, als Symbol für diese Angst. Auf den Bildern von den drei Parzen wird die letzte, die den Lebensfaden abschneidet, auch immer mit einer Schere gezeigt. Diese Parze wird Atropos genannt, die Unbeugsame, und ihren Namen verwendete man für das stark wirkende Gift in Bestandteilen der Hexensalbe. Hinzu kommt, daß Männer den natürlichen Zyklus der Frau nicht nachvollziehen können: wie der Körper der Frau diesem 28-Tage-Zyklus, der auch der Mondzyklus ist, unterworfen ist, welche Veränderungen sich da abspielen und wie er Leben spenden kann. Es macht angst, wenn man nicht weiß, was abläuft. Nicht umsonst gibt es bei den Naturvölkern einen Zusammenhang zwischen Menstruation und entsetzlich vielen Taburiten; nicht umsonst ist von den Männern der Begriff Unreinheit mit hineingebracht worden.

Auch hier wird heute versucht, diese alten, negativ besetzten Begriffe neu zu deuten. Bei starken Menstruationsbeschwerden zum Beispiel wendet man Magie in neuer Form an und nimmt mit sich selbst Kontakt auf, um das zu verändern.

Eines der berühmt-berüchtigten Mittel, die Hexen angeblich zubereiten konnten, war die Hexensalbe, von der Sie gerade sprachen, mit deren Hilfe die Hexen zum Sabbat flogen.

Mit der Hexensalbe ist das folgendermaßen: In historischen Hexenprozessen wurde festgestellt, daß einige Frauen eine sogenannte Schmiersalbe hatten. Es wurden auch die Bestandteile genannt. Bilsenkraut und Tollkirsche unter anderem. Dies sind Naturdrogen, wie wir heute sagen, die nicht nur tödlich sein können, sondern – in der richtigen Dosis angewendet – Halluzinationen hervorrufen. Die wurden verwendet. Und nun kam die große Frage, wofür? Eigentlich nur dafür, um den Frauen zu ermöglichen, zumindest im Rausch aus ihrer Situation herauszukommen. Da gibt es ein Gerichtsprotokoll von einer Frau, die als Hexe angeklagt worden war. Die Richter und Mönche wollten von ihr wissen, ob sie mit Hilfe dieser Salbe wirklich fliegen könne. Wobei immer unterstellt wurde, daß die Hexen zum Mixen dieser Salbe die Körper neugeborener Kinder verwendeten. Hier wieder der Bezug zur Hebamme.

Die Angeklagte wurde also in einen Trog in der Mitte eines Raumes gesetzt, Hexenrichter und Mönche drumherum. Sie wurde mit der Salbe an den sogenannten geheimen Stellen eingerieben, was schlicht bedeutet: da, wo die Blutzirkulation am stärksten ist, wo es ganz warm ist, wo die Salbe gleich einziehen kann. An den Handgelenken, Achselhöhlen, zwischen den Schenkeln.

Die Mönche guckten nun zu und warteten, was passierte. Das ist in einem Protokoll aus der Zeit genau festgehalten. Die Frau fing an sich zu bewegen, sich ganz eigenartig zu gebärden und orgiastische Schreie auszustoßen. Die Mönche zwickten und pieksten sie nun mit Nadeln, um zu sehen, ob sie reagieren und das alles nur spielen würde. Aber sie reagierte nicht.

Als die Frau schließlich wieder aufwachte, wurde sie gefragt: »Na, wo bist du gewesen?« Sie erzählte ihnen eine Geschichte vom Blocksberg, wie sie dahin geflogen sei und was sie alles erlebt hatte. Und da konnten die Mönche natürlich sagen: »Ätsch, stimmt nicht, du warst die ganze Zeit hier.«

Das Interessante daran ist, daß 1960 der Volkskundler Peuckert, der sich mit Hexensagen befaßte, einen Selbstversuch machte. Nach einem alten Rezept braute er sich eine Hexensalbe zusammen, rieb sich damit ein, ein Freund von ihm auch; dann sind beide in verschiedene Zimmer gegangen, um getrennt aufzuschreiben, was sie erlebten. Bei den Rezepten, die Peuckert vorliegen hatte, mußte er natürlich bestimmte Zutaten beiseite lassen, die nur dazu dienten, einen gruseligen Aspekt hineinzubringen. Spinnenschleim oder so etwas. Aber man mußte sehr genau wissen, welche von diesen ekligen Sachen auch wirklich eine Funktion hatten. Nehmen Sie diesen Spruch: »Adlerauge, Krötenschleim tu' ich in den Topf hinein.« Adlerauge bewirkte nichts. Aber Krötenschleim – das hat man inzwischen herausbekommen – ist ein wichtiger Bestandteil. Er ist nicht nur dabei, wie man zuerst dachte, weil die Kröte ein ekliges, glitschiges Tier ist, sondern Chemiker stellten fest, daß Kröten einen bestimmten Stoff absondern, der Halluzinationen hervorruft.

Gut, Peuckert und sein Freund haben sich also damit eingerieben. Irgendwann morgens wachten sie völlig verkatert auf und schrieben, jeder in seinem Zimmer für sich und ohne ein Wort miteinander gewechselt zu haben, auf, was sie erlebt hatten. Und beide Protokolle waren fast identisch! Fratzen seien auf sie zugekommen; sie sahen Farben, ein großes Licht, das sich hin und her bewegte, und sie erlebten – wie es in dem Artikel so schön heißt – »groteske sinnliche Ausschweifungen«. Nun mag es darauf zurückzuführen sein, daß sie sich beide mit diesem Thema befaßt hatten und mit einer gewissen Erwartung in dieses Experiment gegangen sind. Aber auf jeden Fall ist festzuhalten, daß beide aufgrund dieser Salbe Halluzinationen hatten. Die man schon als Teufelsfratzen erklären kann, wenn man an die Aussagen der historischen Hexen denkt.

Sie sollen auch Drogen und Mixturen gekannt haben, die sie schmerzunempfindlich machten.

Was nur sehr begrenzt stimmen kann, sonst hätten sie nicht unter der Folter alles zugegeben. Aber sehr nötig hätten sie diese Drogen bestimmt gehabt. Wobei einige Frauen tatsächlich sämtlichen Graden der Tortur widerstanden haben.

Sie sprachen noch von einer anderen Wurzel des Wortes Hexe, die weiter zurückgeht als in das Mittelalter.

Ja, *hagedisse*. Hag ist auch das Wäldchen, der Hain, in dem die göttlichen Jungfrauen der Germanen ihren Gottesdienst verrichteten. Diese andere Erklärung des Begriffs Hexe könnte bedeuten, daß Hexen Anbeterinnen einer frühen Muttergottheit gewesen sind. Diese Ableitung wird heute bewußt von den »neuen Heiden« benutzt. Wir haben eine interessante Quelle aus dem 10. Jahrhundert n. Chr. Darin steht ein ganz eigenartiger Satz: »Es gibt gewisse verbrecherische Frauen, die vorspiegeln, sie würden nachts mit der Göttin Diana durch die Luft fliegen, um sich dort mit jemandem zu verbinden.« Es war für uns ziemlich verblüffend, diese Quelle zu lesen, weil hier zum ersten Mal die Göttin Diana in einem ganz anderen Zusammenhang auftaucht. Sonst kennt man sie aus den Mittelmeerkulturen als Diana von Ephesus, die als die Große Göttin angebetet wurde und deren Tempel zu den Weltwundern gehörte. Diese Göttin taucht hier plötzlich im Zusammenhang mit den sogenannten verbrecherischen Frauen auf. Da fragt man sich heute, heißt das nicht, daß die Frauen, die man als Hexen verbrannte, zwar ihr Heilwissen hatten, daß sie aber in Wirklichkeit Priesterinnen alter Kulte waren, zumindest in der Anfangszeit der Verfolgung vor der Verselbständigung der Prozesse? Also ein altes Frauenbündnis. Daß in einer Zeit, als auf einer oberen Ebene die Menschen schon christianisiert waren, unterschwellig immer noch eine Kultur oder Religion existierte, getragen von Frauen, die sich trafen, um die Göttin Diana anzubeten. Auf jeden Fall ist die »Große Göttin« für die neuen Frauen eine ganz wichtige Gestalt geworden.

Die Frage stellt sich schon nach der Kontinuität von den alten Kulturen über Hexen bis heute. Auch in der Bibel, im Alten Testament, sind solche Göttinnen wie Astarte ja sehr wichtig. Jeremias schlägt sich doch ständig mit der Himmelskönigin herum. In Jeremias 13 steht, wie die Frauen losgezogen sind und der Himmelsgöttin kleine Kuchen gebacken haben, wie unsere Brötchen geformt, in der Mitte wie eine Vulva. Da hat Jeremias natürlich getobt, hat seinen Gott schon am Boden gesehen. Das zieht sich durch das ganze Alte Testament. Und Sie können das ganze Mittelalter hindurch den Kampf der christlichen Kirche mit den »ungläubigen Bauern« verfolgen. Auf dem Land hatten die nämlich noch ihre Naturgottheiten, die sie anbeteten.

Es gibt ein Buch, 1899 erschienen, »Aradia – die Lehre der Hexen«, von dem englischen Zigeunerforscher Charles G. Leland. Er hatte in Italien eine junge Frau kennengelernt, Maddalena, und die erzählte ihm, sie sei die letzte Nachfahrin eines alten Hexengeschlechts und kenne noch die alten Riten und Gesänge von damals. Er hat die notiert, und darin kommt ein sehr wichtiger Satz vor: Diana hat mit ihrem Bruder Luzifer – Luzifer heißt ja ursprünglich Lichtbringer, also jetzt nicht im theologisch-christlichen Sinne verstanden – eine Tochter, nämlich Aradia. Diese Aradia wird auf die Erde geschickt, um den Menschen das Hexen beizubringen, damit sie sich gegen ihre

Unterdrücker wehren können. Wahrscheinlich ist Aradia eine Verballhornung des Namens Herodias, der Mutter Salomes, die in der christlichen Mythologie als ganz böse Frau gilt.

Aradia bringt den Menschen das Hexen bei mit genauen Ritualanweisungen. Wenn ihr euch trefft, dann entkleidet ihr euch, setzt euch um den Tisch, eßt diese und jene Speise, dieses und jenes nicht, tanzt zusammen. Es gibt einen Nachdruck des Buches in einem kleinen Verlag, 1979 herausgekommen, und dieses Buch ist für die neue Frauenbewegung sehr wichtig geworden. Denn es ist das erste Buch, das von den Frauen als »Gebrauchsanweisung« für Rituale verwendet wurde.

Man fragt sich natürlich, wieweit ist dieses Buch authentisch als Lehre der Hexen anzusehen. Aber in den neuen Kulten wie dem Wiccakult wird dieses Buch als Urquelle verwendet, und seine Texte haben Eingang in die Rituale gefunden. Diese Rituale werden wiederum in anderen Büchern abgedruckt – und zwar als alte Quelle – und so hat Lelands Buch eine Beweiskraft bekommen.

Warum sind die alten Gottheiten für die »neuen Frauen« so wichtig? Was können sie ihnen geben?

Nicht zufällig gehen die Frauen auf die alten Göttinnen zurück. Sinnlichkeit, sexuelle Lust, Fruchtbarkeit galten in matriarchalen Zeiten als durchaus positiv. Es gibt alte Rituale, wo Mann und Frau auf der Furche kopulieren, um durch diesen rituellen Akt die Mutter Erde zur Fruchtbarkeit zu bringen. Die Göttinnen und die Frauen waren stark und wurden als positiv angesehen. Die Nachfolgelinie ging zum Beispiel immer nach der Mutter, weil es da eindeutig war. Wobei wir bedenken müssen, daß die sogenannte Große Göttin zwei Aspekte hatte: Sie ist die gute, liebevolle, beschützende Mutter, die Erde, die den Menschen ernährt; aber sie ist durchaus auch die schwarze Mutter, die den Tod bringt. Wir müssen sie in dieser Gesamtheit sehen. Von den Griechen und Römern sind die Göttinnen, die übernommen wurden, dann reduziert worden, wie Diana zum Beispiel von ihrer Allumfassendheit auf die jungfräuliche Jägerin, die in den Wäldern herumhuscht. Da findet schon die Wandlung statt von den früheren Göttinnen zu Bittstellerinnen – wie im Christentum Maria.

Was wird in der »Großen Göttin« angebetet?

In der Frauenbewegung ist allgemein eine neue Tendenz zu vermerken, hin zu Magie, zu Spiritualität, zu Tarot, ein Befassen mit esoterischen Dingen, eine Hinwendung zur Natur, ein Akzeptieren der weiblichen Natur und das Anstreben einer Harmonie der beiden Pole Kopf und Bauch, dem traditionell männlich rationalen und dem weiblich intuitiven Bereich. Einige Gruppen gehen noch weiter und versuchen, die Natur zu personifizieren, indem sie ein Sinnbild wie die Große Göttin anrufen und Rituale vollziehen, um Kräfte freizusetzen, wie zum Beispiel beim Waldsterben. Das ist eine neue Richtung der Frauenbewegung, die Magie und Spiritualität zu einem Teil ihres Lebens macht. Dabei ist es keine bestimmte, einzelne Göttin, die sie anrufen. Es sind die alten Göttinnennamen, die wir aus der Geschichte kennen, also Diana, Aradia, Freya aus dem germanischen, Brigid aus dem keltischen Bereich. Sie wird auch einfach die große SIE genannte. SIE steht für die Erde, für die Natur. SIE ist diejenige, die sich im immerwährenden Kreislauf des Jahres erneuert. Das ist eine klare Abwendung vom christlichen Schöpfergott, der alles in sieben Tagen per Geist geschaffen hat. SIE hat nicht geschaffen, SIE ist die Erde, die Natur, die Schöpfung. Wie im Jahreszeitenzyklus wird auch mit der Wiedergeburt des Menschen gerechnet. Mit dem Tod ist nicht alles zu Ende, es ist ein Übergang in eine andere Dimension. Wie man im Winter dem Baum auch nicht ansieht, daß er noch lebt und im Frühjahr nach Gesetzen, die wir nicht geschaffen haben, nach außen sichtbar weiterleben wird.

Das sind natürlich heidnische Glaubensbekenntnisse…

Sie nennen sich ja auch selbst »neue Heiden«. Genau wie bei

dem Begriff Hexen wird auch dieses Wort bewußt verwendet, um sich vom Christentum abzugrenzen. Als stärkste Gruppierung hat sich bei den neuen Heiden der Wiccakult herausgeschält, dem viele Frauengruppen angehören. Wobei Heide nicht als Schimpfwort benutzt werden darf. Heide heißt für sie schlicht und einfach, nicht christlich zu sein. Und dazu stehen eine Menge Frauen.

Es müßte also eine Welle von Kirchenaustritten erfolgen.

Stimmt doch auch.

Sind Sie ausgetreten?

Schon lange! Ich habe meine Examensarbeit über den »Hexenhammer« geschrieben. Und wenn man sich mit der Hexenverfolgung beschäftigt, kann man kaum in dieser Kirche bleiben.

Hat die Kirche sich eigentlich bei den Frauen entschuldigt für das, was sie ihnen angetan hat?

Den Fall hat es nie gegeben. Sie haben versucht, andere Leute zu rehabilitieren wie Galileo Galilei. Aber bei den Hexen haben sie sich darum gedrückt. Sonst müßten sie ja zugestehen, daß sie an Justizirrtümern und -morden ungeheuren Ausmaßes beteiligt waren. Ich meine, geschickt waren sie ja. Es gibt den Satz: »Die Kirche vergießt kein Blut.« Und das ist richtig. Es gab keinen Mönch, der als Henkersknecht auftrat. Die haben nur die Fragenkataloge geführt, haben die Leute dahin gebracht, das zu gestehen, was man hören wollte. Aber wenn das Urteil vollzogen wurde, sind sie ganz vornehm vom Platz gezogen, so wie bei Johanna von Orleans, um nicht sehen zu müssen, wie die weltliche Obrigkeit das Blut vergoß. Das ist traurig bei einer Religion, die unter so guten Vorzeichen angefangen hat, voller Toleranz. Die feministischen Theologinnen machen auch immer einen Unterschied zwischen Jesus, wie ihn uns die Bibel schildert, und dem, was danach kommt. Heute gibt es immer noch die Nachfolgeinstitution der Inquisition, die Glaubenskongregation, vor der sich zum Beispiel Küng verantworten mußte.

Schon mit Paulus geht es doch los: Gott, Jesus, Mann, dann kommt erst mal gar nichts, und dann kommt die Frau. Hier wurde schon ganz deutlich die Frau aus der Kirche rauskatapultiert: »Mulier taceat in ecclesia«, die Frau habe in der Gemeinde zu schweigen. Dieser Satz hat in der katholischen Kirche immer noch Bedeutung. Denken Sie nur an das Zölibat. Viel hat sich in der katholischen Kirche nicht verändert im Hinblick auf die Kolonialisierung der Frau.

Wie ist denn die Stellung der Frau im Wiccakult?

In diesem Glauben wird dem weiblichen Prinzip eine ganz hohe Bedeutung, das Schwergewicht, beigemessen. Es gibt die Funktion der Hohepriesterin. Die Große Göttin wird angebetet. Wicca ist jedoch kein reiner Frauenkult, es gibt immer das männliche Gegenstück, wie die Gottheit Pan, das zur Fortpflanzung des Menschen wichtig ist. Insofern kommt jetzt das männliche Element dazu. Viele Anhänger des Wiccakultes sind Männer. Hier geht es um die Ergänzung von weiblichem und männlichem Prinzip, aber mit einer eindeutigen Betonung auf dem weiblichen Prinzip.

Wie ist der Wiccakult entstanden?

Wicca ist das altenglische Wort *wicce* für *witch,* Hexe; Plural *wiccan.* Wobei das englische *witch* lange nicht so negativ befrachtet ist wie das deutsche Wort Hexe. Das Bild der Hexe in den angelsächsischen Ländern ist nie so negativ gewesen; es waren Zauberinnen, weise Frauen. In England hat es auch bedeutend weniger Hexenverfolgungen und -verurteilungen gegeben als in deutschsprachigen Ländern. Wobei es eigenartigerweise in England keine Verbrennungen gab. Die vermeintlichen Hexen wurden aufgehängt. Auch in der Neuen Welt, in die dieser ganze Hexenwahn im 17. Jahrhundert kam, hat es wenige Fälle gegeben. Berühmt ist der kleine Ort Salem geworden, weil Arthur Millers »Hexenjagd« dort spielt und heute von überall aus den USA Bustouren veranstaltet werden, um die Schauerstätten zu besichtigen.

In England wurde erst 1951 der sogenannte »Witchcraft Act« aufgehoben, der Wahrsagerei, Hexerei und ähnliches unter Strafe stellte. Plötzlich tauchten die Gruppen aus dem Untergrund auf. Die Wiccaleute berufen sich auf einen gewissen Gerald Gardner, einen recht interessanten Mann. Er war als Pflanzer in Borneo gewesen, hatte dort verschiedene Kulte kennengelernt und, als er zurück in England war, über Magie geschrieben. Das war in den vierziger Jahren. Gleich nachdem 1951 das Gesetz aufgehoben worden war, publizierte Gardner einige Bücher, in denen er berichtete, daß es in seiner Gegend Hexen, »witches«, gäbe, daß er sie kennengelernt habe und sie ihn in ihre Kulte eingeführt hätten, »initiiert«, wie es heißt. Dabei gibt es jeweils eine Gruppe von Leuten, die einen »Coven« bilden, das englische Wort für das lateinische Konvent. Es sind zwölf plus eine Hohepriesterin.

Gardner schilderte, wie sich diese Leute, diese positiven weißen Hexen treffen, um ihre Rituale zu vollziehen, daß sie aber keinen Schadenzauber, keine Schwarze Magie ausübten.

Es gab eine unerhört starke Reaktion auf diese Bücher. Gardner berichtete von Jahrszeitenfesten und wie die Hexen symbolisch mit den Jahreszeiten leben und die Große Göttin anbeten. Die Anhänger des Wiccakultes nennen sich selbst Hexen. Sie versuchen, die Hexen von früher zu ihren Ahnen zu machen, was ich persönlich ablehne. Ich meine, hier ist in den zwanziger und dreißiger Jahren in England ein neuer Kult entstanden, der bestimmte Züge aus dem alten Hexentum, aus den alten Bildern übernommen hat und der sich in den letzten Jahren stark weiterentwickelt hat. Das soll aber keine Diskreditierung des Kultes sein.

Wie ist dieser Kult nach Deutschland gekommen?

Über die USA. Da ging es ja auch mit dem Satanskult los. Denken Sie an Charles Manson und diese Satanskultgruppe, die den Mord an Sharon Tate begangen haben. Oder denken Sie an den Erfolg des Films »Rosemarie's Baby«. Als Zeitströmung steht die Frage dahinter: Gibt es jenseits unserer Realität nicht noch eine andere Realität? Hexenboom, Satanskult, schwarze Messen, die wirken hier erst mal wie ein rotes Tuch. Und so sollen sie auch wirken. Satansrock zum Beispiel bedeutet nur, daß einige Pop- und Rockgruppen eine neue Masche gefunden haben. Die kokettieren damit, jonglieren mit Totenköpfen, das ist ihre Promotion. Aber die Christen setzen sich gleich hin und schreiben Bücher, daß sie in den Texten den Satan schon kommen sehen und daß man diese Texte, diese Musik, diesen Rock verbieten solle. Ich meine, das ist in beiden Fällen über das Ziel hinausgeschossen.

Die Evangelische Zentralstelle für Weltanschauungsfragen spricht von einem neuen Trend in der deutschen Alternativszene und zitiert die Zeitschrift »Heidenspaß«: »Das Heidentum ist zu einem politischen Faktor geworden, mit dem alle Religionen und politischen Kräfte rechnen müssen.« Sieht die Kirche diese Bedrohung zu Recht?

Mit Recht insofern, als viele zu der Kirche überhaupt keine Beziehung mehr haben wollen. Und das wird sich noch ausweiten. Die Kirche spricht doch schon von Heidentum, wenn man am Schluß eines Seminars einen Rundtanz macht. Solch eine Angst haben die. Da kommt die Intoleranz Andersgläubigen gegenüber schon wieder ganz stark durch. Natürlich, wir haben in Deutschland einen Hexenboom. Wenn Sie sich die Psychoszene angucken, Meditation, Tarot, da ist die Welle schon ganz schön zu uns rübergeschwappt. Dabei ist sie erst in letzter Zeit nach Deutschland gekommen, genau wie der Wiccakult.

Verschiedene Wiccaleute reisen durch Deutschland und halten Seminare und Kurse ab. Da ist vor allem die amerikanische Psychotherapeutin Starhawk, Sternenfalke, wie sie sich als Hexe nennt. Aus England kommt Alex Sanders. Beide haben Touren durch Deutschland veranstaltet und dadurch den Wiccakult bekannt gemacht und verbreitet. Von Starhawk liegt jetzt auch die deutsche Ausgabe ihres Buches vor unter dem Titel »Der Hexenkult als Urreligion der Großen Göttin«. Das ist ein Buch mit magischen Übungen, Ritualen und Anrufungen. Es gab schon kurz danach eine zweite Auflage.

Dazu muß man wissen, daß sich die Wiccabewegung in zwei große Strömungen teilt, die Gardnerians (nach Gardner) und die Alexandrians (nach Alex Sanders). Sie unterscheiden sich in verschiedenen kleinen Abweichungen voneinander. Beide vollziehen aber den Kult sehr ernsthaft mit den entsprechenden Ritualen.

In unseren Medien kann man darüber ja die tollsten Dinge lesen. Wie die nackten Weiber nachts kreischend um den Blocksberg flitzen …

Es gibt eine rituelle Nacktheit. Sie selber nennen es »sky clad«, nur mit dem Himmel bekleidet. Aber dies wird in den Medien völlig verzerrt dargestellt. Die Grundlage ist einfach, daß die alten Jahreszeitenfeste wiederbelebt werden sollen. Die vier heiligen großen Sabbate sind der 1. Februar, die Nacht zum 1. Mai, der 1. August und der 1. November, an denen sich Wiccamänner und -frauen treffen, um ihre Rituale zu machen. Es gibt gemischte Gruppen und reine Frauengruppen. Ich kenne allerdings keine, die nur aus Männern besteht.

Rituelle Nacktheit hat eine gewisse Bedeutung und ist bei einigen Ritualen auch angesagt. Denn Kleidung ist nicht nur ein Schutz vor Witterung, sondern sie verhindert auch, daß man bestimmte Empfindungen körperlich wahrnehmen kann. Doch man muß es nicht gleich mit Orgien in Verbindung bringen. Es ist einfach nur, um Körperauren miteinander austauschen zu können und alles intensiver zu empfinden. Bei diesen Rundtänzen ist es schon wichtig, daß man sich anfaßt. Mit der Form des Kreises soll die Wiedergeburt symbolisiert werden. Oder auch die Spirale, das ist so ein ganz altes Bild für die Immerwiederkehr, für etwas, das ohne Ende ist.

Ist es nicht ungewöhnlich, wenn sie aus einem ganz »normalen«

Arbeitstag kommen und plötzlich anfangen, im Kreis zu tanzen und Schreie auszustoßen?

Bei einer Zusammenkunft vor einiger Zeit – die fing am Freitag an und hörte am Sonntag auf, wir waren so fünfzig Leute –, da hatte ich freitags noch große Schwierigkeiten. Ich sitze sonst den ganzen Tag am Schreibtisch, arbeite, lese Bücher, fülle Karteikarten aus. Plötzlich sollte ich da locker herumhopsen und einen Rundtanz mitmachen. Es fiel mir schwer, mich zu lösen von den Zwängen, mit denen ich gekommen war. Ich bin es einfach nicht gewöhnt, bestimmte Schreie oder Geräusche auszustoßen, und so war es für mich als rational denkende Frau auch immer ein ziemlicher Greuel, laut zu schreien.

Freitags fing das also an. Und am Sonntag merkte ich, wieviel freier ich geworden war. Keiner guckte auf den anderen, ob er sich »richtig« verhielt. Sehen Sie, das ist das Gute am Wiccakult, keiner wird zu etwas gezwungen. Eine ältere Frau war dabei, die erzählte, daß sie lange christlich gewesen sei. Wir machten ein Ritual, das ich auch ganz schön finde: Alle stehen im Kreis, in der Mitte liegt ein Apfel als altes Symbol der Fruchtbarkeit, also irgend etwas, das die Göttin symbolisieren soll. Man kann auch eine Kerze hinstellen und anzünden. Jeder konnte in den Kreis treten, den Apfel in die Hand nehmen und ihm einen Wunsch anvertrauen. Und jeder kann sich so viel Zeit nehmen, wie er möchte. Da kam hinterher diese ältere Frau auf mich zu und sagte: »Das ist eigentlich der Unterschied zu dem, was ich bei den Christen erlebe. Wenn ich das heilige Abendmahl empfange, dann geht das zack, zack. Oblate hier, Oblate da, Kreuz rechts und links, und schon bin ich wieder draußen. Ich habe nie die Zeit, mich wirklich in diesen Ritus hineinfallen zu lassen.«

Bei Wicca wird jedem die Möglichkeit gegeben, sich nach eigener Bereitschaft zu öffnen oder auch nicht zu öffnen. Es ist keineswegs ein Zwang dabei, daß man nun nackt herumhopsen muß. Das ist sowieso nur bei kleinen Gruppen, die sich sehr gut kennen, zwischen Menschen, die vertraut miteinander sind. Wie in einer ungeheuer großen, guten Freundschaft. Aber in der Presse wird das natürlich gerne aufgegriffen und ausgemalt.

Wie in diesem Film des ZDF über eine Schwabinger Hexeneinweihung. Da sah man ein nacktes Mädchen auf einem Tisch liegen. Der Hexenmeister schüttete Rotwein in ihren Nabel, schlürfte ihn aus, dann wurde das Mädchen ausgepeitscht. Gibt es solche Riten?

Die gibt es wirklich. Aber die haben nur wenig mit Wicca zu tun. Natürlich ist schon interessant zu beobachten, wie sich die Presse mit großen Augen und Ohren darauf stürzt. Das sind Außenseiter wie die Satanisten, die in einer bewußten Ablehnung des Christentums alles verkehren, was die Christen machen. Die definieren sich nur dadurch, daß es das Christentum gibt und sie dagegen sind. Während Wicca ganz positiv ist. Bei diesem Treffen neulich hatten sich offensichtlich auch einige erhofft, so kleine magische Tricks zu erlernen. Was bietet sich immer an? Der Liebeszauber. Also die Frage, gibt es einen Zauber, mit dem ich den Partner, den ich gerade möchte, zurück oder überhaupt gewinnen kann? In der alten magischen Tradition muß man dann einen Gegenstand wie zum Beispiel ein Haar desjenigen besitzen und damit ein Ritual machen. Wenn es das Haar eines Konkurrenten ist, muß ich es vernichten, also zum Beispiel verbrennen. Umgekehrt, wenn ich eine Person für mich gewinnen will, geistige Gewalt über sie ausüben will, sehe ich zu, daß sie einen Teil von mir, also das Haar, zu sich nimmt. Das kann geschehen, indem ich ihr das Haar kleingehackt ins Essen mische. Da sagte Starhawk, die das Seminar leitete, ganz deutlich: Das wäre für sie Schwarze Magie, also böse Magie, Macht über jemanden auszuüben, der selber gar nicht will. Und das würde sie von vornherein ablehnen. Schwarze Magie ist immer etwas, das man aus eigenen egoistischen Gründen herbeiführen will, auf Kosten eines anderen.

Was empfiehlt Starhawk denn an Liebeszauber, wenn ich einen bestimmten Partner gewinnen oder zurückholen will?

Starhawk würde in einem Liebeskonflikt einen Zauber zur Verstärkung anwenden. Das bedeutet ganz einfach, eine Kerze anzuzünden, sich davor zu setzen und zu meditieren, warum diese Person kein Interesse an mir hat.

Das hört sich ganz lieb an. Aber wenn ich in Starhawks Buch schaue, da gibt es doch eine Menge sehr praktischer Rezepte, wie ich zum Beispiel Kräutertäschlein aus den verschiedenen Zutaten zusammenstellen muß, um verlorene Liebe zurückzugewinnen oder auch zu Geld zu kommen.

Aber dabei ist ganz wichtig, daß alle Zutaten in der Natur gesammelt sind. Das ist nur Verstärkungszauber. Dabei wird kein Teil der anderen Person wie ein Haar benutzt, also eben nicht *pars pro toto,* den Teil für das Ganze nehmend. Das ist der entscheidende Unterschied in der Magie. Durch Teile der Natur wird nur versucht, etwas zu verstärken, was sowieso schon da ist.

Tut mir leid, aber ich finde das schon ziemlich weitgehend, wenn Starhawk einen »Kräuterzauber« überschreibt: »Um Liebe anzuziehen«, und dann ausführt: »Nimm ein kreisrundes Stück rosafarbenen oder roten Stoff (rot für stärker sexuell betonte Liebe). Lege darauf Akazienblüten, Myrte, Rosenblätter oder -knospen, Jasminblüten und Lavendel. Füge ein rot ausgemaltes Herz dazu und eine Münze oder einen Ring aus Kupfer. Verschnüre alles mit einem blauen Faden oder Band. Mach sieben Knoten darauf.« Diese Säckchen können, wieder Zitat: »... am Körper getragen oder in der Wohnung aufbewahrt werden, um das anzulocken, was du wünschst.«

Aber gerade dabei kommt doch deutlich der psychologische Effekt heraus. Was mir neulich auf einem Flohmarkt in Hamburg passierte: Eine Frau verkaufte sogenannte Wunschamulette, die man sich um das Handgelenk binden und auch beim Waschen und Duschen nicht abnehmen sollte. Die waren aus Perlen verknotet. Die Frau sagte, ich habe dir deinen speziellen Wunsch hineingewoben, und der wird in Erfüllung gehen. Das Interessante dabei ist – und das ist der psychologische Aspekt –, ich stieß immer gegen dieses Armband, wenn ich mich wusch oder wenn ich mich bewegte. Dadurch wurde im Kopf eine Verstärkung hervorgerufen, so daß ich immer an diesen Wunsch dachte. Die Erinnerung daran löst eine Eigenmeditation oder Eigenanalyse aus. Dabei schöpfe ich Energien aus mir selber. Und wenn ich dieses rote Säckchen um den Hals trage, es immer spüre, auch mal hinfasse, dann werden Energien in eine bestimmte Richtung gelenkt.

Früher hieß Magie beherrschen, etwas in den Griff bekommen. Aber bei Wicca bedeutet der magische Kreis oder auch Hexenkreis, den man bildet, daß alle zusammenstehen, das Wegfließen der Energie verhindert wird, die die Gruppe zusammen aufbaut. Also anders als der magische Kreis der Zeremonialmagie ist dieses nicht Abwehr gegen etwas, das von außen kommt, sondern nach innen gewendet, auf mich selbst zu. Das ist ein ganz wichtiger Punkt.

Was will eigentlich dieser neue heidnische Kult...

Heidnisch, bitte, nur wertfrei verwenden!

Gut, aber was steckt dahinter? Dieser Engländer Alex Sanders, der durch Deutschland reist, um sein neues Heidentum zu propagieren, ist doch nicht unumstritten. Eine Zeitung wirft ihm vor, daß er die Heilserwartungen der Deutschen ausnutzt und sie zu klingender Münze macht. Seine – genau wie Starhawks – Seminare sind total überfüllt. Aber auch ganz schön teuer.

In den Seminaren werden Rituale gemacht und den anderen gezeigt, ein wenig Selbstfindung zu sich, zu seinem eigenen Körper. Die Frage ist richtig, ob es moralisch überhaupt angeht, dafür Geld zu nehmen. Wir haben das auch mit Starhawk besprochen. Sie muß natürlich erst mal aus Amerika anreisen, muß von den Veranstaltungen hier leben, weil in dieser Zeit ihre Kurse drüben und ihre Arbeit als Psychotherapeutin ausfallen. Ich persönlich sehe das ein. Aber die Frage ist noch nicht ausdiskutiert.

Alex Sanders ist sicher eine umstrittene Gestalt in der Bewegung, obwohl er in England eine Menge Zulauf hat. Er nennt sich selbst »König der Hexen«. So heißt auch das Buch von ihm, was ja ein bißchen gegen die weibliche Betonung im Wicca geht. Dabei gibt es im Wiccakult keine Hierarchie, keine Oberen. Die Wiccareligion ist keine Gegenkirche, wie das Christentum es so gerne darstellen möchte. Jeder Coven macht seine eigenen Sachen, und es bleibt jedem überlassen, ob er Beziehungen zu einem anderen Coven unterhält oder nicht.

Warum bekommt der Wiccakult plötzlich in England, in den USA, in Deutschland so viel Zulauf?

Man muß sich klarmachen, daß Wicca eine Bewegung ist, die aus zwei anderen Bewegungen gespeist wird. Der Kult bekommt ja nicht nur aus sich selbst heraus gerade in dieser Zeit soviel Zulauf. Das ist einmal die feministische Bewegung. Darüber haben wir gesprochen. Zum anderen kommt die ganze ökologische Bewegung mit hinein, die durch die ökologische Krise ausgelöst worden ist. Man versucht, in die Natur zu gehen, Natur überhaupt wieder wahrzunehmen. Ich lebe ständig in der Stadt und bin froh, wenn unsere Kastanie draußen vor dem Haus mal blüht. Aber dieser direkte Kontakt zur Natur ist mir doch abhanden gekommen. Durch die Jahreszeitenfeste des Wicca wird einem das wieder nahegebracht.

Haben Sie persönlich eine neue Beziehung zur Natur gefunden, seitdem Sie sich mit Wicca beschäftigen?

Das ist bei mir schon deutlicher geworden. Wenn es so etwas wie ein göttliches Prinzip gibt, dann finde ich es in der Natur, in Bäumen, in Seen, im Meer eher als gerade in einer Kirche, wo dann noch dieses Marterinstrument der Römer an der Wand hängt. Die Verbindung zur Natur ist für mich ein ganz wichtiger Faktor geworden. Wenn man in der Stadt aufwächst, lernt man als Kind nicht, Bäume, Sträucher, Steine, Meer, Wasser als lebendig zu erleben. Aber jetzt ist alles da, und ich kann es zum ersten Mal wieder zulassen. Als kleines Mädchen habe ich viel mit Bäumen gesprochen. Für mich war die Natur sehr viel länger belebt, als sie es nach der Entwicklungspsychologie sein sollte. Diese verschüttete Seite von mir, die spüre ich wieder, die kann ich ausdehnen. Durch diese neue Religion habe ich das wieder herausgeholt, was überlagert war. Ich versuche jetzt auch in der Stadt, in der ich nun mal lebe und arbeite, die Zeichen der Natur zu sehen, die Jahreszeiten zu erleben. Hier in Hamburg-Eppendorf gibt es noch viele Kastanien. Ich hänge sehr daran und freue mich, wenn die Kerzen stehen, wie die Blüten sich verändern… Das kann man auch ganz bewußt in der Stadt miterleben.

Hat sich Ihre Beziehung zu sich selbst durch die Beschäftigung mit Ihrer neuen Religion verändert?

Ganz bestimmt! Lange verdeckte Bedürfnisse sind wieder freigelegt worden, die durch ein bestimmtes rationales Denken, durch Schule, Studium, Beschäftigung mit Materialismus und Theorien einfach verdrängt worden waren. Wo ich wirklich – wenn wir das Bild der Zaunreiterin noch einmal nehmen – auf der einen Seite, auf der rationalen Seite des Zaunes runtergefallen war. Ich bin mühsam wieder hochgeklettert auf den Zaun und halte mich mit beiden Händen da oben fest, gucke immerhin schon rüber, vielleicht habe ich auch ein Bein schon so ein bißchen hinübergelegt auf die andere, die instinktive Seite und versuche, beides in Harmonie in mir zu vereinigen.

Man braucht sein ganzes Leben, um wieder aus dem herauszukommen, was man in der ersten Hälfte seines Lebens in Schulen und Universitäten gelernt hat.

Ja, um aus diesen Verschüttungen wieder herauszukommen. Um das aufzubrechen, was man vorgegeben bekommen hat. Um wieder mehr auf seinen Bauch zu hören als auf seinen Kopf.

Sie haben sich selbst verändert. Hat sich auch Ihre Beziehung zu Ihrer Umwelt verändert, zu Ihren Bekannten, Freunden?

Da muß ich vorausschicken, daß ich in dieser ganzen Zeit, also von Anfang meiner Beschäftigung mit Hexen bis heute, denselben Partner gehabt habe und immer noch mit ihm zusammen bin. Wir haben gemeinsam eine Weiterentwicklung erfahren. Er macht seine Sachen, und ich beschäftige mich mit den Hexen, mit dem Wiccakult, ohne daß ich a) mich zu rechtfertigen brauche und b) ihm auch alles erklären müßte. Aber sonst bin ich sehr viel mehr mit Frauen befreundet als mit Männern. Das hat sich ziemlich verändert seit dem Ende der Schulzeit, dem Studium. Da waren natürlich die Männer sehr viel wichtiger. Die Frage: Freund ja oder nein, war für die soziale Einstufung eines Mädchens eben ganz bedeutsam. Das veränderte sich, als ich zunehmend zur Frauenbewegung hin tendierte, wo eine starke Ablehnung von Männern festzustellen war.

Wird nicht in einigen Frauengruppen der Mann total abgelehnt und nur noch ein Leben untereinander angestrebt?

Das ist ja auch das Endziel des Feminismus, in solchen Gruppen zusammenzuleben mit Söhnen und Töchtern. Dahinter steckt die Überlegung, Jungen, die in einer reinen Frauengesellschaft aufwachsen, werden die »anderen Männer« werden. Matriarchat als Ziel, weil Frauen weicher, menschlicher sind, vorsichtiger mit der Natur umgehen, keinen Krieg führen, weil sie die Ehrfurcht dem Leben gegenüber in sich tragen, da sie die Kinder in die Welt setzen.

Da ist natürlich eine These, die nicht unwidersprochen bleiben darf, diese Friedfertigkeit von Frauen. Ich glaube nicht, daß man automatisch nur durch sein Geschlecht weniger Gewalt in sich hat.

Warum engagieren Sie sich dann so stark für die Frauen?

Erst mal bin ich selber eine Frau. Das ist für mich ein ganz wichtiger Aspekt, mich mit meiner Geschichte als Frau auseinanderzusetzen. Und dann ist man als Frau in so vielen Bereichen so beschnitten, daß es einfach wichtiger ist, Frauen zu helfen als Männern. Denken Sie nur an die Fragen Berufswahl, Bezahlung im Beruf, Defizite in ihrem ganzen Leben. Mein Männerbild hat sich auch verändert. Da gibt es welche, die ich Knotenmänner nenne nach dem Buch von Herdis Møllehave. Das sind die, wo oben der Schlipsknoten so ganz eng zugebunden ist, die zugeschnürt sind, die nichts aus dem Bauch rauslassen, die nur aus dem Kopf heraus leben. Dann gibt es welche, die haben unsichtbare Knoten, auch wenn sie Rollkragenpullover und Jeans tragen. Aber wenn man genau hinguckt, dann sieht man die Knoten.

Mit diesen Männern kann und will ich nichts zu tun haben, und das zeige ich ihnen ganz deutlich. Bei Frauen bin ich toleranter. Ich erlebe manchmal, wenn ich diese Seminare mache und da kommt solch eine Frau auf mich zu, eine ganz bestimmte Abwehr. Aber da bin ich eher bereit, auf sie einzugehen und mir zu überlegen, ob ich ihr unrecht getan habe.

Warum geben Sie Männern nicht diese Chance?

Weil sie mir einfach nicht so wichtig sind. Frauen sind für mich eher die Opfer. Auch Opfer ihrer Sozialisation. Die stehen mir dadurch einfach näher. Schon als ich ein Thema für mein Geschichtsexamen suchte, war völlig klar, daß ich über Frauengeschichte schreiben wollte. Damals war ich schon aktiv in einer Frauengruppe, vor allem zur eigenen Selbstfindung.

Sind Sie ganz bewußt Frau?

Das kann man wohl sagen!

Sind Sie auch bewußt Hexe?

In diesem Sinne ja.

Sind Sie in Ihrem bewußten Suchen nach einem Frauenthema auf die Hexen gestoßen?

Ich hatte vorher über Bauernkriege gearbeitet und stieß dabei auf die Hexenprozesse. Als ich meinem Professor das Thema vorschlug, da erntete ich nur ein freundlich-herablassendes: Na, dann machen Sie mal etwas Exotisches.

Hexen gleich Exotik?

Ja, das war 1977/78. Da fing alles erst an. Erst fünf Jahre später gab es an der Universität die ersten Seminare über Frauengeschichte! Das war ungeheuerlich. In der Zeit, als ich studierte, gab es nicht ein Seminar darüber. Jetzt ist dieses Thema plötzlich entdeckt worden, wird es an der Universität unterrichtet, auch von Männern.

Die wichtigste Erfahrung für mich war dabei, daß ich zuerst glaubte, ich könnte an dieses Thema ganz rational herangehen, wie beim Bauernkrieg. Aber da mußte ich bald passen. So kam ich an das Thema nicht ran. Es war ja nicht so einfach, das auf ökonomische Ursachen zurückzuführen oder auf einen Klassenkampf. Es war nicht nur die Frau der Unterschicht, die verfolgt wurde, es waren alle Frauen, es war die Frau an sich. Es hat mich sehr belastet. Ich mußte viele Folterprotokolle lesen. Das war hart, das geht ganz schön an einen selbst heran. Und von den historischen Hexen zu den neuen Hexen kam ich durch die Frauen selber. Ab 1980 machte ich an der Volkshochschule Seminare zum Thema Hexen. Da merkte ich, was für ein unheimliches Nachholbedürfnis die Frauen nach ihrer Geschichte haben. Parallel dazu wandte sich die Frauenbewegung Anfang der achtziger Jahre mehr der Spiritualität zu. In dieser Zeit begann man verstärkt die gesamte Wissenschaft in Frage zu stellen, wohin die uns gebracht hat, ökologische Kreise usw. Die Frauen in den Seminaren fingen plötzlich an, Dinge erfahren zu wollen, die über das hinausgehen, was gewesen war. Sie wollten hören, was können wir mit diesem Wissen von damals, so spärlich es auch sei, für uns heute anfangen. Sie fragten nach Kräuterkissen, was kann man mit Petersilie oder Baldrian machen, bis hin, daß die Frauen sich überlegten, nützt es mir etwas, wenn ich die Tarotkarten kenne. Bringen sie mir Stärke im Kampf gegen Leichtlohngruppen, die sie nicht abschaffen werden, aber vielleicht tragen sie zu meiner eigenen Kraft und Stärke bei.

Tragen sie denn dazu bei?

Also, für die ganz »normalen« Hausfrauen, wie man so schön sagt, die da zu mir kommen, da finde ich es schon ganz beachtlich, wie sie ihre eigene Kraft dadurch stärken.

Nützen sie Ihnen auch ganz persönlich?

Ich verwende Tarotkarten zur Meditation. Ich setze mich mit diesen Bildern, die die Karten bieten, auseinander, und das hilft mir.

Geben Sie ein Beispiel.

Beim Tarot ist es so, daß man zum Beispiel drei Karten aus einem gemischten Päckchen herauszieht, wobei die erste die Vergangenheit, die zweite die Gegenwart und die dritte die Zukunft bedeutet. Man hat dabei eine bestimmte Frage oder ein Problem im Sinn. Ich schreibe mir das vorher auf ein Stück Papier. Nun ziehe ich beispielsweise bei der ersten Karte, die für die Vergangenheit steht, die Figur des Emperor, des Herrschers, des Kaisers. Diese Karte steht sehr stark für ein ordnungschaffendes, für ein väterliches Prinzip. Also denke ich nach: Könnte es sein, daß bei meinem Problem Strukturen aus meiner Kindheit eine Rolle spielen, die mir nicht mehr bewußt sind? Damit setze ich mich dann auseinander.

Also eine Art Psychoanalyse, selbstgemacht?

Selbstanalyse, natürlich. Und das finde ich auch ganz in Ordnung.

Erspart den Gang zum Psychiater?

Und ist billiger. Ich lege mir die Karten ja nur, um mir selbst über bestimmte Vorgänge klarzuwerden, die in einem ablaufen. Und wenn man sich dazu in die Bilder hineinbegibt, sind sie wirklich sehr brauchbar. Ich würde nie auf die Idee kommen, aus diesen Karten nun wahrzusagen oder anderen Frauen die Zukunft vorherzusagen. Ich würde auch nie zu jemand anderem gehen, daß der mir die Karten legt. Von der Astrologie halte ich für mich auch nichts.

In den Seminaren mache ich es immer so, daß ich den Frauen

diese Karten ganz offen vorstelle, damit sie damit vertraut werden und ihnen diese Angst oder Scheu genommen wird. Viele hören ja das Wort Tarot und denken gleich: »Au weia, Schwarze Magie!« Und das drehe ich dann einfach um und erkläre, wie die Karten hilfreich für einen selbst sein können.

Und warum dann diese Sachen mit dem schwarzen Tuch, auf dem man die Karten ausbreitet?

Es ist nicht nur Brimborium, sondern der Versuch, andere Reize auszuschalten, diese Wachphase des Intellekts ein bißchen auszuschalten. Denn es ist ja eine assoziative Methode, wobei man eine gewisse Einstimmung braucht. Auch wenn mir mein Verstand sagt, das ist reiner Zufall, welche Karte ich jetzt ziehe, gerade diesen logischen Verstand, diese Verkrustungen will ich ja aufbrechen. Denn wohin hat uns unser Verstand geführt? Vielleicht sollten wir mal andere Teile in uns aktivieren, um in dieser Welt weiterleben zu können. Das ist für mich, die ja aus einer rationale Ecke kommt, auch ein neuer Schritt. Noch bei der Hexenausstellung, die wir 1979 im Völkerkundemuseum Hamburg gemacht haben, galt für mich, nur was wirklich belegbar ist, auch darzustellen. Erst in den letzten Jahren, seitdem ich mich mit Hexen beschäftige, habe ich dazugelernt, habe auch gelernt, den Panzer, mit dem man sich umgibt, wegfallen zu lassen und mich zu öffnen für Dinge, die ich vorher nicht akzeptiert habe. Wie mit dem Tarot.

Zufall kommt nicht per Zufall?

Sonst würde ich mich ja nicht damit beschäftigen. Da steckt mehr dahinter.

Was?

Kein Geist, kein Dämon, keine andere Kraft. Ich selbst habe die Karten gemischt und gezogen. Ich selbst stecke dahinter, meine Kraft, meine Energie.

Was hat Ihnen geholfen, daß Sie sich heute öffnen können?

Der Kontakt zu Frauen. Es ist einfach ein gutes Gefühl, mit

Frauen etwas zu machen. Nehmen Sie nur so ein Wochenend-seminar. Das ist für viele eine neue Erfahrung, wie spannend und interessant und lustig und witzig es sein kann, wenn nur Frauen sich treffen. Diese Verbundenheit miteinander von Frauen, die sich noch nie vorher gesehen haben, unterschiedlichen Alters, unterschiedlichen Berufs. Frauen, die vorher von sich wiesen, Seminare nur mit Frauen zu machen, die Freitagabend so richtig mit Stacheln ankommen und sagen, wir haben doch nichts gegen Männer. Wie diese Stacheln dann nach und nach abfallen. Wie dann herauskommt, daß diese Frauen auch Probleme in ihrer Ehe haben, wie sie das zugeben. Weg von dem Spruch, mag es auch Frauenunterdrückung geben, aber bei mir zu Hause nicht. Ich habe einen abgekriegt, der ist nicht so. Wie sie sich dann doch gegenseitig ihre Schwierigkeiten zugeben, sich näherkommen, sich öffnen, und wie unendlich traurig sie am Sonntag auseinandergehen, traurig, weil sie diese Verbundenheit, die sie spüren, verlassen müssen.

Oder kleine Rituale, die man miteinander macht. Bei einem Ritual gingen wir ganz spontan hinaus, jede suchte sich einen Stein, den sie mit nach Hause nahm. Eine spontane Handlung, die einfach sehr schön war. Diesen Stein habe ich immer noch, und wenn ich ihn sehe, ist die Erinnerung an diese Frauen da, und das sind ja Gefühle, wie wir dort gesessen und geredet haben. Das läuft nicht nur über den Kopf ab, was da wieder hochkommt. Das ist schon mehr. Und bei mir ist es inzwischen auch viel mehr als nur wissenschaftliches Interesse oder Neugier. Ich bin zwar weder in einem Coven noch sonstwie als Hexe »organisiert«. Aber ich versuche, mich in Richtung neue Hexen weiterzuentwickeln und das weiterzugeben an andere Frauen. Es vermittelt schon Stärke zu wissen, daß die Natur weiblich ist, dieses Bild der Großen Göttin?

Ist es ein ganz persönliches Engagement geworden?
Ja.

Haben Sie vor, einen Coven zu gründen?

Im Moment bin ich noch ganz gerne für mich und mache meine Rituale zu Hause. Starhawk sagt ja deutlich, jeder kann sich seine eigenen Rituale schaffen. Es gibt keine festen Anweisungen, nur Vorschläge. Daß man zum Beispiel den magischen Kreis bildet, indem man vier Ecken schafft, vier Punkte, vier Pole, in denen die vier Elemente symbolisiert sind. Und das kann man gut alleine machen, wobei man Wasser, Feuer, Luft, Erde in irgendeiner Form symbolisiert. Ich setze mich in die Mitte des Kreises und versuche, Kraft zu schöpfen.

Ist das etwas anderes als beten?

Nein, es ist ja eine Religion, eine Glaubensform, die ich da ausübe. Als Kind hat man seine Gebete gelernt, aber ich konnte nie an diesen Gottvater glauben.

Natürlich gelingt dieses Kraftschöpfen auch nicht immer. Wenn ich abgelenkt bin, dauert es lange. Der magische Kreis ist ein Mittel, um ich zu versenken, um hochkommen zu lassen, was ich eigentlich will. Was nicht über den Kopf geht. Dieser Kreis soll mich nach außen hin abschirmen. Diesen »Ort der Stärke« zu schaffen ist ja auch ein Mittel, das die Psychologie zu Hilfe nimmt. Man kann das gar nicht trennen, ist das nun ein alter Ritus oder eine moderne Behandlungsmethode der Psychotherapie?

Ist diese neue Bewegung nicht Weltflucht und insofern gefährlich? Wie wollen Sie damit Atomwaffen oder das Baumsterben verhindern?

Ihre Frage geht natürlich darauf hinaus, was soll das Ganze? Jetzt solch einen Naturkult aufzubauen, wo die Natur sowieso bald am Ende ist. Aber das wollen wir ja gerade verhindern. Wir wollen Macht ausüben, indem wir uns im Wiccakult zusammenschließen, um zu versuchen zu retten, was noch zu retten ist. Dieser Raubbau an Mutter Erde, den die Männer gemacht haben, die an den Schalthebeln der Macht sitzen, die unseren Planeten zerstört haben, um es mal ganz plakativ auszudrücken.

Können Sie ein Beispiel für diese neue Machtausübung der Frauen geben?

Erinnern Sie sich nur an Greenham Commien. Dieser US-Stützpunkt in England, wo Atomwaffen gelagert werden. Dort haben sich Frauen zusammengeschlossen, haben ein kleines abgeteiltes Lager gebildet und einen Kreis geschlossen. Sie haben eine Blockade, also eine politische Aktion veranstaltet. Indem sie ihr Ritual machten, sich anfaßten, haben sie sich selber in dieser für sie doch sehr brenzligen Situation Kraft gegeben.

Das ist für mich ein typisches Beispiel, wo die Frauenbewegung eben nicht gesagt hat, wir ziehen uns in den Wald zurück und hopsen auf die Bäume. Sondern sie versuchten ganz praktisch, etwas zu wenden, zu beeinflussen und Stärke aufzubauen.

Ich habe mit einigen gesprochen, die nach außen nicht zugeben, daß sie im Heidenkult engagiert sind, daß sie sich Hexen nennen. Glimmen die Scheiterhaufen immer noch?

Wenn wir jetzt in England wären und Sie mich fragen würden, sind Sie eine »witch«, würde es mir sehr viel leichter fallen, ja zu sagen. Für mich ist das deutsche Wort Hexe zu stark belastet mit diesem ganzen Leid und den Verfolgungen der frühen Neuzeit. Diese Frauen ab '77 nennen sich ja nicht Hexe, um auf ihre Verfolgung und ihr Leid hinzuweisen, sondern auf ihre Stärke und ihre Macht. Und da kommt noch ein weiteres Problem hinein, das mit unserer braunen Vergangenheit zu tun hat. Ich war schon in Stonehenge in Südengland, in Carnac in der Bretagne und war auch mit einigen Leuten auf den Externsteinen in der Nähe von Detmold. Auch ein magischer Ort. Oben ist eine Plattform, auf die man hinauf kann. Die ist von einer Mauer umgrenzt, mit einem runden Loch. Durch dieses Loch fällt einmal im Jahr, zur Sonnwendfeier, die Sonne hindurch. Nur an diesem einen Tag. Fällt auf eine große, glatte Wand, in die auch noch ein Sonnensymbol eingeritzt ist. Man weiß, daß an diesem Ort die Germanen Sonnenanbetung betrieben haben.

Wir waren also da oben auf der Plattform. Weil nun wirklich ganz schlechtes Wetter war, haben wir dort ein Sonnenritual gemacht, damit die Sonne herauskommen sollte. Half leider nichts, muß ich gestehen. Starhawk war dabei mit einer Trommel und einem anderen Instrument. Dann haben wir dieses Lied gesungen, einen einfachen Vers, der immer und immer wieder skandiert wird. Da standen wir nun, tief eingemummt in dicke Pullover. Ja, und da bekam ich ein sehr eigenartiges Gefühl. Aus einem ganz bestimmten Grund. Denn die Externsteine sind ja nicht nur ein altes germanisches Heiligtum, sondern auch von den Nazis verwendet worden. Und ich dachte immer doppelt; das heißt, ich überlegte, was denken die Leute da unten, was wir hier machen. Die hielten uns natürlich für Neonazis oder so etwas, die auch tatsächlich dort auftauchen. Da muß man sehr aufpassen, daß keine Verquickungen aufkommen. Hier liegt eine große Gefahr, beide Gruppen in einen Topf zu werfen. Und man merkte auch deutlich, wie irritiert die anderen Besucher waren. Irritation in dem Sinne, daß für sie Externsteinritual und junge Frauen mit lila Schals und Friedenszeichen nicht zusammenpaßten.

Ist es diese Irritation, die es so schwermacht zuzugeben, daß man zu den neuen Hexen oder neuen Heiden gehört?

Man überlegt sich, was bei dem anderen abläuft, wenn man sagt, ich mache beim Hexenkult mit. Da läuft eben ab, hier handelt es sich um sexualmagische Praktiken, um Orgien wie in dem Fernsehbericht vom Schwabinger Mietshauskeller.

Wenn Sie so zurückhaltend an die Öffentlichkeit gehen, haben Sie es doch entsprechend schwerer, Macht auszuüben im Vergleich zur Friedensbewegung oder ökologischen Bewegung.

Dadurch, daß wir einen magischen Kreis bilden, verhindern wir nicht, daß irgendwo der rote Knopf gedrückt wird. Völlig klar. Aber wir können dazu beitragen, daß eine Bewußtseinsänderung eintritt. Gerade was die ökologische Krise betrifft, ist doch schon einiges passiert. Die Grünen sind dadurch zu einer Bewegung geworden, die jetzt im Bundestag sitzt, weil sich langsam bei vielen Menschen etwas verändert hat in ihrem Verhältnis zur Natur. Nicht nur Ausbeutung auf Teufel komm raus, sondern daß man sich fragt, welche Auswirkungen das hat. Wie stehe ich ganz individuell zur Natur? Was will ich mit der Natur? Warum will ich sie erhalten? Dies ist auch für den Wiccakult wichtig. Die Natur ist etwas Heiliges, wenn ich mir klarmache, daß die Göttin in jedem einzelnen Blatt ist. Dann gehe ich mit dieser Natur ganz anders um. Ich kann mich doch nur mit Ökologie befassen, wenn ich eine Ehrfurcht habe vor dem, was Baum, Tiere, dieses ganze Miteinander bedeuten.

Wobei gern vergessen wird, daß der Mensch, der Nächste, auch ein Stück dieser Natur ist. Und wenn ich davon spreche, ich muß die Natur ehren, sollte ich vielleicht damit anfangen, meinen nächsten Nachbarn zu ehren.

Es ist nicht zufällig, wenn man von der Ehrfurcht vor der Natur, vor den Tieren spricht, daß dabei der Mensch in der Aufzählung fehlt. Wie soll man Ehrfurcht vor den Menschen haben, die die Erde so zerstören? Es gibt doch schon Veröffentlichungen, daß wir froh sein sollten, wenn die Spezies Mensch ausstirbt, sich selber umbringt, damit die Erde sich wieder vom Menschen erholen kann. Aber ich glaube, daß langsam eine Abkehr vom rein rationalen Denken stattfindet, hin zu möglichen Alternativen: einfach in anderen Bahnen denken.

Und da sind wir wieder bei den Frauen. Da sehe ich das schon. Nur ein ganz kleines Beispiel: Wie die teilweise zu Hause bei ihrem Mann kämpfen müssen, um überhaupt zu solch einem Seminar gehen zu »dürfen«... Die nur dürfen, wenn sie für Mann und Sohn vorkochen und solche Sachen. Sie müssen dreimal erklären, daß es nichts Schlimmes ist, wenn sie zu einem Hexenseminar gehen. Das ist ein langer

Kampf für manche Frau, ein ungeheurer Schritt nach draußen. Und dann nehmen sie so viel Kraft von dort mit; gemeinsam etwas mit Frauen gemacht zu haben, das gibt ihnen so viel Selbstbewußtsein. Daß sie auch mal wagen, zu Hause aufzutrumpfen und zu sagen, das ist mein Bedürfnis, daß sie zu sagen wagen: »Das will ich!«

Isis, 49, Krankengymnastin

»Ich habe meinen Kraftquell
bei den Hexen wiedergefunden.«

Warum hast du Isis als Hexenname gewählt?

Bei den Tarotkarten repräsentiert die Hohepriesterin Isis, die Herrscherin der Elemente, die Natur. Ihr sind die magischen Werkzeuge zugeordnet: das Schwert für die Luft (den Osten), der Stab für das Feuer (den Süden), der Kelch für das Wasser (den Westen), das Pentakel für die Erde (den Norden). Die vier Elemente stehen für das Wissen, das Wollen, das Wagen und das Handeln. Ich selber versuche, mit diesen Geräten zu arbeiten, und insofern ist der Name ein Leitstern für mich.

Wie kamst du zum Hexenwesen?

Das war in einer Zeit, in der ich völlig am Ende war. Meine Kinder gingen aus dem Haus, meine Mutter wurde schwer psychisch krank, meine Ehe zerbrach. Ich habe meine Kraft immer aus dem Christentum geschöpft, aus dem, was Jesus Christus gemeint hat, Liebe zu entwickeln, sich für den Mitmenschen einzusetzen. Ich habe auch versucht, meinen Kindern eine christliche Erziehung zu geben.

Um ihnen eine relativ sorgenfreie Kindheit und ein Studium bieten zu können, mußte ich hart arbeiten. Meine Kräfte flossen dahin, sie versandeten, mir fiel die Arbeit immer schwerer. Ich war erschöpft, total zusammengebrochen, kam mir wie tot vor. Der christliche Kraftquell funktionierte nicht mehr. In dieser Situation traf ich auf die Hexen mit ihrem intensiven Glauben, daß die Göttin und der Gott ihnen helfen können, ihre Kräfte zu erkennen, zu entwickeln und in ihrem Frausein kreativ zu sein. Ich bin noch in der Vorstellung aufgewachsen, daß eine Frau verheiratet sein muß, um ihren vollen Wert zu erreichen. Die gesellschaftliche Anerkennung als verheiratete Frau war mir wichtig. Nach der Trennung kam ich mir wie amputiert vor. Das ist jetzt vorbei. Ich bin als Frau viel selbstsicherer geworden.

Wie war deine erste Begegnung mit den Hexen?

Zufällig – das heißt, es fiel mir zu – lernte ich einen Magier kennen. Ich sah, mit welcher Intensität er sich den Ritualen hingab. Da war ein Mensch, der sich ganz bewußt göttlichen Quellen öffnete, aber auch selber handelte. Ich entdeckte die Kraftquellen wieder neu in veränderter Form. Wir waren zusammen auf einem Hexenseminar an den Externsteinen, und mich faszinierte, wie ernsthaft, wie intensiv diese Frauen versuchten, ihren Weg zu finden in der Urreligion der Großen Göttin. Sie suchten einen anderen Weg, als ich ihn von früher her kannte. Diese hier lehnten das Christentum ab, sie hatten nicht die guten Erfahrungen damit gemacht wie ich. Sie sahen nur die Kirche als Institution, das exoterische, nicht das esoterische Christentum. Aber es gab keine Schranken, es gab keine Fragen. Wer bist du? Woher kommst du? Jeder war willkommen, und jeder wurde unterstützt. Sie hatten alle ihre Schwierigkeiten gehabt und versuchten herauszukommen.

Wenn du mit Hexen tanzt und feierst, hast du nicht das Gefühl, etwas Böses, etwas Heidnisches zu tun?

Überhaupt nicht. Genau wie beim Christentum kann ich auch hier erkennen, was daran gut und ursprünglich ist. Ich kann mir aus der Bibel genau das herauslesen, was wirklich göttlich ist, und so sehe ich auch bei den Hexen das Gute, das wirklich Göttliche. Wir leben auf der Erde und nicht im Paradies, also gibt es auch bei den Hexen Fehler genau wie in der Kirche. Und was heißt heidnisch? Es gibt eine Wahrheit und viele Wege. Das Hexenwesen ist *ein* Weg, der auf den Gipfel führt. Die Kirche möchte das sicherlich nicht so akzeptieren. Aber ich muß das tun, was für mein Leben wichtig ist. Wenn jemand sich ehrlich innerlich bemüht, dann macht er es von seinem Wesenskern her, und der ist göttlich. Die Hexen haben mir gezeigt, du mußt intensiv diesen Weg gehen, wenn du zur Quelle kommen willst.

Durch die Hexen habe ich gelernt, mit meiner Weiblichkeit bewußter umzugehen. Ich möchte mich darin noch mehr üben, aber auch das männliche Element in mir stärken. In einer Meditation drangen ein dunkler Ball von der einen und ein heller Ball von der gegenüberliegenden Seite in mich. Beide strebten zur Mitte. Ich sehe darin die Balance des Männlichen und Weiblichen, die – in mir und in jedem Zusammenleben zwischen Mann und Frau – erreicht werden muß. Die Polaritäten sehe ich jetzt viel differenzierter: die Elemente Wasser und Erde sind der Frau zugeordnet, Luft und Feuer dem Mann. Wasser steht für Gefühl, Inspiration, Intuition, die Erde für den Körper, die Fruchtbarkeit; in der Frau wächst das Kind, sie bringt Leben hervor. Das männliche Element Luft repräsentiert die Kraft und die Klarheit der Gedanken, Feuer das Durchsetzungsvermögen, das Wollen, das Nach-außen-sich-Darstellen.

Ich beobachte bewußt die Phasen der Mondin – in der Urreligion ist sie weiblich –, die dem weiblichen Zyklus, aber auch den Phasen des Lebens entsprechen. Die zunehmende Mondin der Jugend, die volle Mondin der Reife, abnehmende Mondin für das Alter, Neumondin für den Tod. Ihre zunehmende Sichel beginnt mit einem neuen Kreislauf des Lebens, einer neuen Inkarnation.

Wenn die Mondin am Himmel scheint, singe ich gerne das alte Hexenlied:

>»Mondin, Mutter, alte Weise,
>Himmel und Erde, wir grüßen dich.
>Du scheinst für alle, die wild sind und frei.«

Die Mondin ist für mich jetzt personifiziert, es sind die Kräfte einer Freundin, an die ich mich wende. Ich fühle mich nie mehr allein, das Universum ist belebt durch Geistwesen und persönliche Schutzgeister. Als Kinder durften wir an Schutzengel glauben, warum als Erwachsene nicht mehr? Wenn ich meine Ritualandachten mache, rufe ich weibliche und männliche Kräfte an. Früher habe ich nur das Männliche angerufen, Gott als Vaterprinzip.

Wie ordnest du Gott in dieses Universum mit den verschiedenen Göttinnen ein?

Die Göttinnen sind für mich Wesen, die Teilaspekte der göttlichen Schöpfungsmacht darstellen. So sind Venus und Aphrodite die Göttinnen für Liebe und Schönheit. Laß mich ein Beispiel aus dem Alltag geben: Am Freitag, dem Tag der Göttin Freya aus der nordischen Mythologie, mache ich ganz bewußt aus meinem Bad ein Ritual. Bei Sphärenmusik und Kerzenschein steige ich in mein duftendes Bad und rufe die Kräfte der Göttin.

Deine Beschäftigung mit dem Hexenwesen war für dich kein Grund, aus der Kirche auszutreten?

Nein! Natürlich, was die Institution Kirche mit den historischen Hexen gemacht hat, ist grausam. Ein Abgleiten in das Böse. Auf der Erde sind eben finstere Mächte am Werk, die sich in die Kirche eingeschlichen haben, wie sie sich in alle Institutionen einschleichen. Auch bei den Hexen werden sie es tun. Aber das ist kein Grund, auszutreten, sondern eher sich zu bemühen, die Dinge auszumerzen, das zum Leuchten zu bringen, was Jesus gemeint hat. Ich selbst mache Reinigungsrituale und versuche meine Kräfte auch hier in meiner Praxis zum Heilen einzusetzen. Heilen in jedem Sinn, Körper, Geist, Seele. Ich möchte mein Bewußtsein immer weiter öffnen.

Woher kommt deine Bewußtseinserweiterung?

Wenn ich Rituale mache, werden Kanäle geöffnet, auch wenn du es im Moment nicht bewußt spürst, Kanäle zur göttlichen Kraft. Gedanken sind ja lebendige Kräfte, mit denen ich etwas verändern kann. Je öfter ich meine Gedanken dahin sende, um so hellsichtiger und hellfühliger werde ich. Seitdem ich die Rituale regelmäßig mache, passiert eine ganze Menge.

Neulich habe ich diesen Zauberstab in der Vollmondnacht geschnitten, das ist ein Zweig von einem Haselnußstrauch. Wir haben dieses Lied von der Mondin gesungen, den Baum begrüßt, uns bedankt und gesagt, daß wir den Stab nur für die Weiße Magie anwenden wollen. In dem Moment gingen die Schleier von der Mondin weg, und als wir zu Hause ankamen, in unserem heiligen Hain, so nennen wir einen Teil unseres Gartens, kam die Mondin wieder hervor.

Rituale sind für dich ganz wichtig geworden?

Ich mache sie jetzt seit drei Jahren intensiv. Jeden Morgen um sechs stehe ich auf, errichte meinen Altar, bilde den Schutzkreis, rufe die Geister hier im Haus und im Garten. Das ist dasselbe wie Beten. In einem Kloster gibt es ja auch zeitlich festgelegte Andachten. Das kann mit der Zeit jedoch statisch werden. Hier ist es für mich wieder lebendig geworden, hier bin ich mein eigener Priester, habe meinen eigenen Altar.

Kannst du den Ablauf eines Rituals schildern?

Ich ziehe als erstes den Schutzkreis. Die rechte Hand lege ich auf mein Herz, mit der linken beschreibe ich einen Kreis, während ich durch den Raum gehe. Dabei sage ich:

»Ich banne alle destruktiven Kräfte, alle negativen Mächte. Fort mit euch, ihr dunklen Schatten, aus meinem Körper, meiner Seele, meinem Geist. Es öffnet sich der silberne Lotos dem Einströmen göttlicher Kräfte.« Dann folgt die Anrufung. Ich stelle mich in die vier Himmelsrichtungen und rufe die entsprechenden Göttinnen und Erzengel:

»Seid gegrüßt, ihr Kräfte des Ostens, ihr Mächte der Luft. Morgendämmerung des inneren Lichts! Göttin Arida und Erzengel Raphael, ich bitte um kristallklare Gedanken, Schnelligkeit in der Organisation, Heilung der vegetativen Nerven. Seid in mir und um mich herum!

So sei es – gesegnet sei es.

Seid gegrüßt, ihr Kräfte des Südens, ihr Mächte des Feuers! Göttin Tana und Erzengel Michael, dringt in mein Herz und erfüllt es mit Licht, Liebe, Lebenskraft und Durchsetzungsvermögen. Unterstützt meine liebende Hingabe an das Sein.

So sei es – gesegnet sei es.

Seid gegrüßt, ihr Kräfte des Westens, ihr Mächte des Wassers, Göttin Tiamat und Erzengel Gabriel! Ihr Kräfte göttlicher Inspiration und Intuition dringt bis in den Urgrund meiner Seele und erleuchtet mein Bewußtsein. Ihr Kräfte des Wassers, schwemmt hinweg die Bindungen an alte Fehler.

So sei es – gesegnet sei es.

Seid gegrüßt, ihr Kräfte des Nordens, ihr Mächte der Erde, Göttin Bellili und Erzengel Auriel! Schenkt mir Geborgenheit in meinem Körper, meiner Wohnstatt und meinem Beruf. Verleiht mir die Kraft der Beständigkeit und des Durchhaltens auch in Schwierigkeiten. Laßt mich Geheimnisse bewahren können, aber schenkt mir das Erkennen des richtigen Zeitpunkts zur Eröffnung.

So sei es – gesegnet sei es.

Seid willkommen, meine persönlichen Schutzgeister! Ich danke euch für eure Botschaft, mir Flügel des Geistes wachsen zu lassen, damit ich mich über die Kleinlichkeiten des Lebens hinwegsetzen soll. Und ich danke euch, daß ihr mir die Liebe des Geistes Christi bringen wollt, um mir in meinem Heilberuf Unterstützung zu geben. Seid willkommen, ihr Geister des Tempels der Isis und des heiligen Haines!«

Als nächstes kommt das Anliegen. Ich formuliere einen persönlichen konkreten Wunsch oder ein konkretes Problem und sage dabei:

»Wir alle sind versammelt, um die göttliche Kraft vom Ursprung allen Seins zu empfangen und uns durchdringen zu lassen. Wir schwingen uns ein in die ewigen göttlichen Gesetze des Kosmos, die um uns herum wirksam sind. Wir öffnen unsere Seelen der Liebe, dem Frieden und der Harmonie Gottes, wir spüren, wie die konstruktiven Kräfte in uns mächtig werden.«

Zum Schluß kommt das Entlassen, indem ich den Geistwesen danke:

»Ich danke allen Wesen für ihre Unterstützung und ihren Segen. Ich entlasse sie mit dem göttlichen Frieden im Herzen. Ziehet hin und seid gesegnet.

– So sei es!«

Machst du deine Rituale immer alleine?

Regelmäßig treffen wir uns auch zu fünft und machen Rituale im größeren Kreis. Manchmal gibt es ganz konkrete Anlässe, um durch unsere Gedanken etwas zu bewirken.

Kannst du nicht dasselbe bewirken, indem du weiterhin Gott anbetest?

Ich bete ja den göttlichen Ursprung allen Seins an. Da hat sich nichts verändert. Aber bei den Ritualen kann ich selber etwas tun. Kirche ist Hierarchie, man spürt den ursprünglichen Zusammenhang so wenig. Hier zu Hause nehme ich das selbst in die Hand, mache auch eigene Texte, spreche mit den Kräften, und die werden immer konkreter und intensiver. Die sonst so nebulösen Begriffe werden zu Personen, mit denen man reden kann, die einen unterstützen. Die Hexenreligion ist Rückbindung, ist Stärkung. Viele, die zum Psychiater gehen, haben ihren Kraftquell verloren. Ich habe ihn bei den Hexen wiedergefunden. Dieses Urvertrauen, sich in das Universum fallen lassen zu können.

Die moderne Hexe stellt für mich eine Frau dar, die eine Möglichkeit sucht, sich zu stabilisieren, sich zu stärken und gleichgesinnte Menschen zu finden. Zur Wiccabewegung bin ich gestoßen, als ich mit Alex Sanders ein Seminar machte. Allen gemeinsam ist, daß sie versuchen, ihr Inneres zu öffnen, und sehr ernsthaft ihre Rituale machen. Genau wie die katholische Kirche, die ja auch ihre festgefügten Riten hat, mit

Weihrauch zum Beispiel, um damit in bestimmte Bewußtseinszustände zu kommen. Wir stellen uns zwischen die Welten, um für eine gewisse Zeit das Göttliche in uns anzusprechen.

Woran liegt es, daß die Menschen jetzt dieses große Bedürfnis haben?

Das sind immer Wellenbewegungen. Nimm unsere Generation, der ging es finanziell nicht schlecht, aber irgend etwas fehlte. Die ursprünglichen Werte sind verlorengegangen. Bei mir ist eine große Sehnsucht nach der Wahrheit, die ihre Gesetze ewig hat, überall gleich ist, immer war und immer sein wird. Jeder muß in seinem kleinen Kreis, in den er gestellt ist, anfangen. Nach seinen Möglichkeiten – je nachdem, wie weit er entwickelt ist. Dann ist auch eine Weiterentwicklung der Welt möglich. Es gibt viele Menschen, die wollen die Welt verbessern, aber in ihren eigenen Dingen klappt es überhaupt nicht. Nur wenn du in dir selber ruhst und friedlich bist, dann wirkst du auch über dich hinaus harmonisch und ausgleichend. Wenn du selber voller Spannungen bist, wirkst du nach außen chaotisch. Deswegen sollte jeder versuchen, erst einmal zu seinem eigenen heilsamen Bewußtsein zu kommen. Nur daraus kann die Heilung der Welt erfolgen.

Bernd S., 50, Diplomingenieur, Hexenname: Merlin

»Das Problem in der Magie ist nicht, ob sie funktioniert, sondern daß sie funktioniert.«

Du bist leitender Angestellter in einem Chemiekonzern, und du bist Magier. Du bist Wiccainitiierter 1. Grades. Ein Raum in deiner Wohnung ist abgeschlossen, dort steht dein Altar. Du trägst einen Ring mit dem Pentagramm – trägst du den immer?

Nein, im Beruf nicht.

Führst du ein Doppelleben?

Ja, ich führe ein Doppelleben. 1958, gleich nach der Beendigung meines Studiums, trat ich in den Konzern ein. Zehn Jahre lang war ich völlig auf dem Industrietrip. Das war noch die Zeit vor den Studentenunruhen. Da war Aufbau, da sollte man etwas schaffen, Karriere machen, Geld verdienen. Und so bin ich auch erzogen worden. Neben meiner Arbeit studierte ich weiter Mathematik und theoretische Physik, brachte das in meinen Beruf mit ein und machte Karriere. Ich heiratete, wir bekamen zwei Kinder, wir bauten einen Bungalow…

Wann kamen dir die ersten Zweifel?

Ende der sechziger Jahre. Sicher mit verursacht durch die Studentendemonstrationen. Zweifel: Ist das, was du tust, eigentlich richtig? Zu machen, was machbar ist? Nur konsumorientiert leben? Es muß doch noch etwas anderes geben. Zuerst wurden Erinnerungen wach – ich bin irgendwann einmal katholisch gewesen –, und ich ging wieder in die Kirche als erster Versuch, etwas zu finden, das hinter unserer scheinbar so realen Wirklichkeit liegt.

Warum bist du mit der Kirche nicht klargekommen?

Weil sie nur vertritt, was ich ohnehin in meiner industriellen wissenschaftlichen Umgebung finde: Hierarchie, Machtstrukturen; der einzelne wird genauso ausgenutzt wie auch sonst. Das Metaphysische, was sie behauptet, ihren Gläubigen zu vermitteln, war mir nicht zugänglich. Die Kirche gibt sich heute mehr Mühe, als vor zwanzig Jahren. Aber was tut sie? Sie nimmt Anleihen bei anderen Kulturen wie den Meditationen aus dem asiatischen Raum. Ich bin dann aus der Kirche ausgetreten.

Gab es Auseinandersetzungen in der Familie?

Ja, natürlich. Meine Frau ist überzeugte Katholikin. Wir hatten endlose Diskussionen. Inzwischen leben wir getrennt.

Ich fing an, bewußt nach Möglichkeiten zu suchen, wie ich mein Leben nach eigenen Vorstellungen gestalten könnte, nicht nach denen anderer Leute oder Institutionen. Eines Tages stieß ich durch Zufall auf Bücher über Yoga. Was heißt hier Zufall, für mich gibt es inzwischen keinen Zufall mehr. Ich wurde etwas mit der Yogaphilosophie bekannt, die ja behauptet, daß man Körperenergie aktivieren kann. Zum ersten Mal tauchte der Begriff Meditation auf, und das interessierte mich. Da war offensichtlich etwas, womit man zu sich selber finden konnte. Nicht nach außen gehen, etwas machen, eine Ansicht vertreten, sondern einfach sagen: »Hier bin ich.« So kam ich mit dem Zenbuddhismus in Berührung und habe vier Jahre unter Anleitung eines japanischen Meisters Zenmeditation gemacht. Zu Hause habe ich mir einen kleinen Raum im Keller eingerichtet und habe morgens und abends meditiert. Was natürlich, gerade wenn man aus dem wissenschaftlichen Bereich stammt, etwas völlig Absurdes ist, dazusitzen und bewußt nichts zu tun, auch geistig nichts tun. Ich sitze da ganz klar, nicht etwa verschwommen oder weggetreten, sondern mit offenen Augen, in gerader Haltung und mache nichts.

War das ein wichtiger Schritt auf dem Weg zum Hexentum?

Es war einer der Schlüssel. Ich habe dabei gelernt, daß es tatsächlich Energien gibt, die im Körper kreisen. Plötzlich wurde ich sensibler für nicht vordergründige Dinge, die ich nicht sehen, anfassen, hören konnte. Informationen, die offensichtlich unterhalb der bewußten Wahrnehmungsschwelle liegen, wurden leichter zugänglich. Ich bekam einen neuen, ungeheuer sensiblen Zugang zur Natur. Wenn man mit halbgeschlossenen Augen durch den Wald geht, die Bäume förmlich spürt, bis man nicht mehr weiß: laufe ich selber, oder gehen die Bäume an mir vorbei? Was durch Zen initiiert worden ist, habe ich dann durch Aikido weiterentwickelt: diese Bewußtheit, diese Sensibilität, diese Klarheit auch in schneller Bewegung zu realisieren.

Hat sich das Schnellerwerden, Besserreagieren auch beruflich bei dir ausgewirkt?

Im Prinzip ja – aber ich habe diese Energien, die mir zuflossen, nicht dazu benutzt, um im Beruf weiter Karriere zu machen. Gut, ich brauche meinen Beruf, um mich und meine Familie zu ernähren. Aber ich kann mich jetzt auf das Maß zurückziehen, das für mich, für meine eigene Entwicklung notwendig und mit meiner Verantwortung für Frau und Kinder zu vereinbaren ist. Das Verlassen meiner Familie bedeutet nicht, daß ich keine Verantwortung mehr für sie habe. Ich wollte einfach mein Leben leben, meinen Weg gehen. Und das ist schwierig. In unserer Gesellschaft ist man am besten aufgehoben, wenn man sich schön anpaßt und tut, was von einem erwartet wird. Wie ich es auch früher gemacht habe. Nur, ich habe mich stark verändert. Die bürgerlichen Ideale sind nicht mehr die meinen. Die sind mir zu äußerlich, zu materiell. Welches Auto fahre ich? Wohin reise ich in Urlaub? Wohin gehe ich zum Essen? Diese Art von Information will ich nicht mehr. Das Wertesystem, das die Werbung vermittelt, ist völlig hohl.

Ich kenne die Spielregeln der Industrie, die Spielregeln der bürgerlichen Familie, das ist ein ganz bestimmter, recht eingeengter Bereich, in dem man sehr bequem leben und Karriere machen kann. Aber ich spürte immer stärker andere Energien in mir, spürte, daß im Unterbewußtsein etwas revoltierte und nach Neuem suchte, das mich weiterbrachte. Ich begann an Selbsterfahrungsgruppen teilzunehmen; erst später bekam ich Kontakt mit Wiccaleuten, machte Seminare bei Starhawk, lernte Magier kennen. Mir wurde schnell klar, daß ich auf diesem Weg weitergehen wollte. Wir sind hier ein kleiner Kreis von Leuten, die an Wicca und Magie interessiert sind, treffen uns regelmäßig jeden Mittwoch, manchmal auch am Wochenende draußen in der Natur. Wir haben auch Kontakte zu anderen Gruppen hier in der Gegend.

Was ist »Wicca«?

Wicca ist eine Naturreligion. Sie ist nicht hierarchisch. Es gibt keine besonders herausgestellten Persönlichkeiten, die Autorität für sich beanspruchen, keinen Guru, keinen Bischof, wie in der evangelischen und katholischen Kirche. Es gibt zwar Priester, also Leute, die sich nur mit Wicca beschäftigen, keine bürgerlichen Berufe ausüben, die ihren eigenen Coven haben und von Coven zu Coven reisen, um Leute zu unterweisen und zu initiieren. Aber ich möchte darin keine Hierarchie sehen.

Was ist ein Coven?

Ein Zusammenschluß von Leuten, die sich als Wiccas, als Hexen bezeichnen. Die meisten sind initiiert, müssen es aber nicht sein. Ein Coven hat maximal dreizehn Mitglieder, kann aber auch weniger haben. Es ist eine Gruppe, die sich zur Wiccareligion bekennt, sich regelmäßig trifft und zusammen arbeitet, also ihre Religion ausübt. Dieses Ausüben kann in einem Raum geschehen, wie hier in meinem Zimmer mit dem Altar, oder draußen in der Natur. Kirche, Tempel, oder wie du es nennen willst, ist im Idealfall immer die Natur, der Wald, ein Berg, ein See, das Meer. Wo die Elemente intensiv spürbar sind. Wicca will die Menschen lehren, wieder ein Gespür für die Natur zu erlangen. Will weg von der Anmaßung unserer Zeit, wir dürften nur nehmen und nehmen und könnten unseren Abfall wieder wegschmeißen, die Erde wird damit schon fertig werden. Wir sind doch selber Teil dieser Erde, sind aus ihr entstanden, kehren dahin wieder zurück, leben von ihr, von der Luft, vom Wasser, von den Früchten.

Wie wird man Mitglied im Wicca?

Die Einführung eines neuen Mitglieds in diese Religion, die Initiation, sagt ihm klar, du gehörst jetzt zu uns, wir zeigen dir alles, was wir tun, wir liefern uns dir ganz aus. Denn nicht nur im Mittelalter gab es Hexenverfolgungen. Sie gibt es auch heute noch – wenn sich auch der Druck vom körperlichen mehr zum psychischen Terror hin verlagert hat. Vom Coven aus gesehen ist die Initiierung eines neuen Mitglieds immer ein Risiko. Man öffnet sich, vertraut dem neuen Mitglied und kennt es vielleicht doch noch nicht so gut.

Welches Risiko liegt darin?

Daß der- oder diejenige nach außen geht und sagt, was wir machen.

Führst du dieses Gespräch deswegen nicht unter deinem Namen?

Das könnte ich mir überhaupt nicht leisten. Wenn du ein Buch herausbringst mit diesem Gespräch unter meinem richtigen Namen, mit meinem Wohnort, dann muß ich davon ausgehen, daß mein Arbeitgeber sagt, den Mann können wir in der Position nicht halten. Er vertritt Ansichten, die wir bei Leuten in verantwortlicher Stellung nicht tolerieren können.

Haben wir keine Religionsfreiheit?

Wicca ist eine Außenseiterreligion. Unser Motto ist: »Tue, was du willst.« Und in der Industrie wird erwartet, daß die Leute sich innerlich überzeugt zu dem Tun bekennen, das die Firma vorgibt, sich auch in ihren Gedanken damit zu identifizieren. Das tu' ich als Wicca nicht. Ich weiß, daß ich da zweigleisig fahre. Das ist auch mein Lebensproblem. Ich kann es mir nicht leisten, meinen Job zu verlieren. In genau dieser Gefahr stehe ich aber, wenn bekannt wird, daß ich Wicca bin. Der Konzern ist zu bürgerlich, zu patriarchalisch, zu katholisch in seiner Intoleranz, als daß er Außenseiter in seinen Reihen dulden würde.

Vielleicht auch nicht dulden kann, weil sonst sein Gebäude zusammenfällt.

Wenn ich im Kollegenkreis versuche, Fragen existentieller Art anzusprechen, etwa solche, die die Armut in der Welt betreffen und wodurch wir im Westen es eigentlich verdient haben, daß es uns materiell gutgeht, dann ernte ich ein verständnisloses Schweigen. Über Aktienkurse hätte es sofort eine tolle Diskussion gegeben. Mit Fragen außerhalb des vorgegebenen Schemas können sie einfach nicht umgehen. Sie sind total verunsichert, machen dicht, wollen damit nichts zu tun haben. Au weia, da ist einer, der denkt nicht in unserem Schema. Nach welchem denkt er denn? Was macht der eigentlich? Das ist doch sehr verdächtig. Mit dem will die Firma auf Dauer nichts zu tun haben. Das ist die Angst der Leute: Wenn sie verunsichert werden, schlagen sie um sich. Und deswegen führe ich dieses Doppelleben. Ich habe mehrere Ansätze gemacht, mich ganz auf die andere Seite zu Wicca zu stellen. Aber ich schaffe es im Moment noch nicht. Einfach aus finanziellen Gründen.

Ich möchte noch mehr über die Einführung in den Wiccakult wissen.

Es gibt drei Grade, in die Anhänger initiiert werden können. Da ist zuerst einmal die Person, Mann oder Frau, die den Coven ins Leben ruft, die Leute unterweist, Rituale mit ihnen macht. Wenn man einen innigeren Kontakt zum Coven bekommt, wird man von der Hohenpriesterin des Coven in den 1. Grad initiiert. Bei manchen Wiccas ist der 1. Grad die Voraussetzung dafür, daß man überhaupt an ihren Treffen und Ritualen teilnehmen darf. Andere, zum Beispiel Starhawk, sind da nicht so streng. Sie initiiert erst, wenn es sich erwiesen hat, daß die »Hexe« wirklich aus innerer Überzeugung heraus diesen Weg gehen will.

Durch die Initiierung wird ein Mensch in die Gruppe aufgenommen, den man schon einige Zeit kennt, dem man vertraut, bei dem man das Gefühl hat, daß er Wicca ernsthaft als Religion ausüben möchte. Zuverlässigkeit und Verschwiegenheit werden vorausgesetzt. Hohepriesterin ist diejenige, die den Coven leitet. Sie muß nicht unbedingt den 3. Grad haben. Sie wird von den Mitgliedern gewählt, kann auch wieder abgewählt und durch eine andere ersetzt werden, die inzwischen stärker geworden ist. Die Wiccareligion hat eine ganz lebendige Struktur mit starker Gruppendynamik. Die Hohepriesterin eines Coven ist meistens eine Frau, es kann grundsätzlich aber auch ein Mann einen Coven leiten.

Der 2. Grad ist eine Zwischenstufe, den Leute bekommen, die länger dabei sind. Wobei es immer schwer ist, von außen zu bestimmen, wie weit der andere innerlich ist. Die Einweihung zum 2. Grad kann nur durch jemanden erfolgen, der den 3. Grad hat. 3. Grad bedeutet, daß er oder sie ausschließlich als Wiccapriester(in) tätig ist und keinem anderen bürgerlichen Beruf mehr nachgeht. Mehr kann und will ich zum 3. Grad nicht sagen.

Gibt es bei der Initiierung einen Unterschied zwischen Gardnerian- und Alexandrian-Wiccas?

Bei den Gardnerians kommt ein Hoherpriester von außen in den Coven und führt die Initiierung durch. Ich selber bin von Alex Sanders initiiert, bin also kein Gardnerian. Von meiner Überzeugung, meinem Denken her und in meiner magischen Arbeit fühle ich mich jedoch bei Starhawk beheimatet. Die Ursprünge des relativ jungen Wiccakultes liegen in England und Irland. Überlieferte Fragmente der mittelalterlichen Hexentradition wurden vor allem von Alex Sanders und Gerald Gardner zusammengefaßt und zu einer Bewegung ausgebaut. Starhawk stammt aus Kalifornien. Sie bezeichnet sich selber als Hexe, was auch aus dem Titel ihres Buches hervorgeht: »Der Hexenkult als Urreligion der Großen Göttin«. Ich weiß, daß sie

Wicca-initiiert ist. Ihre Rituale und die Gardnerian- und Alexandrian-Rituale unterscheiden sich ein wenig. Die letzteren gehen stark in Richtung Zeremonialmagie. Sie arbeiten viel mit Stab, Kelch, Dolch und Pentagramm. Also mit den materiellen Symbolen der vier Elemente: Feuer, Wasser, Luft und Erde. Starhawk arbeitet mehr im Kreis, der durch die Teilnehmer gebildet wird. Auch mit Imagination und Trancen, mit Phantasiereisen und psychologischen Techniken. Sie geht das Jahresrad durch und vergleicht es mit den einzelnen Stadien eines menschlichen Lebens. Der Tod des physischen Körpers ist der Durchgang der Seele in eine neue Inkarnation. Sie ist stark feministisch ausgerichtet. Bei ihr ist die Frau mindestens gleichberechtigt, eigentlich höherstehend als der Mann. Im Gegensatz zu den Alexandrian-Wiccas, die eher patriarchalmännliche Züge haben. Das stört mich bei Sanders sehr. Er nennt sich selber »König der Hexen«, und das lehne ich ab. Nur durch einen Abbau des Patriarchats, durch einen Ausgleich der Polaritäten Mann/Frau – Feuer/Wasser kann auf unserem Planeten Harmonie entstehen.

Kannst du eine Initiierung beschreiben?

Ich kann meine eigene Initiierung 1. Grades durch Sanders beschreiben. Wir trafen uns in einem Steinzeitbauernhaus. Die Initiierung fand nackt statt. Wir haben ein Ritual gefeiert, haben die vier Elemente, die Göttin und den Gott – den »Gehörnten« – gerufen und haben einen Schutzkreis aufgebaut, um die Energie zusammenzuhalten und uns gegen störende Einflüsse von außen abzuschirmen. Dann sind wir paarweise, also immer eine Frau und ein Mann, initiiert worden. Wir sind an den Kreis herangetreten und formell aufgenommen worden. Die Frau durch Sanders selbst und die Männer durch seine Gefährtin. Wir sind insgesamt acht, die initiiert wurden in diesem Coven von zehn Leuten. Wir wurden gefragt, ob wir Wiccas werden wollten, ob wir uns den Schritt reiflich überlegt hätten, ob wir die Geheimnisse, Rituale etc.

des Coven unter allen Umständen wahren würden. Darauf wurde natürlich mit »Ja« geantwortet, und dann wurde die Aufnahme durch einen Kuß vollzogen. Die Feier war eine abendfüllende Zeremonie.

Ist die Einweihung vergleichbar mit der Konfirmation oder Taufe?
Bedingt ja. Es handelt sich um die Aufnahme in eine festgefügte Gemeinschaft von Menschen, die einer bestimmten Philosophie, einem bestimmten Glauben anhängen. Aber die Äußerlichkeiten sind völlig anders als bei einer Taufe oder Konfirmation in der Kirche: Das Ritual fand in einer sehr urwüchsigen Umgebung statt. Wir durften ein restauriertes Steinzeithaus in einem Freilichtmuseum benutzen. Ein offenes Feuer war die einzige Lichtquelle, der Rauch zog durch das Gebälk. Die Leute waren unbekleidet, trugen nur ihren Schmuck – einige ihre Amulette – und ihren Ritualdolch.

Nach der Initiierung wurde gesungen, getanzt, es gab Kuchen und Wein und Obst – es war ein *Fest!* Der Wiccakult ist nicht körperfeindlich eingestellt! Wir haben Sinne, haben Gefühle – warum soll man sich nicht etwas Gutes tun? Und wenn sich ein Pärchen mag, warum sollten die beiden nicht zärtlich zueinander sein, warum sollten sie sich nicht lieben?

Ist das auch bei deiner Initiierung geschehen?
Nein. Es ist ja wirklich nicht jedermanns Sache, sich vor fremden Leuten zu lieben. Und es wäre auch völlig falsch, wenn nun der Eindruck entstünde, Wicca sei gleichbedeutend mit Gruppensex. Was ich damit sagen will, ist nur, daß im Wiccakult Sexualität, und zwar vor allem in ihrem lustbetonten Aspekt, akzeptiert und integriert ist.

Hast du schon Sex im Ritual gemacht?
Ja, ich hatte einmal den Besuch einer Hexe – wir sind beide Wicca –, und wir haben zu zweit ein Ritual gemacht und uns dabei »geliebt«. Ich hasse den Ausdruck »Liebe machen«! Es trifft nicht im entferntesten das, was ich unter einem liebevollen, erotischen Zusammensein mit einer Frau verstehe.

Wie hast du Sexualität – oder Erotik, wenn dir das lieber ist – im Ritual erlebt?

Als eine sehr intensive und auch zwiespältige Erfahrung. Denn die feierliche Atmosphäre einerseits und dann die sexuelle Vereinigung mit der Frau machten mir die Negativprogrammierung durch meine Erziehung, auch und gerade durch die Kirche, bewußt. Für die dogmatische Amtskirche ist Sexualität a priori schlecht, und sie mit einer feierlichen Handlung, einem Ritual verbinden zu wollen ist für sie schlichtweg Blasphemie! Dabei sind die christlichen Kirchen ja nicht die einzigen Großreligionen. Die alten griechischen und minoischen Kulte hatten eine völlig andere Einstellung zur Sexualität. Und im tantrischen Buddhismus, im chinesischen Taoismus, auch im frühen Hinduismus wurde und wird Sexualität als Ritual zur Erlangung höherer Bewußtseinsebenen praktiziert.

Nun kann natürlich jeder erzählen, daß er initiiert worden ist. Erhält man ein äußeres Zeichen als Beweis?

Nein. Es ist ein starkes Erlebnis, das schwer zu beschreiben ist, weil es auf einer nichtverstandesmäßigen Ebene abläuft. Ich habe in dem Moment keine großartigen Erkenntnisse bekommen, es war mehr die Tatsache, den Schritt getan zu haben, das Bekennen zu dieser Religion: Ich gehöre jetzt dazu. Darin lag die Bedeutung.

Laß mich ganz praktisch fragen. Es gibt ja manchmal Rituale, wo Nacktheit angesagt ist. Wenn ich dann noch an ein altes Steinhaus denke, friert man dabei nicht?

Es war eine kühle Jahreszeit. Aber ich habe nicht gefroren. In dieser Situation liegt viel Energie. Die Spannung, die Erwartung, was geschehen wird, schafft eine eigene Atmosphäre. Die Dunkelheit, das Feuer, die sich grotesk bewegenden Schatten der Leute an der Wand, ihre Gesichter, das ist sehr intensiv. Kälte kommt da nicht auf – wenigstens nicht bei mir.

Welche Rolle spielt die Nacktheit im Wiccakult?

Man ist bei manchen Ritualen nackt, um einen intensiveren

Kontakt zu den subtilen Kräften und Schwingungen zu bekommen. Überleg doch, wie man sich auszieht, wenn man sich in die Sonne legt, wie das ist, wenn man im Freien den Wind, das Wasser, die Erde mit dem ganzen Körper spürt und erlebt. Dasselbe gilt für das Mondlicht. In diesen Ritualraum kann der Mond wunderschön hineinscheinen. Vollmond benutzen wir gerne, um uns nackt in das Licht zu legen, um mit dem ganzen Körper die Strahlen aufzunehmen. Rituelle Nacktheit hat also nicht unbedingt etwas mit Sexualität zu tun, wohl aber mit Sinnlichkeit und Sensibilität.

Die Tatsache, daß nackte Männer und Frauen im Kreis stehen, bewirkt jedoch eine Spannung, die in Richtung Sexualität geht, und bewirkt so eine Steigerung der psychischen Energie im Kreis. Aber es muß deshalb nicht zu sexuellem Geschehen kommen.

Was ist denn Sexualmagie?

Sexualmagie gehört zur Erfolgsmagie. Man will etwas erreichen bei einem Menschen, bei einer Unternehmung, in einem Rechtsstreit. Die magische Technik besteht darin, daß man sich den gewünschten Erfolg als bereits eingetreten vorstellt – möglichst klar und präzise – und dabei einen Orgasmus herbeiführt. Das kann alleine durch Masturbation oder mit einem Partner geschehen. Im Orgasmus wird eine sehr starke psychische Energie freigesetzt, die – geformt und gelenkt durch die Imagination – das magische Ziel erreichen hilft. Ich lehne für mich die Sexualmagie in dieser Form ab, praktiziere sie nicht, obwohl sie sicher eine sehr wirkungsvolle magische Technik darstellt. Aber mir ist die sexuelle Energie dafür zu schade.

Durch die Initiierung bist du eine »Hexe« geworden?

Ja, Hexe ist der übergreifende, übergeordnete Begriff. Auf der einen Seite Wicca, also die beiden Gruppierungen, die von Gardner und Alex Sanders ausgehen, auf der anderen Seite Starhawk, aber beiden gemeinsam ist der Begriff Hexe.

Warum taucht hier das Wort »Hexe« auf?

Ich glaube schon, daß es eine Verbindung zur mittelalterlichen Hexentradition gibt, selbst wenn sie nicht durchgängig nachzuweisen ist. Von überall kommen Bruchstücke hoch, die in die Naturreligion des Wicca oder des Hexenkultes mit einfließen. Hexe gleich weise Frau. Es gab damals Riten, ein Wissen um die Kräfte der Natur, der Heilkraft und der Magie.

Man darf dieses nicht mit dem Schicksal der unglücklichen Frauen verwechseln, die während der grauenhaften frühneuzeitlichen Hexenverfolgungen von der Kirche auf bestialische Weise zu Tode gemartert wurden. Die wenigsten von ihnen waren wirklich Hexen – die überwiegende Zahl waren ganz normale Bürgerfrauen, die der Hysterie dieser Zeit zum Opfer fielen.

In der Hexentradition bekam ein junges Mädchen von einer älteren Frau Wissen übermittelt, das aus alter Zeit stammte. In dieser Tradition sehen wir uns, und deswegen das Wort Hexe.

Du hast Yoga gemacht, hast dich mit Zen und Aikido beschäftigt, warum bist du beim Hexenkult hängengeblieben? Weil er im Moment Mode ist? Findest du es chic, Hexe zu sein?

Etwas chic finden heißt doch, daß ich es anderen zeigen kann, damit ich angeben kann. Ich könnte gar nicht damit angeben, selbst wenn ich es wollte, weil nur sehr wenige Menschen um mein Hexesein wissen. Wenn ich meine Entwicklung in mir nicht zulassen würde, geriete ich ja in eine Erstarrung.

Ich bin vor vier Jahren initiiert worden. Bei der Beschäftigung mit Wicca und mit der Magie habe ich die Welten kennengelernt, die in uns sind. Was uns Wissenschaftler und Politiker erzählen, ist nur der materielle Aspekt unserer Welt, das, was fest und greifbar ist. Aber wir haben in uns ein Universum von Möglichkeiten. Alles, was wir uns vorstellen – imaginieren – können, ist in uns real. Imagination – darin steckt schon das Wort Magie. Ich kann mir damit Welten erschließen, die mir mit meinem normalen Bewußtsein verschlossen bleiben, die für mich aber sehr wirklich sind.

In der sogenannten wissenschaftlichen Denkweise wird strikt behauptet, was ich nicht klar sehen, beweisen, definieren und reproduzieren kann, gibt es nicht. Das existiert nicht, und wer es doch behauptet, ist ein Phantast und Spinner. Damit wird von vornherein jeder abqualifiziert, der wissenschaftliche Arbeitsweise in Frage stellt. Doch heute haben viele Menschen den Mut zu sagen, was uns die Wissenschaft bringt, ist zwar beeindruckend, ihr habt hervorragende Ergebnisse, aber alles könnt ihr eben doch nicht erklären.

Funktioniert Magie?

Das Problem ist nicht, ob Magie funktioniert, sondern daß sie funktioniert.

Wir machen immer Magie, täglich, alle! Aber die Menschen sind sich dessen nicht bewußt. Sie haben keine klaren Vorstellungen von dem, was sie wirklich wollen. So chaotisch, wie es in ihren Köpfen zugeht, schaut auch ihre Umwelt aus. Sie können nicht verstehen, daß jeder selbst mit seinem Bewußtsein seine Umwelt gestaltet. Täglich, immer wieder neu. Dabei liegt darin eine unendliche Chance. Erfolgreiche Leute wissen oft intuitiv um diese Zusammenhänge und wenden sie unbewußt an.

Es gibt große Magier in der Politik, der Wirtschaft, der Industrie, auch in der Wissenschaft – sie wissen es nicht. Und wenn man es ihnen sagte, würden sie es als absurd und lächerlich von sich weisen.

Magie hat immer ein wenig den Geruch von Bösem, Geheimnisvollem, Verbotenem.

Das ist kein Wunder! Die Magie wurde jahrhundertelang nur in ihren negativen Aspekten dargestellt. Magie ist des Teufels – predigte die Kirche, und wenn in den Medien dieses Thema behandelt wird, geschieht es genauso einseitig. Man will Sensationen – also bringt man düstere Bilder, unheimliche, unverständliche und unverstandene Symbole, Andeutungen…

Magie ist doch nicht dazu da, anderen Schaden zuzufügen.

So zu denken ist kindisch. Magie ist ein Weg zur Selbsterkenntnis, zur Erweiterung des eigenen Erfahrungsbereichs.
Eine Möglichkeit – um das Wort Technik bewußt zu vermeiden –, mehr über mich und meine nichtmaterielle Umgebung
zu erfahren; mir andere, innere Welten zu erschließen durch
Träume, Imaginationen und Trancereisen.

Wie hältst du es mit der Schwarzen Magie?

Erfolgsmagie, also irgend etwas ganz konkret erreichen zu
wollen, spielt eine ziemlich untergeordnete Rolle. In dem Sinn
ist Magie eine Technik, ein Hilfsmittel, vergleichbar mit einem
Messer. Ein Messer ist ein nutzvoller Gegenstand, um Brot zu
schneiden. Wenn ich aber einem anderen die Kehle damit
durchtrenne, ist es etwas Schlechtes. So ist es auch mit der Magie. Wenn ich bewußt einen anderen beeinflusse, etwas zu tun,
was er eigentlich nicht will, mir aber nützt, das ist Schwarze
Magie. Und die lehne ich auf jeden Fall ab.

Kannst du Schwarze und Weiße Magie immer so leicht trennen?

Um ehrlich zu sein, in den Anfängen habe ich auch einmal versucht, einen anderen Menschen gegen seinen Willen zu beeinflussen. Es ist auch gelungen. Es sind Techniken, die wirklich
funktionieren. Aber es bringt nicht weiter, es kommt doppelt
und dreifach zurück. Die Erfahrungen habe ich gemacht, und
deswegen lasse ich die Finger davon. Auch der Voodoo-Zauber
funktioniert ja nachgewiesenermaßen. Er wird oft für schwarz-
magische Zwecke eingesetzt, um anderen zu schaden.

Wir gehen jetzt in deinen Ritualraum. Am Eingang hängt ein pur-
purroter Samtvorhang, der den Raum vom Vorraum abtrennt.

Wir versammeln uns im Vorraum, trinken Tee zusammen und
erledigen den Alltagsklatsch. Das machen wir bewußt, damit
möglichst keine Energien in das Ritual mit hineingenommen
werden, die wir nicht haben wollen. Dann wird der Vorhang
hinter uns geschlossen. Die vier Kerzen werden angezündet:
im Osten eine weiße Kerze unter dem Symbol für das Element
Luft, im Süden eine rote Kerze unter dem Symbol des Feuers,

im Westen eine blaue Kerze unter dem Symbol des Wassers und im Norden eine schwarze Kerze unter dem Erdensymbol. Diese Symbole an den Wänden habe ich selber gezeichnet. Die vier Pflanzen jeweils in den Ecken sind für mich wichtig, damit ich etwas Lebendiges im Raum habe. Pflanzen sind Lebewesen, ich liebe sie, ich hoffe, sie lieben mich auch. Der Altar, wie er hier aufgebaut ist, steht noch von vorgestern, da hatten wir eines der höchsten Wiccafeste, Halloween, in der Nacht vom 31. Oktober zum 1. November gefeiert.

Ein kleiner Tisch, bedeckt von einer großzügig fallenden blauen Samtdecke, eine dicke rote Kordel...

Die Kordel soll den besonders geschützten Bezirk um den Tisch und um die magischen Werkzeuge kennzeichnen. Zwei Kerzen auf dem Alter, eine schwarze und eine weiße Kerze, stehen für Licht und Schatten, für männlich und weiblich, stehen für die Gegensätzlichkeit. Diese kleine Zimbel benutze ich manchmal, um Abschnitte in der Abfolge der Handlungen im Ritual zu kennzeichnen, auch um das Ritual klanglich zu strukturieren. Meistens improvisiere ich meine Rituale. Ich habe zwar einige festgelegte Texte, ein ungefähres Konzept, wie es laufen könnte, aber ich überlasse mich dann voll der Intuition. Ich habe eine Technik, mit der ich relativ rasch in eine leichte Trance komme, und dann geschieht das, was geschehen soll, und ich lass' es einfach zu. Ich bin dabei ganz spontan und locker. Es ist nicht wie bei einem Logenritual, wo jede Bewegung und jeder Text genauestens vorgeschrieben wird.

Dann liegen hier auf meinem Altar die magischen Werkzeuge, die sich jeder im Laufe der Zeit zulegt. Das wichtigste ist der Dolch oder das Schwert als Symbol des Elements Luft. Es steht für gedankliche Klarheit, für Logik, für Verstand, auch für Schnelligkeit. Mit diesem Dolch werden Pentagramme in die vier Himmelsrichtungen gezogen, um den Schutzkreis aufzubauen. Mit der Spitze des Dolches ziehe ich den magischen Kreis, der zwei Funktionen hat: Er soll Kräfte, die von außen kommen und nicht ausdrücklich gerufen sind, abhalten; auf der anderen Seite soll die Energie, die im Ritual aufgebaut wird, im Kreis bleiben und nicht nach außen wegfließen. Für das Element Wasser steht der Kelch, weiblich aufnehmend, formend, für Intuition, für Gefühl, für Gebären, für das Schöpferische. Dann der Stab, das Symbol für Feuer, für den Phallus, Energie, die nach außen drängt, sich hinausschleudert. Feuer ist die männliche Kraft, die einfach explodiert, Energien, Ideen erzeugt.

Im Wiccaritual ist ja eine starke sexuelle Komponente enthalten. Die Priesterin kommt mit dem Kelch vom Westen und der Priester mit dem Stab vom Osten. Der Kelch ist gefüllt mit Wasser und Wein. Der Priester führt den Stab in den Kelch ein als sexuelle Symbolik. In manchen Wiccaritualen wird das echt in Form der geschlechtlichen Vereinigung vollzogen.

Wie du es auch manchmal machst.

Ich habe es einmal gemacht. Man macht ein Ritual nicht immer, um etwas ganz Bestimmtes zu bewirken. Man kann es auch machen, weil es schön ist. Es ist schön, zusammen zu feiern, die Kräfte zu rufen, sie zu spüren, die Verbindung mit der Natur herzustellen, und wenn man sich mag, warum soll man nicht miteinander schlafen. Die geschlechtliche Vereinigung zweier Menschen ist *die* schöpferische Kreativität.

Wer nicht verstehen kann, daß Sexualität in einem Ritual durchaus ihren Platz haben kann, hat sich mit der Materie nur sehr oberflächlich befaßt. Oder er hat eine recht niedere Auffassung von Sexualität im Sinne schneller eigener Lustbefriedigung etwa auf dem Niveau der Pornographie. Symbolisch macht man die geschlechtliche Vereinigung öfter, symbolisch ist auch der sogenannte fünffache Kuß. Wenn die Hohepriesterin eintritt, wird sie von dem Priester durch den fünffachen Kuß begrüßt: Er kniet vor ihr nieder und küßt ihre Füße, ihre Knie, ihren Schoß, ihre Brüste und ihre Lippen und spricht dazu:

»Gesegnet seien deine Füße, die dich hierhergebracht haben.

Gesegnet seien deine Knie, die vor dem heiligen Altar knien sollen.

Gesegnet sei dein Schoß, ohne den wir nicht wären.

Gesegnet seien deine Brüste, die in Schönheit geformt sind.

Gesegnet seien deine Lippen, die die heiligen Namen aussprechen sollen.«

Die Bedeutung des fünffachen Kusses ist offensichtlich: Es soll die Frau geehrt werden, die hier als Hohepriesterin, stellvertretend für die Göttin, im Ritual anwesend ist.

Dieses Pentakel auf meinem Altar ist das Symbol für die Erde, magisches Werkzeug, um die Kräfte des Elementes Erde zu fixieren und zu konzentrieren. Wichtig ist, daß alle diese Gegenstände keinen Wert an sich haben. Nur weil ich viel damit arbeite, merke ich, wenn ich den Dolch in die Hand nehme, wie ich in einen bestimmten Zustand hineinkomme. Die Gerätschaften dienen als Auslöser, um etwas zu bewirken. Der Weihrauch hier, den ich selber mache, hat eine ähnliche Funktion. Wenn man immer denselben Weihrauch vor derselben Handlung benutzt, wird die Psyche in einer ganz bestimmten Weise konditioniert.

Magie funktioniert nur, wenn ich mit meiner Konzentration, meiner inneren und geistigen Kraft voll dabei bin. Indem ich eine Kerze anzünde, Weihrauch verbrenne oder mit dem Dolch herumhantiere, geschieht gar nichts. Magie ist das Wirksamwerden des Willens oder der geistigen Kraft nach außen, eine Möglichkeit zur Selbsterfahrung in dem Sinne, daß ich mir neue innere Räume, Vorstellungsräume, Kreativität und Spiritualität erschließe.

Du hast im Ritualraum ein Bild aufgestellt. Im Inneren steht: »Tu, was du willst!«

Das zentrale Motto der Wiccabewegung. Tu, was du willst! heißt nicht, tue, was dir gerade einfällt, wozu du gerade Lust hast, morgen tust du etwas anderes. Gemeint ist damit der heilige Wille, deine Lebensaufgabe zu finden, nach dem Motto: Erkenne dich selbst. Das Ziel der Magie ist es nicht, ein bißchen herumzuzaubern, oder weil es schön ist und Spaß macht, sondern zu erkennen, was ist eigentlich meine Aufgabe hier in dieser Existenz, wie finde ich meinen wahren Willen. Es ist ein Meditationsbild, in das ich Dinge gemalt habe, die mir wichtig sind wie die Tarotkarten.

Woher weißt du, was dein wahrer Wille ist?

Dafür gibt es kein absolutes Kriterium. Stehe ich vor einer schwierigen Entscheidung, so gehe ich in Trance und versuche, mich da ganz in die Situation hineinzubegeben, die entstehen würde, wenn ich mich in bestimmter Weise entscheide. Ich versuche diese Situation mit allen Gefühlen, allen Konsequenzen intensiv und bildhaft zu erleben.

Dann verfahre ich ebenso mit der anderen Entscheidungsalternative. So kann ich dem Entscheidungsprozeß Informationen aus Bereichen hinzufügen, die dem Verstand nicht zugänglich sind. Aber ein absolutes, allgemeinverbindliches Kriterium gibt es nicht. Für mich persönlich habe ich hier auf dieser Tafel eine Reihe von Grundsätzen aufgeschrieben, die für mich sehr wichtig sind. Es sind Sätze, die vielleicht sehr anmaßend klingen, weil sie zum Teil auch einen Zustand beschreiben, der noch nicht realisiert ist. Es ist die Richtung, in die ich gehen will. Sie sollen das Ideal beschreiben, das ich anstrebe:

»Ich bin ein freier, lebendiger und zärtlicher Mann, und meine Hauptstärke ist Ehrlichkeit. Ich sehe klar, bin der Meister meines Lebens, frei, meine eigenen Entscheidungen zu treffen. Dieses ist ein reiches Universum, und es ist mehr als genug da für dich und mich. Ich bin ein kreatives und intelligentes Genie, das mit jedem Tag mehr und mehr erwacht. Ich vertraue meinem intuitiven Wissen. Ich bin reich, gesund, glücklich und erfolgreich in allem, was ich tue. Ich bin am richtigen Platz zur richtigen Zeit mit allem, was ich brauche. Menschen lieben, schätzen und unterstützen mich. Ich sehe Wunder in mir, in anderen und in der Welt um mich herum. Ich kommuniziere klar und effektiv. Es ist o. k. für mich, wenn ich nein sage. Ich mache es leicht und verwende es. Es ist o. k. für mich, nach dem zu fragen, was ich will. Es ist o. k. für mich, wenn andere mir nicht zustimmen. Es ist o. k. für mich, meinen Standpunkt zu haben. Ich muß ihn nicht verteidigen. Es ist o. k. für mich, wenn andere versuchen, mich ins Unrecht zu setzen. Ich bin perfekt richtig, wie ich bin. Es ist o. k. für mich, Spaß zu haben, mich zu erfreuen, und ich tue es. Mit jedem Tag manifestiere ich immer größeres Wachstum. Ich bin Merlin, der Magier, und meine magischen Kräfte und Fähigkeiten wachsen von Tag zu Tag.«

Mein magisches Motto lautet: »Tu, was du willst!«, und mit jedem Tag erkenne ich klarer meinen wahren Willen und verwirkliche ihn mit allem meinem Denken und Tun.

Das letzte steht zwar nicht auf der Tafel, aber es gehört mit dazu.

Du sagst, daß du deinen wahren Willen durch Trancen erkennst. Was ist eine Trance?

Ich möchte sagen, was sie nicht ist. Es ist nicht irgendein Dämmerzustand, etwas Diffuses, außerhalb jeder Kontrolle, sondern vielmehr ein sehr klarer, wacher Bewußtseinszustand. Aber im Gegensatz zum normalen Alltagsbewußtsein, das nach außen in die materielle Welt gerichtet ist, verstehe ich unter Trance ein Wachsein nach innen, dem inneren Erleben und Geschehen zugewandt. Ich selber habe mir die Trancetechnik angeeignet, indem ich zu einem Hypnotiseur gegangen bin und mich von ihm in eine sehr tiefe körperliche Entspannung habe versetzen lassen. Von außen kamen keine Eindrücke mehr an mich heran. Wenn ich ein Geräusch höre, messe ich diesem Geräusch keinerlei Bedeutung bei, wende meine Gedanken nicht dahin, sondern lerne, trotz einer Störung bei mir zu bleiben. Ich habe das konsequent über zwei Jahre lang zweimal am Tag geübt und habe immer darauf geachtet, daß ich dabei klar blieb. Ich kann heute meinen Körper in völlige Entspannung bringen, die sich wie Schwerelosigkeit anfühlt. Man kann diesen Zustand benutzen, um Trancereisen zu machen.

Wir machen oft Trancereisen in die vier Elemente; wir reisen in Felsen, in Bäume, in ferne Länder, in phantastische Welten, in andere Zeiten. Ich stelle mir vor, daß ich in das Element Wasser gehen möchte; stelle mir das Pentagramm des Elements Wasser vor, gehe da hindurch, sehe das Meer, gehe dann unter Wasser, finde da Städte, Tempel, Pyramiden, Wesen, die im Wasser leben. Ich kann in dieser Welt leben, mich mit ihren Bewohnern unterhalten, ihnen Fragen stellen, sie um Hilfe, um Kraft bitten, an ihrem Wissen teilhaben. Genauso kann ich in Feuer-, Erd- oder Luftwelten gehen und mir diese erschließen. Wenn wir gemeinsam in Trance sind, unterhalten wir uns über die Bilder, die in uns entstehen. Die Reise setzt sich dann nicht nur aus der Vorstellung des einzelnen, sondern aus den Bildfragmenten zusammen, die jeder aus seiner Imagination beisteuert. Dadurch bekommt das Ganze eine ungeheure Dynamik. Die Bilder werden farbig, die Erlebnisse sehr intensiv. Wir haben schon die tollsten Abenteuer erlebt.

Sind die Trancereisen gefährlich? Kann man wieder unbeschadet zurückkommen, wenn man will?

Ich suche mir die Leute schon aus, mit denen ich so etwas mache. Es ist nichts für jemanden, der seelisch instabil ist, unter starken Angstzuständen oder Depressionen leidet. Die Gefahr, daß einer ausflippt, möchte ich nicht provozieren. Bekommt ein Teilnehmer einer solchen Reise Angst, dann kann er es sagen, dann gehen wir nicht mehr weiter, sondern treten den Rückweg an. Hinterher, wenn wir aus der Trance zurückgekehrt sind, können wir uns ausgiebig über unsere Erlebnisse und unsere Ängste unterhalten und sie in bezug zu unserer Persönlichkeit und zu unseren Lebensumständen bringen.

Was machst du mit jemandem, der das erste Mal dabei ist?

Wenn jemand neu in die Gruppe kommt, unterhalte ich mich zuerst mit ihr oder ihm. Man muß sich in eine Wiccagruppe oder auch in eine magische Gruppe ganz einbringen. Ich lasse die Leute erzählen, höre mir ihre Probleme an. Manchmal hörte ich einen ganzen Abend lang nur zu. Schlechte Energie soll abfließen können, Vertrauen muß wachsen, Öffnung muß möglich werden. Erst dann fange ich langsam mit ganz leichten Trancen an. Bei den ersten Trancen merke ich schon, ob der andere Angst hat oder zaudert. Dabei muß ich natürlich ganz klar und bewußt sein.

Damit hast du eine große Verantwortung.

Ja, ich bin zwar selber in Trance, aber ich muß immer mitbekommen, was sonst noch läuft. Wenn ich merke, daß jemand Angst hat oder daß die Sache zu intensiv, zu stark wird – und die Energie ist manchmal sehr stark –, dann führe ich zurück und sage, die Zeit ist jetzt um, ich sehe unser Pentagramm wieder leuchten, wir gehen zurück, gehen alle durch das Pentagramm. Jetzt machen wir ein paar kräftige Bewegungen mit Armen und Beinen und atmen tief durch und sind wieder in unserer vertrauten Umgebung.

Die Kirche schreibt schon böse Artikel gegen Wicca.

Natürlich ist die Kirche gegen Wicca. Wir sind verlorene Schäfchen für sie – denn wir erlauben es uns, unsere eigene Religion zu haben, nach unserem eigenen Willen zu leben, eine Göttin anzubeten und unsere eigene Form der Verehrung – unsere eigenen Rituale – zu zelebrieren. Das sind nach Ansicht der Kirche schlimme Vergehen, die mit allen Mitteln bekämpft werden müssen, mit Diffamierung, Verleumdung, absichtlich falscher Darstellung.

Aber auch der Staat und unsere Gesellschaft betrachten Wiccas, sofern sie davon erfahren, mit größtem Mißtrauen. Was man nicht versteht, nicht verstehen kann oder will, macht angst. Was angst macht, wird am besten vernichtet. Das war im

Mittelalter so und ist heute nicht anders. Wiccas sind zweifellos Heiden, die neuen Heiden, wie es oft heißt.

Ist Wicca eine Sekte?

Nein, Wicca ist eine Religion. Eine Sekte grenzt sich als Organisation stark nach außen ab, die Mitglieder zeigen sich wie bei Bhagwan in ihren roten Kleidern oder mit der Mala mit dem Bild Bhagwans. Sekten sind das Gegenteil von Wicca. Sie sind patriarchalisch und hierarchisch auf eine Person bezogen, auf einen Mann, den sie als geistigen Führer anerkennen, dem sie meist blind und unkritisch abnehmen, was er sagt. Da liegt auch der Unterschied zu den verschiedenen Logen. Freimaurerlogen und auch magische Logen sind streng hierarchisch aufgebaut, und die patriarchalische Grundhaltung ist sehr ausgeprägt. Lange wurden Frauen in Freimaurerlogen nicht aufgenommen. Dann blieben vielfach die sogenannten Hochgrade Männern vorbehalten. Aber diese Orden und Logen sind überholt, es gibt heute kein geheimes Wissen mehr, das hier überliefert wird.

Wir sind kleine, individuelle Gruppen, die untereinander nur eine sehr lose Verbindung haben. Manchem »Buch der Schatten«, das du bei der Initiierung erhältst, ist der Satz vorangestellt: »Wisse, daß du nie allein bist.« Ich kenne andere Leute, die ähnlich denken, fühlen, arbeiten, lieben wie ich. Es ist ein schönes Bewußtsein, und es gibt Kraft, daß ich mich mit meinen Freunden mindestens einmal wöchentlich treffe und daß ich bei Wiccas in anderen Städten willkommen bin. Man trifft sich auf Seminaren wieder, das ist schön.

Ich bin ein Mensch, liebe meinen Körper, ich liebe gern, ich esse gern, ich feiere gern, ich trinke auch gern ein Glas guten Wein, ich bin gern mit anderen Menschen beisammen. Im Ritual erlebe ich in fröhlicher, herzlicher Form die Gemeinschaft. Wir singen, wir beschwören die Elemente in unserem Kreis, wir feiern Erntedank, wir haben Früchte, Wein und Brot, machen ein schönes Festmahl.

Wie sieht dein »Buch der Schatten« aus?

Alex Sanders hat uns sein »Buch der Schatten« gezeigt. Wir konnten uns abschreiben, was wir wollten. Ich habe mir im Laufe der Zeit mein eigenes »Buch der Schatten« erarbeitet. Das muß jede ernsthafte Hexe tun. Es ist ein dickes, schwarzes Ringbuch, in dem ich alles zusammengetragen habe, was für mich magischen Wert hat: die Bedeutung des Pentagramms, die Anrufungen der Elemente, Zuordnungen der Charaktere zu den Elementen, Elementmagie, ein Wiccaritual, seltene Tarotkarten, mein Horoskop ist darin, schöne Darstellungen der Sternenbilder in bezug auf Tarotsymbole, Planetenrituale, Planetenhexagramme, Anrufungen von Planetenkräften. Das Buch ist immer in Bewegung, es wächst in dem Maße, wie neues Wissen dazukommt, wie ich mich weiterentwickle.

Hast du von Alex Sanders auch deinen Hexennamen bekommen?

Nein, den habe ich auf einem Seminar mit Starhawk angenommen. Am Anfang ihrer Seminare erzählt jeder aus seinem Leben und über seine Interessen. Die anderen geben ihm dann einen Namen, wobei er jedoch ein Mitspracherecht hat.

Und warum Merlin?

»Merlin« ist eine legendäre Gestalt, die in der Artus-Sage als dessen Berater im alten Britannien eine Rolle gespielt hat. Vielleicht ist es auch ein Titel. In dem Buch »Die Nebel von Avalon« wird Merlin sehr schön dargestellt. Er ist der Priester, der das alte magische Wissen bewahrt und weitergibt, der in Zeiten der Not helfend da ist, aber immer im Hintergrund wirkt, nie eigentliche Macht ausübt. Im weltlichen Bereich ist dies Sache des Königs, im religiösen Bereich steht die Hohepriesterin an erster Stelle. Auch sie übte mitunter weltliche Macht aus, denn sie weiß mehr aus ihrer Intuition heraus und erkennt hellsichtig, welche Entscheidung richtig ist.

Frauen haben von ihrer Natur her einen viel direkteren Zugang zur Magie. Was einer Frau wie selbstverständlich gelingt, muß sich ein Mann oft mühsam erarbeiten. Wenn eine Frau einmal erfahren hat, daß sie sich auf ihre Intuition, auf ihre Gefühle und Ahnungen verlassen kann, ist sie auf dem besten Wege, eine gute Magierin zu werden. Männer haben die größeren Schwierigkeiten, weil sie zu sehr mit dem Verstand arbeiten.

So ist ein Kennzeichen von Wicca, daß hier der Frau die Stellung eingeräumt wird, die ihr von Natur aus zusteht. Deswegen hat Wicca so viel Zulauf von Frauen. Sie erleben bewußter, wie sie durch die Männer unterdrückt und ausgebeutet werden. Im Wiccatum sehen sie eine Möglichkeit, Gleichgesinnte zu finden, die sich gegenseitig unterstützen, moralisch und physisch stärken. Ich passe nicht so ganz in das bei uns gängige Männerschema. Ich fühle und empfinde schon als Mann, ich fühle mich auch wohl als Mann, möchte nicht Frau sein, aber ich kann Frauen gut verstehen. Ich weiß von Berichten aus Frauenhäusern, wie sehr Frauen unterdrückt werden. Es werden nicht nur Arbeiterfrauen geschlagen und geprügelt. In den sogenannten gehobenen Kreisen ist das nicht besser. Es geht quer durch alle Schichten. Meistens weiß man es nicht, weil die Betroffenen sich schämen, darüber zu sprechen. Hier liegt meine Kritik an unserem System.

Ob es die Kirche ist oder der Staat, die Industrie oder eine Loge, sie alle haben eine patriarchalische und hierarchische Struktur, die den natürlichen Gegebenheiten und Voraussetzungen nicht gerecht wird. Die Kräfte zwischen Mann und Frau müssen ausgewogen, gleichwertig sein. Einige feministische Gruppen gehen da allerdings zu sehr ins andere Extrem. Hier gilt nur noch die Frau. Sie wollen überhaupt keine Männer mehr sehen. Wenn ein Mann in den Versammlungen auftaucht und es wagt, seine Stimme zu erheben, wird ihm sehr drastisch gezeigt, daß er hier stört. Vielleicht wird es auch im Wicca eine neue Strömung geben, in der Männer unerwünscht sind.

Teile der ökologischen Bewegung kommen ja auch zu Wicca?

Wir müssen endlich bewußter und verantwortlicher mit der Erde umgehen. So wie viele Männer ihre Frauen behandeln, so behandeln sie auch Mutter Erde: Sie wird ausgebeutet und vergewaltigt. Dazu ein neues Bewußtsein zu entwickeln, die Öffentlichkeit darauf hinzuweisen, daß wir nicht noch lange so eigennützig mit unseren Reserven umgehen dürfen, ist ein Verdienst der ökologischen Bewegung. Und es ist klar, daß sie sich hier mit den ohnehin naturverbundenen Wiccas trifft.

Aber in der ökologischen Bewegung wird schon wieder übertrieben. In den sogenannten Naturkostläden werden bereits Geschäfte daraus gemacht. Die leben von der Angst der Leute. Jetzt wird gesagt, nur die biologisch-dynamisch angebauten Nahrungsmittel sind gut, und alles andere ist schlecht.

Das ist Schwarzweißmalerei, das stimmt nicht. Ein Beispiel: In der Himbeere, wie sie draußen im Wald wächst, weit ab von jeder Autobahn, von jedem Kunstdünger, von jedem Feld, das vielleicht mit Unkrautvernichtungsmitteln besprizt worden ist, in dieser Himbeere sind Stoffe, die würdest du heute für Lebensmittel nie zugelassen bekommen. Die Himbeere enthält krebserregende Stoffe in beachtlichem Maße, aber eine biologisch-dynamisch angebaute Himbeere darfst du nach deren Auffassung jederzeit essen. Das ist Humbug. Viel schlimmer ist es, wenn der Boden durch Monokulturen einseitig genutzt und jeglicher Lebendigkeit und Regenerierungsfähigkeit beraubt wird.

Wicca will sich wieder einfügen in die Gesetze der Natur, Demut haben. Ich kann versuchen, eine Bewußtseinsveränderung auch bei anderen herbeizuführen, indem ich an mir selber arbeite und anderen einen Anstoß zum Nachdenken gebe.

Kann der Rückzug auf die Selbstbestimmung nicht gefährlich werden, wenn man Spiritualität für ein mögliches Mittel gegen Gewalt hält?

Ich sehe Wicca nicht als Rückzug aus der Welt, denn ich übernehme durchaus die Verantwortung für andere Menschen, beteilige mich im Rahmen des Notwendigen an meinen bürgerlichen Pflichten, zahle Steuern, respektiere die Rechte anderer. Ich beteilige mich allerdings nicht aktiv am politischen Geschehen, weil ich da keine Möglichkeit der Einflußnahme sehe.

Wenn ihr euch hier trefft, tut ihr etwas für euch selbst. Solltet ihr eure Energien nicht nehmen und sie gegen Baumsterben oder Weltraumkrieg einsetzen?

Jeder lebt in der Umgebung, die er sich selber schafft. Veränderungen herbeiführen kann wahrscheinlich niemand, das System hat eine zu starke Eigendynamik. Es wird sich in die Richtung weiterentwickeln, die die Summe der Geisteskräfte aller Menschen auf Erden schafft. So wie ich mit meinen Geisteskräften mein Umfeld schaffen kann. Jeder muß bei sich selber anfangen.

Du hast hier einen Stapel von Zeitschriften, die »Wicca News« in deutscher Sprache. Weißt du etwas über die Verbreitung des Kultes bei uns?

Ich weiß, daß es in Deutschland viele kleine Gruppen gibt. Aber da sie nicht an die Öffentlichkeit gehen, ist es schwer, eine Zahl zu nennen. Ein Freund sagte einmal, ihr seid ein anarcho-individualistisches Völkchen. Ich beziehe die »Wicca News« nur, um Informationen über die Szene zu haben, was da läuft.

Gibt es in Deutschland eine Wiccaszene?

Die gibt es zweifellos. Ich weiß um Gruppen in Worms, in Detmold, in Bielefeld, in Holzminden, in Siegen, in Fulda, in Berlin, in Bremen... Man muß vorsichtig sein, denn es gibt auch Leute, die den Zugang zu Wicca suchen, weil sie sich davon Sexorgien versprechen. Vor solchen Zeitgenossen muß man sich schützen. Möglicherweise bezeichnen sich einige als Wicca und machen Sexorgien, um dadurch Leute, die auf so etwas abfahren, anzulocken. Gewisse Fernsehberichte provozieren so etwas, die züchten das geradezu heran. Aber für Deutschland

Zahlen zu nennen, traue ich mir nicht zu. Ich kann nur sagen, daß es einen enormen Zulauf gibt.

Aus Lebensangst? Gibt es diese Woge von Lebensangst, von der wir so viel hören?

Diese Lebensangst war immer schon da. Eine Urangst, die der Mensch in sich hat seit dem Augenblick, in dem er auf dieser Erde geboren wurde. Ich weiß nicht, ob diese Angst wirklich zunimmt. Vielleicht wird sie uns nur bewußter, vielleicht hat man sie früher mehr verdrängt, rationalisiert oder auf konkrete Vorstellungsbilder übertragen. Im Mittelalter hatte man eben den Teufel. In der ökologischen Bewegung hat man Angst vor Giften, man hat Angst vor einer nuklearen Zerstörung der Erde. Die unbewußte Angst, die in jedem steckt, sucht sich, von Zeitströmungen beeinflußt, ein Objekt, an dem sie sich manifestieren und festhalten kann. All die Leute, die mächtig gegen den Krieg demonstrieren, die schreien Krieg, Krieg, Krieg. Das ist nicht gut, die bauen das Energiefeld Krieg auf. Wenn ich dauernd über meine Ängste rede, gebe ich ständig Energie hinein und verstärke das Ganze.

Es sieht so aus, daß sich immer mehr Leute ihrer Angst bewußt werden und beginnen, sich mit sich selber und ihren Ängsten auseinanderzusetzen.

Hilft es mir gegen meine Angst, wenn ich Wicca bin?

Es hilft, mit der Angst zu leben. Es hilft nicht gegen die Angst, die viel zu tief in jedem Menschen verankert ist. Aber es hilft, die Angst zu akzeptieren und sie anzunehmen.

Merlin an Gisela Graichen:

Was du hier machst, ist Kopf. Das soll keine Kritik sein, nur eine Feststellung. Du machst hier den Versuch, mit unseren gängigen intellektuellen Werkzeugen und Ausdrucksmöglichkeiten etwas darzustellen, was auf einer völlig anderen Ebene stattfindet. Beschreibe mal jemandem, der noch nie ein Stückchen Zucker gegessen hat, was Zucker ist. Erkläre einem, der von Geburt an blind ist, was rot ist. Hier geht es um Dinge, die mit unserem Vokabular nicht darstellbar, nicht definierbar, nicht erklärbar sind.

Wenn wir von Energien sprechen, ist es schon wieder eine Anleihe bei der Physik, die geht mit Energien um, mit Wärme, mit Strahlung, mit Strom. Dies hier bei uns sind die Energien. Aber kein Mensch kann beschreiben, was für eine Art Energie es ist, wenn man im Kreis steht und plötzlich Licht sieht, plötzlich Körperwärme spürt, merkt, daß alles anfängt zu kribbeln, wenn Gefühle, Ahnungen, Erkenntnisse, Bilder plötzlich da sind. Das läßt sich vom Verstand her einfach nicht beschreiben. Du kannst ein Buch über Wicca schreiben, aber das Wesen von Wicca wirst du damit nicht erfassen.

So wird auch alles unverständlich bleiben, was ich über Magie, Rituale etc. gesagt habe, solange es nicht selbst erlebt und erfahren wurde. Wir sind so daran gewöhnt, alles zu objektivieren, daß wir verlernt haben, auch subjektive Erlebensformen, subjektive Wahrheiten zu akzeptieren.

Corinna, 18, Schülerin

»In der Kirche wird nichts mehr geglaubt,
nur noch verstanden und eingesehen.«

Ich denke, daß all die verschiedenen Dinge, die in der Umwelt auf mich einströmen, durch etwas verbunden sein müssen, daß es etwas Übersinnliches gibt. Deswegen reizen mich Hexen, weil sie übersinnliche Kräfte für sich beanspruchen und von ihnen unterstützt werden. Hexen faszinieren mich, weil sie alleine für sich gelebt haben, ohne Männer, ohne diese Abhängigkeit Frau/Mann. Das Bild der Kraft, die sie in sich hatten, macht auf mich einen großen Eindruck. Es liegt in der Tradition der Frau und ist ein Abschnitt unserer Geschichte der Frauen und damit ein Teil meiner eigenen persönlichen Geschichte. Da ich selber ein Mädchen bin, das manchmal so ein bißchen steif ist, ist es toll zu wissen, daß ich solche Vorfahren habe und vielleicht ein Stück von denen heute in mir steckt.

Welches Bild machst du dir bei dem Wort »Hexe«?
Für mich gibt es zwei Arten von Hexen. Diejenigen, die Kräuter mischen und heidnische Bräuche und Traditionen überliefert haben. Sie hatten altes Wissen, verwendeten nichtwissenschaftliche Mittel, und das finde ich gerade gut: Sie konnten helfen, ohne daß zu beweisen war, warum. Wie beim Warzenbesprechen.

Das andere Bild ist die Femme fatale. Die sinnlich und gleichzeitig absolut kalt ist. Für mich heißt das spielend, hingebungsvoll, ein wenig süßlich, aber vom Kern her fest, allein, unabhängig. Ihre Macht fasziniert mich, weil ich mir selber oft klein und so machtlos vorkomme. Ich sehe sie nicht so negativ, wie sie immer dargestellt wird, weil sie vielleicht bei den Männern nur das abweist und verachtet, was sie äußerlich in ihren Beziehungen zu Frauen darstellen.

Meinst du Richtung Herrschaftsdünkel?

Ja, so etwas. Es ist doch oft so, daß Männer über Frauen Macht haben, indem sie ihre wirtschaftliche Macht ausüben. Nach außen tun sie stark, und innerlich sind sie Schwächlinge. Das verachtet die Femme fatale, die innerlich viel mehr gefestigt ist, die den Ruhepunkt in sich selbst hat.

Hexen heute bedeutet für mich die Aufgabe eines Klischees: daß jede Frau ihre Vollendung nur in einem Mann findet. Die Suche nach diesem Traummann macht einen abhängig, klein und nichtig. Mein Selbstwertgefühl leidet doch darunter, wenn ich jemand anderen zur Vollendung brauche. Der Schwerpunkt kann nur in mir selber liegen. Was ich noch an der Femme fatale gut finde, ist diese Sinnlichkeit ohne Frivolität, die ich auch auf dem Hexenseminar empfunden habe. Wir waren nur Frauen und Hexen, und wie wir bei dem Abschlußfest gefeiert haben! Na ja, echt Striptease war es nicht, aber von außen betrachtet waren das sicher obszöne Bewegungen. Doch die wirkten unter Frauen überhaupt nicht obszön oder dreckig, das war einfach die Freude an den Bewegungen des Körpers. Und das geht nur unter Frauen.

Willst du mit Männern nichts zu tun haben?

Das sind zwei verschiedene Dinge. Ich kann nicht sagen, das eine muß über das andere gestellt werden. Da sehe ich bei den Feministinnen die Gefahr. Die sind so fanatisch, so übersteigert, daß sie nur noch fixiert sind auf die Gefühle unter Frauen und dabei die Erotik mit dem Mann zu kurz kommt.

Das andere überlieferte Bild von der Hexe als Magierin ist mir ein bißchen unheimlich. Ich habe eine Scheu, mich näher mit ihren magischen Kräften zu befassen, weil es so anders ist als das Leben, das ich hier führe.

Aber es reizt dich?

Ja, manchmal zünde ich eine Kerze an und beschäftige mich doch mehr damit. Ich habe auch schon kleine Rituale gemacht. Aber wenn ich über Hexen gelesen, mehr über Kräuter und Steine erfahren habe, dann merke ich am anderen Tag in der Schule, daß ich noch dieses Bewußtsein, dieses Wissen in mir trage, doch meine Handlungen nicht darauf aufbauen kann. Denn in der Schule kann ich mich nicht hexenmäßig bewegen. Das Wissen über die Hexen steht in einem harten Gegensatz zu meinem Leben als Schulmädchen. Es ist sehr schwer, das unter eine Decke zu bringen.

Ist dir das Ganze auch ein bißchen unheimlich?

Es sind doch tatsächlich in der Parapsychologie zum Beispiel Dinge bewirkt und beobachtet worden, die nicht alle Lügen sein können. Die Hexen haben das vielleicht auch gekonnt, Visionen oder in die Zukunft sehen. Aber das macht mir angst, wenn ich an die Konsequenzen denke. Da ist es sicherer, in seinen alten vier Wänden zu bleiben. Andererseits interessiert es mich wahnsinnig als Herausforderung, über die Grenzen zu gucken.

Konntest du dein Interesse für das Übersinnliche nicht auch in der Kirche, in der christlichen Religion befriedigen?

In der evangelischen Kirche wird mir zu viel diskutiert, da wird alles auf den Verstand reduziert. Wunder werden gedeutet und erklärt, man läßt nichts mehr dran an dem, was den Glauben ausmacht. Da wird nichts mehr geglaubt, nur noch verstanden und eingesehen. Aber damit wird das Leben nicht umfaßt, damit kann es nicht gemeistert werden.

Du erzähltest vorhin von dem Hexenseminar, an dem du teilgenommen hast. Interessant finde ich, daß die Kirche der Veranstalter war.

Ja, das Jugendpfarramt. Das Seminar ging über vier Tage. Wir waren etwa 25 Mädchen. Am tollsten war das Fest. Wir hatten einen Riesenkessel, um den wir Räucherkerzen stellten. Dann gossen wir langsam Farbstoff hinein.

Einen grünen Farbstoff?

Ja, giftgrün. Das konnte man trinken. Wir hatten uns als Hexen verkleidet, tanzten um den Kessel, malten Hexen an die Wand und irgendwelche Sprüche.

Woher kanntet ihr die Sprüche und Hexenbilder?

Aus Büchern. Auch was den Hexen so nachgesagt wird, was sie mit dem Teufel an ihren Festen getrieben haben, dieses Obszöne, das reizte uns schon.

Findest du es gut, ohne Jungs zu feiern?

Auf Partys ist es doch sonst immer so, daß man sich als Mädchen bemüht, den Jungen zu gefallen. Darauf ist alles ausgerichtet. Auch die Rivalität unter den Mädchen, wer hübscher aussieht und bei den Jungen besser ankommt. Das finde ich ziemlich blöd, und das wollten wir ausschalten. Wir wollten raus aus dieser Abhängigkeit. Die Fähigkeit, alleine zu leben, ist für mich die Voraussetzung, daß man sich selbst genügt, sich selbst findet, selber Spaß haben kann, ohne daß man zu seinem Glück unbedingt einen Jungen braucht.

Was sagen deine Freunde, die Jungen selber, eigentlich dazu?

Die finden das ziemlich blöd. Nach dem Hexenseminar hatte ich so ein übersteigertes Bewußtsein: hach, ich bin hexenmäßig; einen Teil von einer Hexe habe ich auch in mir. Da war ein gewisser Stolz. Und als ich dann bei meinen Freunden mit meinem neuen Hexenbewußtsein ankam, war ich ihnen wahrscheinlich zu frech und selbstbewußt. Einige fanden das direkt abartig.

Ihre Reaktion ist vielleicht auch gerechtfertigt. Ich würde doch genauso negativ reagieren, wenn plötzlich die Männer ankommen und sagen würden, Frauen sind schrecklich, die muß man meiden. Das fände ich auch nicht gut.

Gaea, 49, höhere Beamtin

»Jesus war eine tolle Hexe.«

Die Mädchen ganzer Schulklassen laufen zu Hexenseminaren, verkleiden sich als Hexe, feiern mit giftgrünen Getränken... Was hältst du davon?

Das ist im Moment eine Modesache, aber es gehört zur heutigen Zeit, weil wir jetzt wiedergeboren sind. Die Hexen, die damals umgekommen sind, die sind jetzt alle wieder da.

Der Zyklus der Wiedergeburt umfaßt also diese Zeitspanne seit der Hexenverfolgung bis heute?

Viele der Hexen sind jetzt wieder zusammen und können ihre Arbeit weiterführen.

Nach dem Tod ist das Leben nicht abgeschlossen. Der Tod ist ein Wandlungszustand, ein veränderter Zustand, in dem wir in eine andere Sphäre eintreten, andere Schwingungen bekommen. Wir sind dann in der Zwischenwelt, in die wir uns auch in den Ritualen setzen. Das bedeutet, auf dem Zaun zu reiten. Zwischen der rationalen materiellen Welt und der immateriellen Welt. Diese Welt ist auch hier, wir müssen dazu nicht zu anderen Sternen schweben. Nur für die Sinnesorgane des normalen Menschen ist sie nicht wahrnehmbar.

Bist du kein normaler Mensch?

Nein.

Inwiefern nicht?

Weil ich verrückt bin. Als verrückt bezeichnet man irre Leute, die nicht ganz bei Trost sind. Aber verrückt heißt auch, daß etwas an einen anderen Platz bewegt worden ist. Schau dir diesen Stuhl an. Ich kann diesen Stuhl verrücken. Ich kann ihn versetzen, verschieben. Wenn ich den jetzt um 180 Grad verschiebe, dann würde das die Tarotkarte »Der Aufgehängte« sein, der die Welt auf dem Kopf sieht.

Um wieviel Grad bist du verrückt?

Darüber habe ich mir noch keine Gedanken gemacht. Ich glaube, das ist auch von Fall zu Fall verschieden, was ich gerade mache. Ich habe neulich ein Mondritual gefeiert und habe vergessen, mich zu erden, was ganz wichtig ist. Du darfst nie vergessen, dich vorher zu erden.

Warum ist das so wichtig?

Die Folge davon war, daß ich den Mondstrahlen ungeschützt ausgesetzt war. Ich habe die Menschen einen ganzen Monat lang in ihrer Tiergestalt, also mit ihren Tierköpfen, gesehen. Das hat mich sehr unsicher gemacht. Ich war froh, als dieser Zustand wieder vorbei war. Ich habe mich in dieser Zeit ganz zurückgezogen und bin wenig ausgegangen. Es hat mir angst gemacht, weil ich dachte, ich könne mich durch eine unbedachte Äußerung verraten. Da ich im Sozialbereich arbeite, ist das nicht gerade angebracht.

Was würde das für Konsequenzen haben?

Dieselben, warum ich dieses Interview nicht mit meinem richtigen Namen mache. Es könnte passieren, daß ich nicht mehr ernst genommen werde. Und das ist bei meiner Arbeit unmöglich. Ich sitze sofort auf der anderen Seite. Vielleicht würde ich für die so eine Art Hofnarr werden. Und unser Staat hat keinen Platz für Hofnarren. Solche Menschen werden kaputtgemacht. Wenn ein bunter Vogel, der in diesen Ländern unbekannt ist, hinausfliegt, werden die anderen Vögel sich auf ihn stürzen und ihn zerpflücken. Der wichtigste Aspekt dabei ist die Angst, daß dieses Wesen einem etwas antun könnte, was gefährlich ist.

Was könntest du den anderen tun?

Ich könnte sie verhexen.

Du kannst jemanden verhexen?

Ja.

Bist du eine Hexe?

Ich bin eine Hexe.

Hast du das schon als Kind gewußt?

Nein, als Kind war ich nur sehr seltsam. Ich habe Mondrituale gemacht und habe die Feiertage mit der Natur begangen. Ich habe auf den Friedhöfen kleine Rituale veranstaltet, ich habe gespielt, und heute weiß ich, was diese Spiele gewesen sind. Das waren Rituale, das waren Erinnerungen an frühere Leben. Und dann hatte ich mit 21 Jahren einen Körperaustritt. Das hat mich überfallen, weil ich gar nicht wußte, was das war. Ich war auf Reisen, in einem Hotel einlogiert, einem alten Fachwerkhaus, und als ich in diesen Raum kam, hab' ich sofort große Angst bekommen. Der Raum, er wirkte sehr bedrohlich auf mich. Er war etwas gewölbeartig, dicke Mauern, die Wände waren weiß gekalkt, kleines Fenster, wie in einem Gefängnis oder Burggemäuer. Meine erste Reaktion war, sofort wieder hinauszugehen. Dann habe ich mir gesagt, das ist albern.

In diesem Zimmer passierte es mir: Ich kam etwas später nach Hause, lag im Bett und las deutsche Liebesgedichte. Plötzlich merkte ich, wie das Zimmer dunkler wurde und die ganze Helligkeit sich zusammenzog um die Nachttischlampe, die wie ein Heiligenschein einen hellen Kreis um sich hatte. Alles im Zimmer wurde dunkel, grau. Plötzlich sah ich die Gegenstände aus der Mäuseperspektive. Als ob ich ganz klein zusammenschrumpfte. Der Schrank wurde riesig groß. Das Zimmer und die Möbelstücke dehnten sich ins Unendliche. Ich dachte: Was ist nur los? Dann sah ich auf einmal, wie meine Füße sich hoben, in Zeitlupe, aber stetig hoben, hoben, hoben, und plötzlich lag ich, die Füße oben, die Decke war nicht mehr da, ich sah alles nur grau. Ich habe hinuntergeguckt und sah eine Gestalt im Bett liegen. Mit dieser Gestalt konnte ich mich nicht identifizieren. Sie lag einfach da, dann sah ich auch noch diese kleine Nachttischlampe mit dem Schein, der sich um die Birne gesammelt hatte, die aber kein Licht verbreitete, und plötzlich hat mich eine Wahnsinnsangst gepackt, eine irrsinnige Angst, wie ich sie noch nie in meinem Leben gehabt hatte, und da habe ich in meinem Kopf gedacht: Nein, ich will nicht, ich will nicht, ich will nicht! Und mit diesem Ich-will-nicht-Denken ging's dann ganz langsam wieder nach unten. Dann war ich wieder da und sah noch, wie die Helligkeit wieder anschwoll und den Raum erfüllte. Ich lag hellwach im Bett, mit einem Buch in der Hand, habe erst mal die Bettdecke weggeworfen, war total entsetzt, habe mich angezogen, bin aus dem Zimmer hinausgerannt und bin die ganze Nacht in der Stadt umhergeirrt, habe auf irgendeiner Parkbank gesessen und gewartet, bis ein Arzt öffnete, bis neun Uhr, bin dann sofort zu einem praktischen Arzt gestürmt, habe alles erzählt und ihn gebeten, mir zu helfen. Der hat mich ein bißchen komisch angeguckt, hat meinen Puls gemessen und meine Augen gespiegelt, meine Mandeln angeguckt, die Zunge mußte ich zeigen. Er hat mich abgetastet, abgeklopft und gesagt, ich sei übernervös und müßte mehr schlafen, und ich sei blutarm. Mir war total klar, daß der Arzt nichts mit mir anfangen konnte. Der stand der Situation noch hilfloser gegenüber als ich. Aber als ich in das Zimmer zurückkam, hatte ich überhaupt keine Angst mehr, es war alles in Ordnung.

Wie erklärst du dir, daß du keine Angst mehr hattest?
Ich bin mit dieser Situation, die dort auf mich gewartet hat, fertig geworden. Nicht vom Verstand her, denn vom Verstand her konnte ich es mir nicht erklären. Ich habe es auch nicht wirklich verarbeitet. Ich habe es einfach verdrängt, auch vergessen, sehr schnell vergessen.

Erst viele Jahre später ist es mir wieder zum Bewußtsein gekommen, so vor zehn Jahren. Ich erlebte damals einige Schicksalsschläge: Ein geliebter Mensch war gestorben unter nicht sehr schönen Umständen, eine Liebesbeziehung ging zu Ende, und ich wurde lebensgefährlich krank. Ich habe hart an der Schwelle zum Jenseits gestanden. Und diese Bewußtseinszustände und diese Ängste, die ich da durchmachte, haben mich sehr nachdenklich werden lassen. Bis dahin hatte ich einfach so dahingelebt wie ein Elefant im Porzellanladen, unbewußt. Jetzt tauchten Frange auf: Wieso, woher, wohin, wofür? Ich war in einem Zustand, in dem der Körper mit dem Tod rang. Und das war ähnlich dem ersten Kampf, als ich mich mit dem Willen wieder zurückgeholt habe.

Wenn du dich nicht zurückholen kannst, bist du tot. Du mußt bei Astralleibaustritten wissen, daß du dich zurückholen kannst und wie es geht. Man kann lernen, damit umzugehen. Dieses »Ich will« war meine Rettung. Mir ist klargeworden, daß Körper und Geist meinem Willen gehorchen können. Das war die große Erfahrung dabei, und genauso ist es beim Hexen. Du setzt deinen Willen, deine Energie, deine Macht ein, um etwas zu verändern, und zwar nach deinem Willen zu verändern.

Das hört sich nach Erfolgsmagie an.

Magie höre ich gerne, aber nicht Erfolgsmagie, das klingt so eigensüchtig. Man muß das Negative besiegen. Und das heißt kämpfen. Wenn eine Anforderung auf mich zukommt, versuche ich, damit fertig zu werden. Ich merke genau, ob das was ist, was mich weiterbringt, oder etwas, das von hinten kommt, mich packen will, zurückschleudern in die Verzweiflung, in die Dunkelheit. Ich spüre noch sehr lebhaft die Verbrennung und den Mord davor. Der wollte mich erwürgen, hat mir dabei den Hals gebrochen mit dem Strick.

War das in deinem vorhergehenden Leben?

Ja.

Wo?

Irgendwo im Odenwald. Aber ich gehe nur sehr ungern daran, weil es sehr schlimm für mich ist, weil ich die Schmerzen dann spüre.

Du gehst auch in deiner Imagination bewußt nicht zu diesem Punkt zurück?

Manchmal falle ich da rein, und dann ist das sehr schlimm für mich. Ich war eine Heilerin, aber ich war auch gefürchtet, und zwar von einigen Männern. Die sorgten dafür, daß ich umgebracht worden bin.

Hat es auch Frauen gegeben, die Verfolger waren?

Das habe ich nie erlebt. Frauen waren die Verfolgten. Wenn sie andere verraten haben, so haben sie das unter der Folter getan oder aus Dummheit. Aber nicht, um sich zu bereichern, wie es gang und gäbe war … es ist so schlimm … die Flammen kommen immer näher …

Kannst du dich nicht dagegen wehren? … Wenn du jetzt deinen Kopf einschaltest …?

Ich wehre mich nicht dagegen, ich lasse es kommen. Es geht von selber. Aber wenn ich mich damit beschäftige, kommen prompt die Flammen.

Wir sprachen vorhin darüber, daß Erden so wichtig ist. Was geschieht durch das Erden?

Du verbindest dich mit der Erde, daß du mit deinen Füßen fest auf der Erde stehst, daß du nicht abdriftest.

Wie mache ich das praktisch?

Indem du mit der Mutter Erde einen Pakt schließt, indem du dich ihr angelobst, dich ihr hingibst, daß sie dich aufnimmt und beschützt.

Als du vorhin in diesen Raum gekommen bist, beschreib mal, was du gemacht hast.

Ich habe die Große Göttin und den Gehörnten angerufen und die Elementarkräfte, die Himmelsrichtungen. Ich habe im Osten ein Messer ausgelegt, das steht für Luft, im Süden den Zauberstab für die Energie, das Feuer, ich habe im Westen den Becher hingestellt und ein kleines Stück aus dem Meer, das ist das Wasser, die Gefühle, im Norden habe ich den Stein hingelegt für die Erde, für die Göttin.

Was hast du dadurch bewirkt?

Ich habe aus diesem Raum einen Zirkel gebildet. Jetzt sind wir zwischen den Zeiten, und die Zeit steht für uns still. Wir sind in der Zwischenwelt, in der es keine Zeit gibt. Ich habe die Naturkräfte hereingebeten und darum gebeten, daß dein Buch gut wird und daß es seinen Zweck erreicht.

Welchen Zweck?

Daß die Frauen sich ihrer Kräfte und ihrer Wurzeln bewußter werden und daß sie die Welt ein Stückchen heiler machen können.

Können Frauen das?

O ja, Frauen haben sehr, sehr viele Kräfte. Sie sind die Gebärerinnen, sie sind mit den Urkräften ausgestattet, und sie können, wenn sie sich zusammenschließen – am besten wäre, wenn sich die Männer dazuschlössen –, die Welt wieder heil machen.

Was heißt heil?

Die Krankheiten reduzieren und die Menschheit bewußter machen. Die Veränderungen werden automatisch folgen. Geistig bewußter machen, daß nicht mehr so viel angerichtet wird, mit der Chemie beispielsweise, daß Bäume sterben, daß die Natur abstirbt, daß Tiere sterben, daß vernichtet wird, daß Kriege geführt werden, Atombomben explodieren...

Auch ich habe zwanzig Jahre nur drauflos gelebt, gearbeitet. Ich habe Karriere gemacht, geheiratet und war Familienmutter. Jetzt lebe ich ganz bewußt alleine.

Warum?

Weil ich keinen andersgeschlechtlichen Menschen gefunden habe, der im gleichen Bewußtseinszustand ist. Und wenn du mit jemandem zusammenlebst, der einen anderen Bewußtseinszustand hat, dann förderst du den zwar, aber du gibst dauernd ab. Sie saugen einen aus. Auch die Männer müssen ein anderes Bewußtsein bekommen.

Was für ein Bewußtsein?

Das Heilerbewußtsein und nicht das Vernichtungsbewußtsein.

Sie müssen sich ihrer weiblichen Seite bewußt werden. Sie haben eine Chance dazu, denn sie haben die weibliche Seite in sich, wie wir die männliche. Aber bei Männern ist noch mehr verschüttet als bei uns.

Wenn du vorhin davon sprachst, daß jetzt der Reinkarnationszyklus vorbei ist, daß die damals verbrannten Hexen jetzt wiedergeboren sind, dann sind ja auch die Verfolger, die Männer, jetzt wieder auf der Erde.

Ja, die Männer sind jetzt hier, weil sie etwas gutzumachen haben. Sie müssen Karma löschen. Ich habe das Gefühl, daß Männer echt versuchen, etwas besser zu machen, und ich helfe ihnen in ihrer Weiterentwicklung. Aber so, daß sie es nicht merken. Es geschieht sehr unterschwellig, was ich mache, sonst würden sie sich dagegen sperren. Ich sende meine Liebe hin, und das ist die größte Energie, die es gibt.

Du hast die Erfahrung gemacht, Männer fliehen vor dir, sie haben Angst vor dir...

Ja, sie spüren meine Energie. Sie spüren, daß sie, wenn sie mit mir kämpfen würden, verlieren würden. Der unbewußte Mann ist einfach schwächer.

Auch schwächer als die unbewußte Frau?

Eine unbewußte Frau kann nie so schwach sein wie ein unbewußter Mann. Sie hat so viel mehr Möglichkeiten in sich. Aber ich will das nicht so getrennt sehen. Im Laufe der Inkarnation wechselt ja auch das Geschlecht. Deswegen ist dieser fürchterliche Emanzipationskampf der Frauen so dumm. Wir werden als Männer oder Frauen wiedergeboren!

Welche Frauen sind jetzt da?

Die Frauen von einst, die Hexen von einst, die Wissenden.

Du hast vorhin gesagt, daß es ein Modetrend geworden ist. Wieso tauchen sie jetzt an allen Ecken und Kanten wieder auf?

Starhawk, mit der ich in enger Verbindung stehe, hat ein Lied mitgebracht: »Wir sind die Alten, wir sind die Neuen, wir sind die gleichen, stärker als vorher, weiser als vorher.« Und das spüren schon die jungen Mädchen in sich. Es ist also mehr als ein Modetrend. Ich glaube, daß sogar ein gewisser Zwang da ist, daß sie sich öffnen müssen, daß sie gar nicht anders können. Ich sehe durchaus die Chance, daß die Frauen, die jetzt da sind und nachwachsen, es schaffen werden, die Erde zu heilen. Diese Chance sehe ich ganz realistisch! Ich bin sicher, daß Menschen, die ihren Weg zu gehen haben und ihr Schicksal zu erfüllen haben, im richtigen Zeitpunkt das Richtige in die Hand bekommen und tun. Es gibt keine Zufälle. Als damals, vor zehn Jahren, meine Krankheiten, Allergien, auftauchten, wurde mir klar, daß alles dazu diente, mich wachwerden zu lassen. Ich begann zu forschen, zu lesen, beschäftigte mich mit Philosphie, Religion, Geschichte, Mythologie.

Bist du evangelisch oder katholisch?

Ich bin Hexe.

Bist du nicht getauft?

Ich bin evangelisch getauft, aber ich bin aus der Kirche ausgetreten. Die Religion hat mich total kaltgelassen. Ich habe immer gedacht, da stimmt etwas nicht. Heute weiß ich, daß meine Gefühle richtig waren. Denn die alte Religion, der ich angehöre, ist von Grund auf verfälscht worden. Aus der Göttin, der Urmutter, ist *der* Gott geworden. Alles wurde umgedreht. Im Laufe meiner Studien habe ich mich in ein Kloster zurückgezogen, bin da in Klausur gegangen, und ich spürte sofort, daß dieses Kloster ein Kraftort war. Mein Körper begann zu vibrieren. Dort habe ich auch in einer Gruppe meine erste Trancereise in die Vergangenheit gemacht. In dieser Trance bin ich mir einiger meiner Vorleben bewußt geworden. Ich bin da ganz locker und flockig rangegangen, dachte: Na ja, schön, lass' ich meine Phantasie mal schweifen. Und plötzlich war ich auf dem Holzstoß. Das war fürchterlich, das war so stark, daß ich schrecklich zu weinen angefangen habe.

Bei Trancereisen, vor allem wenn man sie zum ersten Mal macht, sollte doch jemand dabei sein, der die Verantwortung trägt.

Der Leiter der Gruppe handelte extrem forsch. Der hatte gesagt, ich mache jetzt ein bißchen Musik, und wenn die Musik zu Ende ist, dann wacht ihr erfrischt auf. Ihr wißt zwar, was ihr erlebt habt, aber es tangiert euch nicht, ihr findet euch wieder. Er ging einfach aus dem Raum, ließ uns alleine. Das war völlig unverantwortlich. Ich fand mich dann schreiend und weinend auf dem Boden wieder. Die anderen standen um mich herum und waren kreidebleich. Sie starrten mich nur an. Ich bin rausgelaufen, in den Wald gelaufen, ich habe mit meinen Händen die Erde aufgescharrt, habe mich in die Erde hineingewühlt. Heute weiß ich, diese Reaktion war richtig. Ich habe mich instinktmäßig geerdet. Das hat auch geholfen. Ich habe diese tröstende Kühle verspürt, die mich umfing, den Geruch, der in mich eindrang. Ich habe Blätter über mich verstreut, ich habe mich richtig begraben. Und da wußte ich, daß ich eine Hexe bin.

Was bedeutet der Begriff Hexe für dich?

Er ist angstbesetzt gewesen. Ich erinnere mich, wenn mich vorher jemand aus Spaß Hexe rief, auch in der Kindheit, bekam ich immer feuchte Hände, mir brach der Angstschweiß aus. Heute bedeutet Hexe Kraft für mich. Auch die Angst vor der eigenen Kraft. Eine riesige Kraft, die ich habe. Wenn ich sehr zornig werde, halten das die anderen nicht aus, sie kriegen alle Angst vor mir. Ich wachse, werde riesengroß. Ich bin mit den Füßen auf dem Boden, und mein Kopf stößt an den Himmel, ich bin eine Riesin. Das ist ein ungeheures Gefühl.

Wie hast du mit dir als Hexe weitergelebt?

Ich habe gefragt, warum ist es so, was habe ich eigentlich getan? Ich meditierte weiter und sah, daß ich eine Heilerin war, eine Kräuterfrau, eine Frau, die Kinder gebären half, eine weise Frau.

Hat dich das erschreckt?

Nein, erschreckt hat mich nur das Bewußtsein der Kraft, die ich in mir habe. Gefreut hat es mich, als ich merkte, wie ich mit der Kraft umgehen konnte.

Was machst du mit dieser Kraft?

Ich kann sie mit meinem Willen leiten.

Wohin leitest du sie?

Wohin ich möchte. Ich kann Menschen helfen, die Kopfschmerzen haben oder die nicht einschlafen können.

Also ein medizinisches Heilen?

Ja, aber ohne Medikamente.

Wendest du es öfter an?

Nein.

Woher weißt du denn, daß du es kannst?

Ich habe es angewendet.

Warum jetzt nicht mehr?

Ich will keinen Beruf daraus machen.

Wendest du es auch für dich selber an? Kannst du deine Krankheiten damit heilen?

Diese Krankheiten sind ja nicht umsonst da, sie reinigen meinen Körper, sie machen mich bewußter, sind etwas Positives.

Dann ist doch auch der Kopfschmerz oder das Nichteinschlafenkönnen wichtig?

Wenn Menschen zu mir kommen mit der Bitte, ihnen zu helfen, dann helfe ich ihnen und nehme ihnen die Schmerzen weg, manchmal mahne ich aber nachzuforschen, was sie wohl bedeuten könnten.

Als dir bewußt wurde, daß du eine Hexe bist, daß du Kräfte hast, hast du mit jemandem darüber gesprochen?

Nein.

Wann hast du angefangen, in deinem Bekanntenkreis darüber zu sprechen?

Viele wissen das heute noch nicht. Richtig angefangen damit habe ich gar nicht. Ich habe nur manchmal geholfen, wenn jemand was hatte. Ich hab's einfach getan, ohne dabei zu sagen, ich bin eine Hexe.

Ist das Magie, was du machst?

Ja.

Was ist Magie?

Es hängt mit dem Wort Mater/Matriarchat zusammen. Mit der Naturreligion, die am Uranfang da war, als es nur Matriarchate gab. Es ist eine Ableitung davon, aber sie fällt mir jetzt nicht ein. Magie ist weibliche Energie!

Was ist Magie für dich?

Magie ist meine Welt. Magie ist das Naturgesetz der Welt, die Kraft der Welt. Magie ist Liebe, die Energie, die Kraft der Natur, die Kraft der Großen Mutter!

Warum ist Magie im allgemeinen Sprachgebrauch ein so negativ befrachtetes Wort?

Weil es angst macht.

Angst wovor?

Vor dem Unfaßbaren. Angst vor dem, was man nicht anfassen, was man nicht sehen kann, was nicht materiell ist. Magie ist kein Gegenstand. Magie ist eine Kraft.

Hast du Kontakt zu anderen Hexen?

Nachdem ich mir über mich klargeworden war, habe ich ein Hexenseminar besucht, und da hatte ich die Begegnung mit der Göttin.

Was heißt Begegnung mit der Göttin?

Konfrontation. Ich habe sie gefühlt, ich habe sie gehört, ich habe sie gespürt. Sie hat mir den Einweihungskuß gegeben. Ich glaube, das kann als Initiation bezeichnet werden. Es geschah in einem Ritual. Wie dieser Körperaustritt damals kam das für mich aus heiterem Himmel. Seit dieser Zeit sind meine Kräfte gewachsen.

Du hast sie gefühlt. Was war das für ein Gefühl?

Ich kann das kaum beschreiben. Und das ist auch eine Begebenheit, über die ich nicht sprechen möchte.

War das ein Wiccacinweihungsritual?

Es war kein Einweihungsritual. Deswegen war ich auch so erstaunt. Das war ein einfacher Lehrgang über den Umgang mit den Elementen. Da haben wir ein Ritual gemacht, und innerhalb dieses Rituals ist es passiert. Es war nicht geplant oder vorgesehen, es hat sich ereignet.

Hast du darüber gesprochen?

Die anderen haben es ja miterlebt.

Man merkte es dir also an?

Ja.

Woran haben es die anderen gemerkt?

Ich bin für die ohnmächtig gewesen.

War das auch eine Art Astralleibaustritt?

Ich denke ja.

Bist du mit deinem Willen wieder zurückgekommen?

Nein, es war für mich nicht bewußt steuerbar. Die anderen haben sich um mich bemüht. Die haben mich zurückgeholt. Starhawk war dabei und hat sofort gewußt, was passiert war.

Wie haben sie dich zurückgeholt?

Ich habe es mir hinterher erzählen lassen. Sie haben rituelle Lieder gesungen, haben mich berührt. Als ich wieder aufwachte, lag ich auf dem Boden, ein Mann hielt mich im Arm, wiegte, streichelte mich. Mein Kleid klebte an mir, als sei ich aus dem Wasser gezogen.

Dieses Hexenseminar damals war für dich die erste Begegnung mit Ritualen?

Ja, da wußte ich plötzlich, was ich als Kind gemacht hatte. Da fiel mir alles blitzartig wieder ein. Bei diesem Seminar merkte ich, daß ich zu Hause angekommen war. Ich war so glücklich! Jeder stellte sich erst vor und sagte, was er von dem Seminar erwartete. Dann sprach Starhawk über die Elementarbeit und die Rituale, und ich kannte das ja schon. Ich wußte alles. Es war so wunderschön, es war wie Nachhausekommen. Ich bin endlich nach Hause gekommen. Das war so ein wundervolles Gefühl. Ich habe noch nie so viel geweint wie in der Zeit. Geweint vor Glück. Ich habe mich damals auch verliebt. Die Energie in meinem Bauch ist aufgewacht. Es ist mir nachts nach einem Ritual passiert. Es war so irre, ich konnte vor Geilheit nicht schlafen. Ich bin in meinem Zimmer umhergerannt. Ich habe acht Tage lang kaum geschlafen, und ich sah wundervoll aus.

Wenn man glücklich ist, ist man schön.

Ja, und es war wunderschön, und von diesem Moment an habe ich natürlich gezielt gearbeitet, habe Rituale gemacht mit anderen und auch viel alleine.

Gezielt, woraufhin?

Ich habe in diesen Ritualen Trancereisen gemacht, meditiert. Jedes Ritual ist eine Begegnung mit dir selbst, mit der Großen Göttin, also auch Selbsterkenntnis: Wo stehe ich? Wer bin ich? Aber nicht nur. Ich habe meine Energie auch hingelenkt zur Heilung für manche Personen, für den Wald, zu Tieren. Zu den anderen Schwestern um ihre Bewußtwerdung.

Kannst du damit das Baumsterben verhindern?

O ja, es wäre nur gut, wenn wir alle das täten.

Du siehst dein Hexesein nicht als Weltflucht an?

Wenn ich Weltflucht mache, dann sterbe ich doch. Ich denke, daß ich sehr realistisch bin. Ich möchte auch ausdrücklich erwähnen, daß ich keine Drogen benutze. Ich lehne Drogen ab. Wenn ich dem Wald meine Energie zuwende, kann ich ihm helfen zu überleben. Ich schicke die Energie ins Erdreich, denn da sind die Wurzeln. Wenn nur mehr Menschen ihre Gedanken dorthin schickten. Gedanken sind Kräfte. Diese Kraft kannst du sehen. Es gibt die Kirlian-Fotografie. Das ist eine spezielle Technik mit Elektro-Hochfrequenzen. Erfunden durch den sowjetischen Elektronikingenieur Semjon Davidowitsch Kirlian und seine Frau Valentina Krisanowa in den Jahren 1939 bis 1958. Diese Fotografie wird auch Aurafotografie genannt. Sie beweist, daß jede Art von Materie auch ein spezielles Leben hat. Es können damit körperliche Krankheiten erkannt werden. Nimm diese Tasse, du kannst sie Kirlian-fotografieren, dann richtest du all deine Liebe auf sie und fotografierst noch einmal, und dann siehst du, welche enorme Strahlkraft auf einmal diese Tasse hast. Du kannst den Unterschied deutlich sehen. Gedanken sind Kräfte. Du kannst mit Gedanken vernichten, du kannst mit Gedanken heilen.

Du lehnst Schwarze Magie ab?

Ja.

Was ist Schwarze Magie?

Es heißt immer, Schwarze Magie bedeute, seine Kräfte zu benutzen, um sich persönlich zu bereichern. Ich finde es total in Ordnung, wenn du mit deiner Magie arbeitest, damit du leben kannst. Auch rein materiell gesehen. Deine Verpflichtung ist nur, wenn du damit umgehen kannst, auch anderen zu helfen. Deswegen finde ich dein Buch auch so wichtig, und ich bin deshalb bereit, da mitzumachen, um anderen Frauen den Weg zu zeigen. Es gibt Yin und Yang, schwarz und weiß, positiv und negativ. Keines davon ist schlechter als das andere. Es sind gegensätzliche Kräfte, Kräfte, die sich ergänzen. Ohne schwarz kann weiß nicht sein und umgekehrt.

Hast du schon mal versucht, mit Hilfe deiner Magie im Lotto zu gewinnen?

Habe ich nicht versucht und werde es auch nicht.

Kannst du denn verhindern, daß du Schwarze Magie machst, wenn es fließende Übergänge gibt?

Ich muß mein Sinnen darauf gerichtet halten, mir ganz genau bewußt zu machen, was ich tue. Ich kann auch etwas Gutes machen wollen und etwas Schlechtes damit erreichen. Dann ist es eine Schuld, die ich mir aufgeladen habe, und alles, was ich tue, fällt auf mich zurück, und zwar dreifach.

Bewußt nehme ich mich sehr in acht. Ich will nicht abstreiten, daß es schon geschehen ist. Mit Sicherheit habe ich mich versündigt. Ich sehe es als Sünde an, wenn ich in meinem Beruf, weil ich unter Streß stehe, weil ich überfordert bin, auf die Menschen nicht so eingehe, wie ich es müßte. Denn es wäre mir kraft meiner Energie möglich, mich wieder ruhig zu machen und diesen Streß von mir wegzuschieben. Aber ich weiß, daß

ich mich manchmal von der Hektik gefangennehmen lasse,
mich vergesse, und dann kann ich meine Kraft nicht benutzen.

Ist für dich Kraft gleich Liebe?

Ja, Liebe ist die Energie überhaupt.

Dein Lebensziel ist, Liebe zu geben?

Ja.

Dann bist du doch ganz gut in der Nachfolge Jesu.

Ach, Jesus ist eine tolle Hexe. Jesus Christus war sicher eine
Hexe. Er war sich seiner Kraft bewußt, hat mit ihr gearbeitet
und wollte Liebe geben.

Hexe ist etwas Positives?

Ja, das meine ich. Nur wird diese Meinung nicht von allen ge-
teilt. Auch von manchen Hexen nicht. Es gibt ja auch welche,
die ihre Kräfte egoistisch einsetzen.

Bist du kein Egoist?

Doch.

Kommst du nie in Versuchung?

Doch, aber ich ringe mit mir, ich kämpfe mit mir.

Wie Jesus mit dem Teufel?

Ja, mit der Versuchung. Das kann dir überall begegnen, nicht
nur in der Wüste.

Mußt du oft mit dir ringen?

Es passiert meistens, wenn ich gar nicht daran denke, daß es
mir passieren könnte, daß Egoismen durchkommen.

Hast du dich verändert seit deiner bewußten Beschäftigung mit
dem Hexenwesen?

Ich habe mich sehr verändert. Ich merke, daß ich rein äußerlich sehr langsam altere. Ich führe es darauf zurück, daß ich
mich in meinen Ritualen zwischen die Welten begebe. Raum-
fahrer, die sich außerhalb der Atmosphäre begeben, altern ja
auch weniger. Ich habe heute einen ganz anderen Freundeskreis. Die früheren Freunde können mit mir nichts mehr anfangen und ich mit ihnen nicht. Früher waren materielle Werte
wichtig, Pelze, Schmuck, Kleider, Auto, Einrichtung, Reisen.

Wie stehst du heute zu den Freunden von früher?

Es ist einfach so, daß der Gesprächsfaden gerissen ist.

Mit Mitleid?

Mit Desinteresse.

Willst du den Leuten nicht helfen, einen Schritt weiterzukommen?

Wenn sie nicht darum bitten?

Aber ist es nicht eine Aufgabe, mehr Leute zu dem Bewußtsein zu bringen?

Die kommen, die brauchen ihre Zeit. Das ist genauso in der Frauengruppe, mit der ich Rituale mache. Manche bekommen auch Angst, wenn sie ihre Kräfte spüren. Wenn wir einen Kreis bilden, dann ist die Energie ja spürbar. Einige verbrennen sich die Hände an der anderen, wie bei elektrischen Schlägen. Das passiert schon mal. Viele springen dann wieder ab. Das ist auch gut so. Für manche ist die Zeit einfach noch nicht da. Ich möchte betonen, die Frauen, die ihre Angst spüren, die sollen die Finger davon lassen. Für die ist die Zeit noch nicht da. Das kommt ganz von selbst. Es ist nicht gut, etwas zu forcieren. Magie muß man ruhen und reifen lassen.

Du hast vorhin gesagt, du kannst Leute verhexen.

Das kann jede Hexe, nicht nur ich.

Ein Satz, der starke Emotionen hervorruft.

Deswegen sag' ich ihn sonst auch nicht. Ich habe ihn nur zu dir gesagt.

Was bedeutet verhexen?

Ich kann Leuten einen Schubs geben, daß sie in irgendwelche Bereiche fallen, einen Schubs in die Unendlichkeit. Das kann sich positiv oder negativ auswirken.

Und welches sind deine Ziele?

Heilung, Ganzheit, daß ich mit meinen Kräften noch besser umgehen kann. Das ist meine Bitte. Denn das Böse ist immer nur Unbewußtheit und Dummheit.

Was ist Ganzheit?

Ich weiß nicht, ob ich wagen kann zu sagen: das Vollkommene. Die Einheit des männlichen und weiblichen Prinzips. Die Gefühle der unbewußten, unaufgeklärten Männer, die sind so klein, und diese kleinen Gefühle wollen sie kompensieren, indem sie mit mir ins Bett wollen. Das schaffen sie nicht, und dann kriegen sie eine wahnsinnige Angst und wollen mit mir kämpfen.

Miteinander ins Bett gehen bedeutet ja auch besitzen.

Ganz klar, mich einverleiben, den Gegner fressen. Das war schon bei den Kannibalen sehr beliebt.

Wenn du mit unbewußten Männern zu tun hast, dann machst du es nicht?

Ich mach's auch nicht mit bewußten. Zu einem gewissen Zeitpunkt, wenn du beide Dinge in dir vereinigst, hört die Begierde auf. Zeitweilig. Für immer. Je nachdem...

Du erzähltest vorhin von deiner Begierde auf dem Seminar. War das nicht ein unheimlich starkes Gefühl und schon allein dadurch etwas Gutes?

Ich habe ja nicht gesagt, daß Begierde etwas Schlechtes ist. Sie ist in mir. Nur, ich transformiere diese Kraft, gehe anders mit ihr um, schöpferisch.

Du benutzt also die Energie der sexuellen Kraft, um sie anders einzusetzen?

Richtig. Das bedeutet Gold machen! Aber ich bin noch lange nicht am Ende angelangt.

Ich denke, daß es wichtig ist, in den Zustand zu kommen, mit der Energie, die du in dir spürst, nach deinem Wunsch zu verfahren. Du kannst sie zur Sexualität benutzen, also lustvoll und sinnenfroh damit umgehen, oder du kannst sie transformieren und etwas Kreatives schaffen.

Du scheinst doch stark im Christentum verwoben zu sein. Was machst du anderes, als es die katholische Kirche zum Beispiel Priestern, siehe Zölibat, oder Mönchen vorschreibt, die Transformation von sexueller Energie in geistige Bewußtseinszustände?

Aber ich erlege mir keine Askese auf, weil ich damit was erreichen will, sondern weil in einem gewissen Moment die körperliche Begierde verschwunden ist als Folgeerscheinung von dem, was ich mache. Ich bringe meine Energie zum Blühen, indem ich zum Beispiel schreibe. Dabei hast du auch ein Lustempfinden, eine Befriedigung, ohne daß du mit jemandem schläfst.

Also bist du genau an dem Punkt der Mönche, Lustempfinden im Schreiben? Du näherst dich ganz gut dem Idealbild der Kirche.

Versuch nur, mich zu provozieren. Doch von einer Tonsur ist glücklicherweise noch nichts zu merken. Aber ernsthaft! Die Möglichkeit, Energie zu transformieren, hat ja nicht das Christentum erfunden. Die haben sie nur benutzt, indem sie die Sexualität verteufelten, um damit die Menschheit unter der Knute zu halten und schön Geld für die »Sünde« zu scheffeln: »... wenn das Geld im Kasten klingt, die Seele in den Himmel springt...«

Aber wenn du, wie du sagst, auf die alten heidnischen Religionen zurückgehst, da war nichts mit Transformieren, sondern da war eine Menge mit Ausleben der Sexualität, sogar als Bestandteil der Religion.

Das tut die junge Hexe ja auch unter Garantie.

Du bist eine alte Hexe?

Ja, sicher bin ich eine alte Hexe. Ich bin eine uralte Hexe.

Bist du eine alte Hexe, weil du schon so viele Leben hattest?

Ich denke, daß die Menschen, die jetzt auf der Erde leben, nicht gleich alt sind. Manche brauchen mehrere Leben, um zu einer Erkenntnis zu kommen, manche schaffen es kürzer.

Was auch seinen Reiz hat. Wenn wir alle im selben Bewußtseinszustand wären, wäre es vielleicht fürchterlich langweilig.

Auch das. Wenn du im Laufe der Entwicklung durch die verschiedenen Stadien gegangen bist und du das Geschöpf Mensch wirst, dann hast du alle Möglichkeiten in dir. Natürlich mußt du erst einmal mit dieser Sinnenlust konfrontiert werden

und sie kennenlernen. Bevor du überhaupt fähig bist zu transformieren, muß das erst durchlebt werden.

Das hört sich so nach Arbeit an.

Das ist auch eine Arbeit, eine lustvolle Arbeit. Ich habe meine
sinnlichen Begegnungen durchaus lustvoll erfahren und erfahre sie noch. Wobei ich jetzt eben weniger die Begierde habe,
die Lust zur Sexualität zu benutzen, als etwas zu schöpfen
oder die Hexenarbeit zu machen. Rituale kosten sehr viel
Kraft, und sie bringen Kraft. Rituale entfachen viel Sinnenlust.
Die Menschen, die daran teilnehmen, neigen sehr dazu, hinterher miteinander zu schlafen, sich zu lieben. Sie können die
Kräfte, die sie mit der Sexualität entfachen, auch zur Heilung
der Welt benutzen. Sie können sehr viel lenken, aber sie müssen sich dessen erst einmal bewußt werden.

Und so machst du das?

So kann ich es machen.

Sehr vorsichtig ausgedrückt.

Ein Stückchen möchte ich auch für mich behalten.

Ein wesentliches Stück?

Ja, Lust ist ein sehr wesentliches Stück.

Wenn man sieht, wie in den Medien mit dem Begriff Hexe umgegangen wird, lüstern, sensationsgierig, was steckt dahinter,
was kommt bei den Menschen hoch, wenn das Wort Hexe fällt?

Ja, lüstern. Bei dem Begriff Hexe schwingt eben sehr viel Lust
mit. Dahinter steckt etwas Geheimnisvolles, da hast du eine
Nuß zu knacken. Das ist auch etwas, was nicht an jeder
Straßenecke zu finden ist, was du nicht alle Tage erlebst, etwas
Exotisches.

Suchst du Kontakt zu anderen Hexen?

Manchmal fühle ich eine sehr große Einsamkeit. Das ist traurig, und dann wünsche ich mir Kontakt zu anderen Hexen und
wünsche mir vor allen Dingen Kontakt zu solchen Hexen, die
das genauso ernsthaft ansehen wie ich. Ich erlebe oft, daß
einige auf mich zukommen, so Richtung sensationslüstern,

auch Männer, die überhaupt keine Ahnung haben, womit sie sich so leichtfertig befassen.

Kennst du viele Hexen?

Einige.

Gibt es viele in Deutschland?

Ganz bestimmt, die Dunkelziffer ist sehr hoch.

Im Westküstenbereich der USA soll es bereits über eine Million geben.

Starhawk erzählte mir eine Geschichte, die sich wirklich ereignet haben soll: In Kalifornien geht ein Vater mit seinem kleinen Sohn spazieren. Plötzlich kommt ein seltsamer Zug daher. Eigenartig angezogene Männer und Frauen, die Frauen in Spitzhüten. Die beiden bleiben stehen, gucken und sagen: »Ach ja, das sind die Hexen«. Da drüben ist das ganz normal.

Wird es hier in Deutschland auch so normal werden?

Ich hoffe.

Das hieße aber, daß ihr an die Öffentlichkeit gehen müßt?

Ja, aber dafür machst du ja auch das Buch.

Du nimmst mich als Medium, um an die Öffentlichkeit zu gehen.

Aber du selbst stehst nicht mit deinem Namen dazu.

Doch, ich mache ja öffentliche Rituale. Da kann jeder hinkommen. Wenn Leute gerade in dieser einsamen Gegend spazierengehen. Aber ich muß meinen Job berücksichtigen, denn schließlich lebe ich davon.

Wenn du am nächsten Wochenende im Lotto sechs Millionen Mark gewinnst, würdest du dieses Gespräch dann unter deinem Namen machen?

Ich würde das Geld nehmen und aus Deutschland weggehen. Ich würde in eine wunderschöne Gegend gehen und dort ein Center eröffnen, ein Center für Hexen und solche, die es werden wollen.

Hast du nie überlegt, die deutsche Starhawk zu werden? Hier in Deutschland haben wir noch nichts Vergleichbares. Sie muß immer eingeflogen werden.

Es wird bald etwas geben, aber ich kann darüber noch nicht sprechen. In dieser Richtung tut sich eine Menge.

Und das wäre auch etwas für dich?

Ja. Wobei Starhawk nur richtungweisend ist, eine Lehrerin, kein Guru. Die Hexenreligion ist nicht hierarchisch. Aber man hat mir geweissagt, daß ich eine neue Moral schaffen werde. Wir, die wir weitere Bewußtseinsstufen erreicht haben, sind in der Verpflichtung, unser Wissen weiterzugeben, weil Frauen in dieser Zeit ihr Selbst finden müssen. Dann werden sie sehr stark. So stark, daß die Männer Angst bekommen.

Haben die nicht jetzt schon Angst?

Aber noch nicht genug, um auch endlich auf uns zu hören, uns zu verstehen und gemeinsam mit uns neue Strukturen zu erarbeiten.

Du sprichst immer ganz liebevoll von deinem Poltergeist. Wer ist das überhaupt?

Das ist mein Helfer, der mit mir lebt, mein Schutzgeist, der auch viel Humor hat. Der ist furchtbar eifersüchtig auf andere Wesen, wenn ich mich denen zuwende, vielleicht mit liebevoller Aufmerksamkeit. Der will mich ganz für sich alleine haben. Als ich neulich Besuch hatte, hat er einfach dauernd die Schallplatten laut und leise gestellt und dann ausgemacht. Elektrische Spielchen liebt er besonders. Manchmal schimpfe ich mit ihm. Für eine gewisse Weile nützt das.

Hat er nicht Angst, daß du ihn mal ganz wegschickst?

Ja.

Könntest du das?

Ja, aber warum sollte ich? Er dient mir doch ganz gut.

Wozu dient er dir?

Er hilft mir, daß ich Menschen finde, die mir auf meinem Weg weiterhelfen. Menschen, die sich für mich interessieren.

Und jetzt, da unser Gespräch zu Ende ist, löse ich den Kreis wieder auf:

Große Mutter und Gehörnter,
wir danken euch für eure Gegenwart,
für den magischen Kreis.
Wir bitten um euren Segen, bevor ihr uns verlaßt.
Ihr Mächte der Luft, die ihr Atem ist,
des Feuers, das ihr leuchtender Geist ist,
des Wassers, das die Flut ihres lebendigen
Schoßes ist,
der Erde, die ihr Leib ist,
seid bedankt.
Friede herrsche zwischen uns,
jetzt und immerdar.

Ich schließe mit den Worten, die auch unsere Rituale beenden:

Der Kreis ist geöffnet, doch ungebrochen. Fröhlich kamen
wir zusammen, fröhlich gehen wir auseinander, und fröhlich
sehen wir uns wieder.
Gesegnet sei es.

Argante, 30, Priesterin

»Wir Hexen können feiern.
Unsere Feste sind gut und heftig und ausdauernd.«

Sind Sie eine Hexe?

Ich bezeichne mich als Priesterin. Hexe ist man, zur Priesterin wird man geweiht.

Ist Priesterin mehr als Hexe? Gibt es da eine Hierarchie?

Keine Hierarchie. Aber als Priesterin habe ich offiziell eine Verantwortung übernommen. Den Ausdruck Hexe würde ich gerne benutzen, wenn Menschen im deutschsprachigen Raum damit umgehen könnten. Die hören Hexe, und dann gehen gleich Kettenreaktionen los. Wie bei Dominosteinen. Wenn man die hintereinanderstellt und den ersten fallen läßt, dann fällt die ganze Reihe. Die Assoziationen, die bei dem Wort Hexe kommen, die haben nichts mit mir und meinem Hexesein zu tun. Für mich ist eine Hexe eine Frau, die sich ihrer Kräfte bewußt ist und sie *gezielt einsetzen* kann. Die weiß, daß sie mit diesen inneren Kräften alles verändern kann, so wie sie es möchte.

Ich will mit dem Wort nicht provozieren. Für mich ist das völlig normal. Meine Familie weiß es, und sogar mein Vater hat mich total angenommen. Aber die Leute verbinden eben mit Hexe jemanden, der geistig nicht ganz normal ist, dem man nicht trauen kann, der übernatürliche Kräfte hat, den man vernichten muß, der mehr Tier als Mensch ist. Das ist meine ganz persönliche Erfahrung. Wenn ich die Reaktionen der Menschen erlebe oder mitbekomme, wie die Medien sich mit diesem Thema beschäftigen, dann stehen mir die Haare zu Berge. Weil die Menschen sich gar nicht die Mühe machen zu untersuchen, was wir eigentlich meinen und wollen. Sie sind eher bereit, den Begriff neues Heidentum zu akzeptieren und da zuzuhören. Deswegen sage ich, ich bin Wiccapriesterin.

Gut, das Wort Hexe wird offiziell für die Mitglieder unserer Religion verwendet. Aber ich bin mit diesem Ausdruck nicht ganz zufrieden. Er kommt von dem altenglischen Wort für Hexe »wicce«, das heißt auch beugen, verändern. Und ich möchte ja eine Energie verändern. Aber in Deutschland ist das wort zu negativ belastet. Wobei man sagen muß, daß Leute sich immer vor Dingen fürchten, die sie nicht verstehen. Denn unsere Ausbildung und Erziehung geht vom Babyalter in Richtung Logik und nicht Richtung Intuition. Hier ist alles, was mit positivem Denken Richtung Hexe zusammenhängt, so ausgerottet worden, daß die meisten ihre Riten allein in ihrem Kämmerchen machen, und das darf nur ja keiner wissen.

Gut, ich gehöre zu einer Generation, die »coming out« auf der ganzen Linie macht. Ich gebe zu, daß ich eine Hexe bin, ich gebe zu, daß ich Lesbe bin. Ich sage, es interessiert mich nicht, was ihr für Probleme damit habt, das sind eure Probleme. Ich lass' mich nicht in eine Ecke drängen. Trotzdem möchte ich dieses Interview nicht unter meinem Namen machen, weil ich vielleicht doch noch in einem sogenannten anständigem Beruf mein Geld verdienen muß. Und dann nimmt mich keiner mehr.

Sie lebten bis vor fünf Monaten in den USA. Sind Sie dort eher als Hexe akzeptiert worden?

In den USA und in England ist es ganz anders. Ich habe in New York in der Marktforschung gearbeitet. Die Menschen, mit denen ich täglich zusammen war, wußten alle, daß ich Wiccapriesterin bin, und das war völlig in Ordnung für sie. Sie haben mich mehr als akzeptiert. Nach kurzer Zeit wußten sie, daß ich Frauen helfen kann, wenn sie Schwierigkeiten mit ihrem Zyklus haben oder wenn Pillen nicht halfen. Sie kamen dann zu mir. Und an unserem höchsten Feiertag, dem 31. Oktober, habe ich im Büro freibekommen als religiösen Feiertag. Das ist mir ganz offiziell vom Arbeitgeber zugestanden worden.

Hat man sich nie über Sie lustig gemacht?

Lustig? Nein, überhaupt nicht. Sonst hätte ich wohl kaum so eine Vertrauensstellung bekommen. Ich habe zum Schluß die Gehaltsbuchhaltung gemacht. Und die überträgt man bestimmt keinem, den man nicht ernst nimmt. Es war immerhin eines der größten Marktforschungsinstitute New Yorks. Sicherlich liegt es auch daran, daß speziell in New York das Völkergemisch so groß ist. Wenn ein Mohammedaner an einem bestimmten Tag frei haben muß, weil es sein höchster Feiertag ist, dann kriegt er den natürlich. Die Juden haben ihre Feiertage, die Christen haben ihre Feiertage und wir eben unsere. Auch in einigen Gegenden Kaliforniens ist Wicca offiziell als Kirche und damit als gemeinnützig anerkannt. Hier in Deutschland sind die Leute so negativ, starr, einengend, so wenig tolerant.

Wenn Sie gefragt werden, zu welcher Religionsgemeinschaft Sie gehören, was geben Sie dann an?

Wicca. Und darüber möchte ich auch arbeiten. Ich habe jetzt in Hamburg einen neunwöchingen Einführungskursus »Frau und Magie«. Und einen weiteren Kursus über Tarot. Der läuft sehr gut. Ich will Energie in eine Sache stecken, die für mich und für andere Frauen wichtig ist. Und ich hoffe, daß ich davon leben kann, vielleicht gerade so, aber das reicht. Ansonsten werde ich mir einen Brotjob nebenher suchen. Das ist auch in Ordnung so. Man wirkt nicht abgehoben im Elfenbeinturm vor sich hin. Dann wären wir nämlich beim Guruprinzip: Liefert das Geld ab, und ihr werdet erleuchtet!

Wie sind Sie dazu gekommen, Wiccapriesterin zu werden?

Das geht bis in die Kindheit zurück. Mich haben schon immer die Hexen in den Märchen fasziniert. Die anderen Kinder hatten vor der bösen Hexe Angst, ich nie. Ich hab' immer gedacht, da ist etwas faul an der Sache, wie die Hexe dargestellt wird, da stimmt etwas nicht. Natürlich nur als Vermutung. Jahre später hörte ich in der Schule etwas über Hexenprozesse. Mich interessierte das Thema, aber ich konnte nichts Richtiges darüber herausbekommen, ich meine, was das wirklich für Frauen waren, wie sie gelebt hatten. Ich habe mir Bücher geholt, aber die kamen mir immer verkehrt vor, das waren Bücher über die Prozesse und immer aus der Sicht des Inquisitors. Was den Frauen in den Mund gelegt worden war während der Verhöre, unter der Folter, was sie angeblich getan hatten. Nur um denen irgend etwas zu erzählen und sie zu befriedigen, ihre Folterer. Diese Protokolle gibt es noch. Aber die Frauen selber, die es betraf, die konnten ja nicht schreiben. Bis auf wenige Ausnahmen haben Männer die Geschichtsschreibung gemacht.

Eine Ausnahme ist sicherlich Hildegard von Bingen. Die ist für mich eine Hexe, die hatte ihre Visionen, sie hatte Kräuterwissen, sie hatte Mineralienwissen.

Nach der Schule habe ich eine Fotografenlehre gemacht. Zu der Zeit beschäftigten die Hexen mich schon ganz intensiv, und ich versuchte, Kontakt mit Frauen zu bekommen, die die alte Naturreligion noch praktizierten. Ich bin Feministin in der dritten Generation. Meine Großmutter hatte schon ein politisches Bewußtsein und meine Mutter auch. Als die neue Frauenbewegung begann, arbeitete ich gleich in einer Frauengruppe mit. Da war ich achtzehn, Anfang, Mitte der siebziger Jahre.

Wenn man in der Fotografie erfolgreich sein will, dann nur über Mode oder Werbung. Der Sexismus dabei ist so entsetzlich, daß mein mittlerweile entwickeltes feministisches Bewußtsein da nicht mehr mitmachen konnte. Viele Produktreklamen sind so frauenfeindlich, die Frau wird nur benutzt. In der Modefotografie ist es nicht viel anders. Da ist man gezwungen, Mode zu fotografieren, die die Frauen total lächerlich macht, worin sie zum Teil entsetzlich aussehen. Es gab eine

Zeit, da hatten die Frauen riesige Schleifen in Rosa auf dem Kopf. Sie sahen aus wie Osterhasen. Wir entsprechen nicht diesem Klischee. Wir Frauen sind nicht so, wir sind anders.

Ich habe meinen Fotografenberuf an den Nagel gehängt. Ich wollte dieses Leben nicht. Das war alles so chaotisch, die Leute waren so kaputt, Alkohol, Drogen. Und dann spielten sie sich selber noch vor, wir sind der Nabel der Welt, wir sind überhaupt die Größten, wir bestimmen, was Mode ist, wir wissen, was »in« ist. Ohne uns läuft nichts. Die Mädels sind nur Werkzeuge.

Ich bin nach England gegangen und habe Unterricht in freiem Tanz und Ausdruckstanz genommen. In Deutschland kann man ja mit zweiundzwanzig keine Tanzausbildung mehr anfangen. Und dort in Südengland bekam ich den ersten Kontakt zum Hexenwesen. Ich interessierte mich für die Geschichte der Umgebung, fuhr raus, machte Spaziergänge. In der Nähe gab es ein Naturschutzgebiet, das heißt New Forest, ein letztes Stück heile Welt. Die Kräfte der Natur sind dort noch ganz stark spürbar. Eines Tages fand ich einen Baumstumpf, in den mußte ein Blitz eingeschlagen sein. Darum war ein kleiner Holzzaun gebaut. Ich dachte, ist ja komisch, der Baumstumpf kann doch nicht gefährlich sein. Als ich die Leute in der Umgebung fragte, sagten sie, früher haben die Hexen um diesen Baum getanzt. Hexen hat es hier viele gegeben. Die Geschichte ist voll davon.

In der Leihbücherei habe ich mir Geschichtsbücher aus der Gegend geholt, und es wimmelte überall von Hexen. Da habe ich mir gesagt, wenn es die vor verhältnismäßig kurzer Zeit noch gab, dann müssen sie immer noch hier wohnen. Ich stellte mir vor, daß ich jetzt nur noch einen Platz mit guter Energie suchen, mich da hinsetzen und ganz stark denken müßte: Ich kontaktiere alle Hexen, die hier noch in der Gegend wohnen, ich möchte euch gerne treffen oder zumindest eine von euch. Bitte, laßt mir irgend etwas zukommen, wie ich euch finden kann, ihr, die ihr die Naturreligion praktiziert, wie es in den Büchern geschrieben ist.

Natürlich, das war unheimlich naiv, aber ich wußte einfach nicht, wie ich es anders machen sollte.

Den Platz fand ich, ich spürte seine Vibration. Zum allerersten Mal dort in Südengland, an diesem Tag spürte ich sie. Ich fühlte mich mit diesem Stückchen Erde verbunden, als ich dort auf dem Boden saß. Das war so freundlich und stark, das nahm mich auf, als ob mich diese ganze Landschaft in den Arm nehmen würde. Ich hockte mich also dahin und konzentrierte mich – oder was ich mir damals darunter vorstellte. Ganz intensiv machte ich das. Mir ist erst nachher bewußt geworden, was ich tat. Ich lebe sehr emotional aus dem Bauch heraus und nicht aus dem Kopf. Was über den Verstand abläuft, da muß ich mehr arbeiten, das dauert viel länger. Während die meisten Leute Schwierigkeiten haben, ihre Intuition wieder freizuschaufeln.

Kamen die Hexen denn nun angeflogen?

Es passierte überhaupt nichts. Aber mir war klargeworden, daß ich unbedingt einen Kontakt aufnehmen wollte. Wobei *witch* im Englischen ja eine andere Bedeutung hat als bei uns die Hexe; *witch* ist die weise Frau, die Kräuterkundige, die Heilkundige. Sie steht nicht in Verbindung mit Schwarzer Magie, also Schadenzauber.

In England hat es noch nicht geklappt mit den Kontakten, obwohl ich es mehrmals versucht hatte. Aber in New York ging das gleich los und hat sich in den fünf Jahren, die ich dort war, unheimlich entwickelt. Gleich zu Anfang kaufte ich mir das Buch »Zusammenstellung des heidnischen Weges«, ein Verzeichnis der verschiedenen Coven, Juweliere, Versandgeschäfte und Werkzeugläden, die Hexenwerkzeuge herstellen. Es gibt Schmiede, die speziellen Hexenschmuck anfertigen, so wie dieses Pentagramm, das ich als Kette trage, oder meinen Ring mit dem gehörnten Gott. Jede Gruppe hat ihre eigenen

Symbole. Ich suchte einen Laden für *occult supply* heraus und bin gleich hingestiefelt. Die hatten Adressen von Coven und Leuten, die da mitmachten.

Wie viele Hexen gibt es ungefähr in New York?

Nur in Manhatten weiß ich von etwa dreißig Coven mit durchschnittlich zehn Mitgliedern. In ganz New York von etwa 10 000 Hexen, also paktizierenden Wiccas. Dabei muß man bedenken, daß nur ein Bruchteil der Hexen in Gruppen organisiert ist. Die meisten arbeiten allein.

Ich habe dann die angegebenen Telefonnummern durchtelefoniert, bis sich jemand meldete. Mit dieser Frau habe ich mich toll unterhalten. Sie empfahl mir, alle meine Fragen aufzuschreiben und sie wieder anzurufen. Ich fertigte Listen an mit fünfzig Fragen und mehr. Mich interessierte vor allem, was ich lesen sollte. Es ist so schwierig herauszufinden, was ist ein gutes Buch und was ist Ramsch. Nach dem dritten Telefonat meinte sie, jetzt sei es an der Zeit, daß wir uns persönlich kennenlernen sollten. Das war mein erstes Zusammentreffen mit anderen Hexen in einem Wiccacoven. Aber ich wußte schon immer, daß ich dazugehörte. Ich hatte etwas gefunden, das ich nicht gesucht hatte, aber ich fühlte mich wie zu Hause bei diesen Leuten. Die sprachen meine Sprache. Ich habe ihnen gesagt, ich komme her, weil ich lernen möchte. Zeremonielle Magie kam für mich nicht in Frage. Die ist so steril, da ist jedes Wort vorgegeben und gedruckt, genauso muß es gemacht werden. Dabei wird gar nicht mehr mit den Kräften der Natur gearbeitet. Die machen auch ziemlich gefährliche Sachen, rufen Dämonen und Energien an, die sie zu ihren Zwecken verwenden wollen. Wir dagegen arbeiten mit Erdenergien, direkt mit der Natur; wir sind freier, bei uns sind die Worte nicht vorgegeben.

Ich fand es auch toll, daß ich durch Wicca Beziehung zum keltischen Kulturgut bekam, über das ich als Kind viel gelesen hatte. Mich interessierte, wieweit war es eine Fortführung der

173

alten Tradition, wieweit hatte es sich verändert. Mich faszinierte, daß ich dort Techniken lernen konnte, mit diesen Energien zu kommunizieren und mehr darüber zu erfahren.

Weil die Gruppe merkte, daß ich es ernst meinte, nahm sie mich auf. Ich sagte denen, was ich schon gelesen hatte und was ich nicht verstand. Ich verstand zu Anfang überhaupt nicht, daß Männer mitmachten. Für mich war Hexe immer nur eine Frau. Ich hatte in meiner Naivität immer gedacht, die Frauen machen gute Magie, und die Männer, die Magier, die sitzen zu Hause in ihrem Kabuff mit Zirkel und Geometrie und machen zeremonielle Magie, Schwarze Magie. Und die Frauen tanzen irgendwo auf dem Berg. Schon als Kind habe ich abends gerne den Mond angeschaut. Aber als Kind kann man nicht sagen, jetzt möchte ich aufbleiben und in einer Mondnacht auf den Berg gehen. Heute mache ich das natürlich. Ich habe mir nie vorstellen können, daß Männer draußen in der Natur dabei waren, daß sie irgend etwas mit Naturreligion zu tun haben könnten, daß ich in solch einem Kreis mit einem Mann zusammenarbeiten könnte.

Weil Sie sich das Feindbild Mann aufgebaut hatten?

Ich verstehe Männer einfach nicht. Die sind anders, die denken anders, die fühlen anders. Wenn ich mit Männern rede, reden wir aneinander vorbei. Vielleicht, weil die total logisch sind und ich total intuitiv bin.

Auf jeden Fall konnte ich den anderen vermitteln, wie wichtig es mir war, alles richtig zu lernen. Wie man Rituale veranstaltet zum Beispiel. Ich hatte ziemlich schnell mitbekommen, daß man einige Sachen unbedingt machen muß und andere lieber nicht. Es gibt ein paar Dinge, mit denen man anfangen muß. Das ist wie bei jedem Projekt, je genauer und präziser man dabei ist, um so präziser ist auch das Resultat. In diesem Fall die Umwandlung von Energie in eine andere Richtung.

Als erstes sollte man lernen, einen Kreis zu ziehen, der eine Schutzfunktion hat, aber nicht nur. Die Leute sagten, ich sollte mit Kerzen anfangen. Das ist ganz einfach. Kerzen hat jeder. Dieser Austausch mit den Leuten in New York war toll. Ich wollte mit denen arbeiten, mit denen zusammensein, aus meiner Isolation herauskommen. Denn zu der Zeit hatte ich schon angefangen, bei Vollmond Rituale zu machen. Aber eben allein. Starhawk beschreibt das ja in ihrem Buch, das sie mir gleich zu Anfang als Übungsbuch für alle Neumitglieder und Studiengruppen im Hexenkult empfohlen hatten. Sie war die erste, die diese »Geheimnisse« publiziert hat. Früher war das absolutes Tabu. Das mußte man gut versteckt halten, daß es keiner sah, damit es nicht in falsche Hände geriet.

Was ist daran so gefährlich?

Man gibt ja auch keinem Kind ein Messer zum Spielen. Sie hat Sachen mit hineingenommen, die gefährlich für jemanden sind, der sie nur so ausprobieren will. Man braucht Anleitung und Übung. Jedes Handwerk muß man üben. Und wenn man mit Ritualen nicht umgehen kann, gibt es leicht einen Knacks in der Psyche.

Können Sie ein Beispiel geben?

Astralreisen. Wenn Sie lernen, mit dem Astralleib auf Reisen zu gehen. Das ist gar nicht so schwer und ungeheuerlich. Sondern der Trick ist, daß man die Leute darauf vorbereitet und antrainiert, wie man wieder in den Körper zurückkehrt. Wenn man dieses Zurückholen nicht gelernt hat, kann das ganz schwere psychische Schäden hervorrufen. Ich achte auch heute noch immer darauf, wenn ich mit Anfängern arbeite, daß eine zweite erfahrene Person dabei ist. Mir ist es noch nicht passiert, aber ich weiß aus Erzählungen anderer Priesterinnen, daß Astralleibaustritt eine der Sachen ist, wo es danebengehen kann. Das ganze Starhawkbuch ist sowieso viel zu groß für einen einzelnen. Das ist mehr für ganze Coven konzipiert.

Ich fing damals auch ganz vorsichtig mit kleinen Sachen an, wie den Schutzkreis ziehen. Wenn man in der Mitte eines solchen Kreises ist, kann man sich mehr konzentrieren. Ich habe mein ganzes Zimmer genommen, das sowieso klein war, habe vier Kerzen in die vier Himmelsrichtungen gestellt für die Elemente Luft, Feuer, Wasser, Erde, habe mich vor meinen Altar gesetzt, was ganz einfach das Oberteil einer Kommode war, dann brauchte ich eine Kerze für die Göttin und ein Symbol wie eine Blume, das die Verbindung mit der Natur herstellt. Die hatten mir Mut gemacht und gesagt, Wicca ist nichts Intellektuelles. Du lernst alles durch Machen, durch Tun, durch Rituale. Wenn du dich mit der Mondenergie in Verbindung setzt, wird die Mondin dir alles beibringen. Sie wird dir alle Fragen beantworten. Du mußt nur lernen zuzuhören. Es ist zu Anfang nicht einfach. Aber je öfter und je länger du es machst, um so leichter wird es dir fallen, auf dieser Ebene zu hören und zu verstehen. Und das flutschte bei mir gleich, das ging ganz toll.

Die Hohepriesterin des Coven half mir dann noch weiter. Die sagte: Ich habe da einen Freund, der ist Hoherpriester seines eigenen Coven. Der hat einen Autounfall gehabt, liegt im Krankenhaus und hat den ganzen Tag nichts zu tun. Besuch den mal.

Zwei Monate lang war ich dreimal die Woche bei ihm. So bekam ich den ersten richtigen Unterricht. Ich kann mir vorstellen, daß früher die Philosophen ihre Schüler so traktierten. Ich habe mit ihm, weil er ein Mann war, die Sache mit Heros, dem Gott, durchgezogen. Ich brauchte ziemlich lange, um zu begreifen, was Männlichkeit im Wicca bedeutet. Es ist ein ganz anderer Begriff, als wir unter Männlichkeit verstehen. Wenn anders, wie anders? wollte ich wissen. Da hat er gesagt, versuch doch mal, diese Energie anzurufen, um sie besser kennenzulernen. Und die Energie war total neu für mich, eben nicht weiblich. Bei mir in der Ausbildung wurde überhaupt ganz großer Wert darauf gelegt, beide Energien zu erforschen und zu versuchen, sie in mir auf eine gleiche Ebene zu bringen, daß keine Seite zu stark dominiert. Daran muß man arbeiten. Wicca wehrt sich gegen die Rollenverteilung, die unsere Gesellschaft uns aufzwingt. Im Wicca geht es wesentlich gleichberechtigter zu. Gut, es gibt ein paar Rituale, die können Männer allein nicht machen. Letztendlich hat die Frau die führende Rolle. Denn sie ist das schöpferische Element. Da hat die Frau einfach eine gewisse Vormachtstellung. Das heißt aber nicht, daß sie Macht um der Macht willen ausübt. Matriarchat war ja keine Umkehrung des Patriarchats, sondern eine wesentlich gerechtere Gesellschaft allen Menschen gegenüber.

Haben Sie heute noch Schwierigkeiten, im Wicca mit Männern zu arbeiten?

Ja, aber nur weil ich sehr wenige Männer kenne, die fähig sind, in diesen Kreis hineinzugehören. Wenn einer wirklich die Ausbildung durchhält und eingeweiht wird, dann weiß er sich auch im Kreis zu benehmen.

Was heißt sich zu benehmen?

Ich habe ein paar negative Erfahrungen gemacht. Zu Anfang hatte ich meine Energie ziemlich weit draußen. Ich war unheimlich glücklich, wenn ich mit den Leuten zusammen war. Und Energievampirismus ist gar nicht so selten in diesen Gruppen. Daß andere meine Energie absaugen wollen. Das ist mir bei Männern viel passiert, damit sie sich als Einheit fühlen konnten. Die es nicht geschafft haben, ihre weibliche Seite zu stärken. Es ist für sie eben wesentlich einfacher, von einer Frau, die eine gute weibliche Energie hat, diese Energie abzusaugen.

Was haben Sie in Ihrem Wicca-»Unterricht« gelernt?

Daß Hexen ganz normale Menschen sind. Daß man auch Hexesein lernen kann, wenn man Interesse hat und sich hingezogen fühlt. Daß in uns allen eine Energie steckt, mit der wir uns und andere Menschen heilen können, daß wir uns aber dieser Energien nicht bewußt sind und sie deswegen nicht anwenden. Daß auch Eingeweihte noch alle menschliche Fehler haben und weiter daran arbeiten müssen. Nach zwei Monaten hat mich mein Lehrer nach Hause geschickt und gesagt, mach mal deine Rituale. Das war gar nicht so einfach. Ich hatte noch keine Werkzeuge. Wir arbeiten mit einem Dolch im Wicca, ein Coven hat meistens auch ein Schwert. Wir benutzen den Dolch, um Energie zu leiten, niemals um zu schneiden oder zu töten. Unser Kult hat absolut nichts mit Wehtun, Töten oder Blut zu tun. Dann haben wir einen Kelch als Weiblichkeitssymbol. Dazu das Pentagramm, diesen fünfeckigen Stern. Und diese zwei Monate hatten Erfolg. Ich spürte die Energien immer stärker.

Wie spürt man Energien?

Die Vibrationen im Körper werden anders. Ich spürte die Energien, die ich zu Anfang nur erahnt hatte. Ich wußte noch nicht, wohin das führte, aber ich wußte, da passiert etwas. Zuerst ging es mir darum, etwas über die Mondin in ihrem Aspekt Neumond, Vollmond, abnehmende Mondin zu erfahren. Ich wollte erleben, wie verschieden jeweils die Energie ist. Zu Anfang war das eine Grauzone. Ich wußte nicht, bildete ich mir etwas ein oder hatte ich wirklich etwas erfahren. Mit der Zeit lernt man besser zu unterscheiden, die Eindrücke werden viel intensiver. Die Energie des Vollmonds ist einfach so knack irrsinnig voll da, draufgängerisch, nach außen gerichtet. Die schwarze Mondin, also bei Neumond, ist mehr nach innen gekehrt, langsamer, beharrlicher. Eine Energie, die in ihrer Vibration viel höher und stärker ist. Aber man muß viel mehr hinhorchen. Zuerst hatte ich damit meine Schwierigkeiten. Ich spürte sie überhaupt nicht. Der schwarze Aspekt verschafft einem Klarheit über die versteckten Dinge, die wir sonst nicht so bewußt empfinden.

Dann hörte ich von einer Studiengruppe, die einen neuen Coven gründete. Da habe ich mitgearbeitet. Denn in dem Coven davor waren alle schon zu weit fortgeschritten. Die meisten waren eingeweiht und wußten, worum es ging. Was die alles machten, das war für mich so rätselhaft. Vor allem die Sprache, die lernt man nicht im Englischunterricht in der

Schule. Die findet man auch in keinem Wörterbuch. Und Mühe um den Neuen gibt man sich generell nicht. Das ist so eine Art Test, um zu sehen, wieviel Interesse man wirklich hat, wie stark man sich selber bemüht.

In dem neuen Coven ging es besser, weil ich von Anfang an dabei war. Die anderen neuen Mitglieder hatten genausowenig Ahnung wie ich. Es war ein reiner Frauencoven mit zwei Hohenpriesterinnen. Die gemischten Coven, in die ich hineingesehen hatte, waren mir nicht geheuer vorgekommen. Die Energien stimmten nicht. Entweder sollten die Macker ihre Egos loswerden. Die hatten Probleme damit und mußten dort wieder Boß spielen. Oder sie nahmen die Religion nur als Vorwand, um eine Frau aufzureißen.

Laufen in den Coven tatsächlich diese berühmten sexuellen Orgien ab?

In den Studiengruppen, also bevor man eingeweiht wird, läuft tatsächlich noch viel Kroppzeugs herum. Leute, die aus Sensationsgründen dabei sind. Zum Teil auch kaputte Typen, die sich denken, ich zieh' mir jetzt mal ein bißchen kosmische Energie rein. Die eigentlich nichts mit Wicca zu tun haben. Leute, die auf Drogen abfahren, die fahren auch auf so etwas ab. Die werden natürlich nicht eingeweiht, sondern nach zwei Monaten gebeten, nicht mehr wiederzukommen.

Und wie läuft das nun mit den Orgien?

Das läuft privat in den Schlafzimmern der Betreffenden, verheiratet oder nicht, aber privat, hinter verschlossenen Türen. Was diese berühmten Orgien angeht, da läuft nichts, absolut nichts beim Wicca. Gut, wir haben einen Kult, den großen Ritus, da wird mit sexueller Energie gearbeitet. Aber das läuft paarweise hinter verschlossenen Schlafzimmertüren ab. Wir machen Ritus auch symbolisch. Das kann genausoviel Energie erzeugen. Jeder Coven kann selber entscheiden, ob er den symbolischen oder wirklichen Vollzug machen will. Jede Gruppe ist unabhängig in ihren Ritualen und ihren Entscheidungen. Ich weiß ein Beispiel, wo der große Ritus während eines Rituals vollzogen wurde, aber vorher haben alle anderen den Raum verlassen. Der Hohepriester und die Priesterin sind allein im Altarraum geblieben.

Können das nur Hoherpriester und Priesterin zusammen machen?

Nein, das kann jeder mit jedem machen. Nur zwei männliche Hohepriester geht nicht. Ohne Frauen läuft da nichts. Man braucht im Wicca immer die weibliche Schöpfungskraft.

Haben Sie selber schon mal einen großen Ritus vollzogen?

Ja, bei mir zu Hause.

Die sexuelle Energie ist die höchste Energie, die wir haben. Die am durchdringendsten ist, wenn man etwas erreichen will. So etwas macht man natürlich nicht jede Woche, sondern nur, wenn es wirklich darauf ankommt. Bekannte haben es zum Beispiel gemacht, als sie einen eigenen Coven gründen wollten. Sie haben diese starke Energie rausgeschickt, um auf sich aufmerksam zu machen.

Muß der Partner in dem Moment dasselbe spezielle Problem haben, das man dadurch gemeinsam lösen will?

Toll ist, wenn beide sagen, wir machen das jetzt zusammen und haben dasselbe Ziel. Man kann nicht gleichzeitig an zwei verschiedenen Sachen arbeiten. Dann verzettelt man sich und teilt die Energie. Erst eine Sache richtig vollbringen und dann die nächste Sache richtig.

Haben Sie andere Empfindungen, wenn Sie mit jemandem im Zusammenhang des großen Ritus schlafen, als sonst?

Der Sexualakt hat eine viel größere Intensität, weil man sich seiner Körperlichkeit bewußt ist. Man fühlt die Verbindungen zu den Energien im Kosmos. Das war für mich beim ersten Mal ein umwerfendes Erlebnis.

Wenn ich nun an all diese Energien des Kosmos denke, kommt dabei nicht der Partner zu kurz?

Deswegen ist es ja auch nicht einfach, den großen Ritus zu

machen. Dazu gehört Übung. Man muß lernen, die Energien zu bilden, zu steuern und mit dem Partner klarzukommen. Das kann ich nicht mit irgendeinem machen, den ich in irgendeiner Bar in der letzten Nacht kennengelernt habe. Da muß schon so eine Art Seelenverwandtschaft da sein.

Könnten Sie sich vorstellen, es auch mit einem Mann zu machen?
Durchaus.

Haben Sie es schon einmal mit einem Mann gemacht?
Nein, nur mit einer Frau. Aber wenn ich in einem gemischten Coven bin, da arbeite ich energiemäßig ja auch mit Männern. Der Mann steht dann für die männliche Energie Heros. Er hat nichts mehr zu tun mit dem weltlichen kleinen Macker. Unsere Energien verändern sich dabei, sie bekommen eine Dimension, an die man sonst nicht herankommt.

Das lernte ich in dem neuen Coven in New York, in dem ich jetzt Mitglied war. Wir trafen uns einmal die Woche, samstags um zwölf für zwei bis drei Stunden. Im Wicca gibt es nichts Festgelegtes. Man kann seine eigenen Sachen in die Rituale mit einbringen. Doch für die Anfänger macht man standardisierte Handlungen, damit sie es drin haben, damit sie verstehen, worum es geht. Zuerst lernten wir die Anrufungen. Von Anfang an wurden wir während des Rituals mit herangezogen. Und wenn wir das Offizielle, was wir sagen sollten, nicht wußten, dann sagten wir es mit unseren eigenen Worten. Die Energie, mit der die Anrufung rausgeschickt wird, ist wichtiger als die Worte, die dazu benutzt werden.

Allmählich lernte ich, selbständig in diesen Riten zu arbeiten, auch eigene Riten zu schreiben, lernte, worum es geht, daß wir für jede Situation die richtige Handlung wissen. »Richtig«, weil wir nach innen hineinhorchen müssen, was wir eigentlich wollen. Das geht um ganz alltägliche Sachen. Ich habe neben meiner Tanzausbildung an der Graham School in New York immer Brotjobs annehmen müssen. Also: Nehme ich den Job in der Buchhandlung an? Wie finde ich eine Wohnung? Wie wird das mein alltägliches Leben beeinflussen? Diese Rituale mache ich aus der Situation heraus für mich allein. Manchmal auch nur, um meine innere Ruhe zu finden, wenn ich einen total hektischen Tag gehabt habe. Bei Ritualen, die ich mit anderen mache, kommt eine sehr große Energie zustande. Das ist etwas ganz anderes. Wobei wichtig ist, daß uns von Anfang an gesagt wurde, okay, ihr bekommt jetzt diese Ausbildung. Aber dafür müßt ihr auch bereit sein, den anderen weiterzuhelfen, die den gleichen Weg suchen. Die dürft ihr nicht abweisen. Wir haben Energien in euch reingesteckt, und dieser Energiezyklus darf nicht unterbrochen werden. Das finde ich zwar gut, aber zu Anfang habe ich gedacht, Panik, Panik, das kannst du nie. Inzwischen ist mir das so vertraut geworden, ich habe Rituale im Central Park organisiert mit sechzig bis achtzig Teilnehmern, und das waren nicht alles Wiccaleute, das waren zum Teil irgendwelche Spaziergänger.

Das ist auch das Tolle bei Wicca: die verschiedenen Menschen, die zusammenkommen. Nicht wie bei der Frauenbewegung, wo es überwiegend jüngere, studierte, intellektuelle Frauen sind. Hier kommen die Leute aus allen Bevölkerungsschichten, aus allen Berufen. Auch Leute, die keine große Ausbildung haben, können als Hohepriesterin Qualitäten hervorbringen, von denen man im normalen Leben nie etwas geahnt hätte. Das war eine Superfreundschaft zwischen den Leuten. Wir haben uns auch privat getroffen, haben auch außerhalb der Gruppe Rituale gemacht oder uns gegenseitig Tarotkarten gelegt, wenn man in einer Sackgasse war und nicht weiterkam. Und wir haben gefeiert. Wir Hexen können feiern. Unsere Feste sind gut und heftig und ausdauernd. Nach etwa acht Monaten in der neuen Gruppe wurde ich 1. Grades eingeweiht.

Wie lange muß man normalerweise dabeisein, um eingeweiht zu werden?

Normalerweise gilt hier das Gesetz Merlins: ein Jahr und einen

Tag. Ich bin etwas früher eingeweiht worden, weil ich schon vorher an meiner Ausbildung gearbeitet habe.

Was bedeutet die Einweihung zum 1. Grad?

Zu Anfang habe ich gedacht, so ein Unsinn, so etwas brauche ich nicht. Aber es ist nur ein äußeres Ritual von Vorgängen, die innerlich längst abgeschlossen sind. Gegeben von der Hohenpriesterin, die sieht, daß in mir ein großer Veränderungsprozeß stattgefunden hat. Es ist zum einen rein formal, du gehörst jetzt zur Familie der Wicca. Und es ist der Schritt, ja, ich bekenne mich zu diesem Weg. Ich hatte so viele Geheimnisse über die Einweihung gehört, daß ich schließlich unbedingt wissen wollte, wie das vor sich geht.

Das möchte ich auch gerne wissen. Beschreiben Sie Ihre Einweihung.

Das kann ich nicht, und das darf ich nicht.

Dann sagen Sie das, was Sie sagen dürfen.

Offiziell darf ich überhaupt nichts sagen.

Gut, dann erzählen Sie so viel, wie Sie meinen, verantworten zu können.

Das Ritual der Einweihung ist der symbolische Tod und die symbolische Wiedergeburt. Und bei der Handlung, die man durchläuft, bekommt man wirklich den Eindruck, jetzt geht's rund. Man hat das Gefühl, hier bin ich, dieses kleine, winzige Menschlein, und das ist der riesige, unendliche Kosmos. Ich kam mir vor, als ob ich eine offizielle Lebensverbindung mit diesen Energien des Kosmos aufnähme. Ein Band, das immer dasein wird, wo ich immer rankann, wenn ich es brauche. Ich habe zum ersten Mal ganz körperlich diese Unendlichkeit erfahren, und wie klein und wie winzig mein Leben im Vergleich dazu ist. Es war einfach überwältigend. Aber nicht im Sinne von ohnmächtig. Im Gegenteil, das Bewußtsein wird kilometerhaft erweitert. Und das bleibt. Das ist eine Körpererfahrung, an die man sich immer wieder erinnert, an die ich immer wieder herankann.

Das wird durch gewisse Rituale der Hohenpriesterin erreicht?

Ja, aber ich sage nichts weiter darüber. Nur soviel, das ist eine Manipulation der Psyche. Wie es gemacht wird, ist auch nicht wichtig. Und es wäre nicht gut, wenn ich das hier im einzelnen beschreiben würde. Denn jede Psyche reagiert anders. Werkzeuge und Dinge werden gehandhabt, und der Mensch, der das liest, der kann damit nicht umgehen. Da gehen gleich wieder die Assoziationen los, fallen die Dominosteine. Da können nur Mißverständnisse entstehen.

Es sind also Rituale, die alle Sinne ansprechen?

Ja, aber ich möchte betonen, das Ritual ist in der Hand einer erfahrenen Hohenpriesterin nicht körpergefährlich.

War die ganze Gruppe bei Ihrer Einweihung dabei?

Nein, es dürfen nur die dabeisein, die selber schon eingeweiht sind.

Hat sich Ihr Leben dadurch verändert, daß Sie nun eingeweiht sind?

(Lange Pause). Ich kam mir ein bißchen erwachsener vor. Vielleicht weil ich an diese Erfahrung, die ich während der Einweihung gemacht habe, immer wieder heran kann. Das hilft, in den Alltagsdingen über dem Kleinkram stehen zu können und zu sagen, wir sind nur Menschen.

Die Hohepriesterin hat offensichtlich eine große Verantwortung. Wie wird man Hohepriesterin?

Man wird von den Mitgliedern des Coven gewählt. Das läuft ganz demokratisch ab. Aber es sollte schon eine Person sein, die mehr weiß und mehr Erfahrung hat als die anderen. Es ist einerseits ein Organisationsjob: die Treffen festzulegen, daß alle rituellen Werkzeuge da sind, die Kerzen, oder beim nächsten Mal brauchen wir einen Jupiterweihrauch, wer macht den? Das ist zum Beispiel ein Hobby von mir. Ich mache die verschiedenen Weihräuchereien selber. Daneben sollte die Person keine Schwierigkeiten in der Menschenführung haben, weil wir es in so einer Gruppe mit starken Individualisten zu tun haben. Sie muß flexibel sein, gut zuhören können, darf keine Egoprobleme haben. Sie darf den Job nicht machen, weil sie gerne herumkommandiert. Manche Hohenpriester haben damit Schwierigkeiten. Irgendwann kommen sie in diesen Powerrausch. Das ist ganz normal, daß Neuberufene erst einmal durch solch eine Power gehen. Da muß man eben nach einiger Zeit sagen, jetzt reicht's. Normalerweise, also nach den Gesetzen, die wir haben, wird eine Hohepriesterin für drei oder sieben Jahre gewählt. Aber man kann sie vorher abwählen.

Sie sprechen von Gesetzen. Gibt es ein Gesetzbuch des Wicca?
Nach der Einweihung bekommt man ein »Grimoire« und das »Buch der Schatten« ausgehändigt. Das »Grimoire« ist ein Arbeitsbuch, ein Handbuch mit Rezepten für Räucherungen, Kräuter, Weine für Met.

Ich habe hier ein »Buch der Schatten« vor mir liegen. Der erste Satz lautet: »Wisse, daß du nie allein bist.«
Damit ist sicher gemeint, daß man immer in einem inneren Kontakt mit sich selbst sein kann, immer an Energien der Göttin und des Heros und an die Energien der Wiccagemeinschaft herankommen kann. Aber ich finde es nicht richtig, daß ein »Buch der Schatten« gedruckt vorliegt und jedem zugänglich ist. Auch aus psychologischen Gründen. Man hat nichts mehr, worauf man sich freuen kann. Sie müssen sich vorstellen, wie groß die Erwartungshaltung bei der Einweihung ist. Als erstes lesen alle das ausgehändigte »Buch der Schatten« durch. Gut, auch Starhawk ist zu Dreiviertel ein »Buch der Schatten«. Aber Nutzen überwiegt, weil ich die Übungen, wenn ich sie schwarz auf weiß vor mir habe, auch als Anfänger zu Hause nachmachen kann.

Für mich waren die Rezepte im »Grimoire« das spannendste. Ich wollte als erstes die Bestandteile der Flugsalbe wissen. Das ist inzwischen ein Hobby geworden, ich habe 34 verschiedene Rezepte für die Flugsalbe.

Auch schon ausprobiert?

Ich brauche, um »fliegen« zu können, solche Salben nicht. Ich kenne aber viele Leute, die es damit machen. In New York hatte ich Freunde, die auf dem Land lebten. Ich fuhr zu denen raus und holte mir die Sachen, die ich brauchte, aus dem Wald. Hier in Hamburg bin ich so ein richtiger Großstadtschamane geworden. Ich gehe in den nächsten Kräuterladen und kaufe alle Zutaten.

Kann man lernen, Hexe zu sein?

Hexe heißt, daß man verschüttetes Wissen in sich hat, daß man sich seiner Energie bewußt wird, daß man Magie macht. Und das kann man lernen. Man muß nur den Mut haben, sich mit den Energien zu verbinden. Ich lerne, wenn ich in die Vergangenheit zurückgehe, in ein vergangenes Leben, um zu sehen, wie habe ich damals was gemacht. Das ist auch eine Technik, die man lernen kann. Wir verbinden uns mit der weiblichen Energie, zu der wir gehören. Wir sind ein Teil dieser Energie, die wir heranrufen. Da kommt nichts von außen. Wir haben alles in uns. Da liegt auch der Unterschied zu den Sekten. Viele versuchen, uns in diese Ecke zu drängen. Aber wir sind keine Sekte. Wir sind eine alte Naturreligion, die auf die keltische Urreligion zurückgeht. Wir sind nichts neu Erstandenes. Es hat immer Menschen gegeben, die sich nicht wohl gefühlt haben in der logisch-rationalen Welt. Früher haben die Menschen sowieso viel enger mit der Natur gelebt, so daß sie automatisch eine Achtung davor hatten. Sekten haben einen Anführer, der sich etwas ausgedacht und Jünger um sich gesammelt hat. Das Finanzielle spielt eine ganz große Rolle, da gibt es Doktrinen und Hierarchien. Das fehlt bei uns total. Es gibt zwar Menschen, die sich hervorgetan haben, wie Starhawk oder Gerald Gardner, aber das sind keine Gurus. Absolut nicht.

Das macht aber auch den Zusammenhalt und die Ausbreitung Ihrer Wiccareligion schwierig.

Wir wollen ja nicht missionieren. Wir sind doch keine Katholiken, die sagen, wir brauchen unbedingt mehr Menschen, weil wir die Macht wollen. Uns geht es nur darum, daß Leute, die uns suchen, uns auch finden können. Und deshalb gebe ich Ihnen dieses Interview. Oder wenn ich meine Kurse anbiete… Mir geht es zuerst einmal darum, Vorurteile abzubauen.

Wollen Sie eine deutsche Starhawk werden? Sie wissen sicher, daß man Starhawk vorwirft, ganz schön Geld für ihre Seminare zu nehmen.

Ich möchte erst einmal etwas richtigstellen: Die Mitglieder in Starhawks Coven haben nie einen Pfennig Geld dafür bezahlt. Man kann für unsere Religion nicht bezahlen. Auch in meiner Wiccastudiengruppe, die auf die Gründung eines Coven hinausläuft, ist der Unterricht für ernsthaft Interessierte kostenlos. Alle Suchenden sollen erfahren können, ob Wicca der richtige Weg für sie ist. Die Kurse sind etwas anderes. Die biete ich als zeitlich begrenztes Antasten einer neuen Erfahrungsebene an, als Möglichkeit einer neuen Frauenspiritualität. Und die Kosten müssen eben von allen getragen werden. Bei Starhawk kommt noch hinzu, daß sie extra aus den USA herüberkommen muß. Das liegt einfach daran, daß es in Deutschland viel mehr Leute gibt, die lernen wollen, als Leute, die unterrichten können. Ich stehe immer noch mit einer Hohenpriesterin in New York in Verbindung, ich lerne weiter, habe inzwischen meinen 2. Grad bekommen und arbeite auf meinen 3. Grad hin.

Was bedeutet es, wenn Sie sagen, ich bin Wiccapriesterin?

Ich möchte an die Tradition anknüpfen, als es noch Priesterinnenkollegs gab. In der vorchristlichen Zeit, bei den Kelten zum Beispiel. Oder noch vierhundert Jahre nach Christus bei den Druiden. Ich vermute stark, daß auch die spätmittelalterliche Hexenverfolgung ein Teil dieser langen Kette ist. Ich sehe da eine Linie, die aber nicht kontinuierlich ist. Es hat immer Gruppen von Frauen gegeben, die sich einer Wissenden angeschlossen haben, um sich ausbilden zu lassen, um in die Dörfer zu gehen und wieder andere auszubilden. So ist durch Jahrhunderte ein Wissen weitergegeben worden. Ich zeige Übungen, wie man Energien anruft, sich mit Hilfe dieser Energien nicht mehr allein zu fühlen braucht und jeder Situation gewachsen ist. Und das ist nun wirklich seit Urzeiten überliefert, daß Menschen sich immer mit Energien, die außerhalb der Erde existieren, auseinandergesetzt haben. Das, was wir machen, ist nur eine Weiterführung.

Ist es auch eine Weltflucht?

Nein, ich bin ja politisch aktiv. Ich habe bei der Frauenbewegung mitgemacht und mache noch mit. Ich halte in der Lesbenwoche in Berlin Vorträge und Seminare über interdisziplinäres Arbeiten von Künstlerinnen und möchte dort ein Netzwerk gründen. Ich arbeite friedenspolitisch. In Seneca Falls, wo die Cruise-Missiles stationiert sind, habe ich Energiearbeit mit Frauen gemacht.

Meinen Sie damit den nächsten Atomkrieg verhindern zu können?

Wenn wir alle ein wenig dazutun, glaube ich schon, daß wir eine Aufmerksamkeit auf dieses Thema lenken und Leute zum Nachdenken bringen können, die sich sonst nicht darum kümmern. Und vielleicht schlägt es Wellen, so daß von diesen Leuten wieder ein paar aktiv werden. Ich bilde mir nicht ein, direkten Einfluß auf das Pentagon zu haben. Aber es ist mir wichtig, nicht nur danebenzustehen und zu sagen, ich kann ja doch nichts machen. Ich habe mit den Frauen des Camps Energiearbeit gemacht, bevor sie die Zäune stürmten. Dieses Bild der Großen Göttin in sich zu tragen, zu wissen, daß diese Energie da ist, an die wir uns immer wenden können, die uns Schutz gibt, die dem Gefühl der Hoffnungslosigkeit entgegenwirkt, das ist schon eine tolle Sache.

Streben Sie eine gerechtere Gesellschaft an?

Eine menschlichere Gesellschaft. Gerecht beinhaltet das Wort Recht. Und Recht ist abhängig von dem Standpunkt desjenigen, der etwas zu sagen hat. Wir wollen ja keine Wiccakultur-revolution anzetteln, um die Gesellschaft mit Brachialgewalt zu verändern. Es ist illusorisch zu sagen, in hundert Jahren wird Wicca die Hauptreligion hier auf unserer Erde sein. Das streben wir gar nicht an. Wicca ist nicht eine Religion für jeden. Man muß sich da ganz schön einbringen.

Glauben Sie, daß Wicca in Deutschland auch eine solche Aus-breitung erfahren wird wie in den USA?

In Deutschland schrecken noch viele davor zurück, mit ger-manischen Göttern zu arbeiten. Das hängt mit der Hitlerzeit zusammen. Diesen Aspekt habe ich auch für mich erst einmal durcharbeiten müssen, weil ich ja nicht in die Ecke von Neo-nazis gestellt werden will. Mit denen habe ich absolut nichts ge-meinsam. Wir haben Entsprechungen in anderen Naturreligio-nen wie Voodoo oder indianischem Schamanismus. Ich will doch niemanden missionarisch überzeugen. Ich will nur helfen. Zusätzlich zu meinen Kursen mache ich öffentliche Rituale. Jeder kann daran teilnehmen. Sie sind gerichtet an Frauen, die mehr über die Göttin in sich, über verschiedene Techniken er-fahren wollen. Es sind Wege, um an ihre innere Kraft heranzu-kommen, wie man mit bestimmten Werkzeugen und Übungen zu eigenen Erkenntnissen gelangen kann. Ohne Lehrer. Einfach für Frauen, die sagen, Wicca interessiert mich, aber nicht als Re-ligion. Mich interessieren nur bestimmte Rituale.

Wie läuft solch ein öffentliches Ritual ab?

Dabei geht es sehr lustig zu mit Lachen, Tanzen, Singen. Wir sehen Religion nicht so verbissen, wie wir es von der Kirche her kennen, da ist alles so andächtig und gezwungen. Da wagt kaum einer richtig zu atmen. Erst einmal wird magisch gear-beitet. Es gibt eine Gruppe von Agierenden, so ähnlich wie Schauspieler; die anderen, die auch ohne Vorahnung mitma-chen können, stehen im Kreis um sie herum. Alles ist nicht so bierernst. Anschließend wird gefeiert. Und zwar genauso aus-giebig und intensiv, wie man die magische Arbeit macht.

Ich kann da ein schönes Beispiel bringen. Starhawk war einmal in New York und hat in einer Frauengalerie ein öffentliches Ritual gemacht, hat erst eineinhalb Stunden nur über Wicca geredet, hat Fragen beantwortet, und dann kam sehr gut heraus, daß etwa die Hälfte dieser Menschen noch nie etwas mit Wicca zu tun gehabt hatte. Die andere Hälfte war aktiv in der Religion. Da waren ganze Coven erschienen, insgesamt achtzig bis neunzig Leute. Wir haben gesagt, macht einfach nur nach, was wir machen. Die Energie war toll, die war Spitze.

Die öffentlichen Rituale sind überwiegend Sonnenrituale. Die Mondrituale macht man meistens nur im geschlossenen Coven. In dieser Galerie haben wir nicht sehr mit Kerzen gearbeitet, schließlich wollten wir nicht die ganze Kunst, die an den Wänden hing, anbrennen. Wir haben jeweils ein Lied gesungen über alle vier Himmelsrichtungen und so den Kreis gezogen. Es war leicht zu lernen, und alle haben mitgesungen, immer wieder. Dann werden Gottheiten angerufen, und alle wiederholen das, wie, das überläßt man dem Zufall. Das sind kurze Lieder, die man ziemlich schnell lernen kann, die eine einfache Melodie haben, die man immer wieder von vorne singt. Dadurch bildet sich Energie, und die Leute werden einfach kribbelig, können nicht mehr stillstehen; man fängt an zu rennen, läuft im Kreis. Das gibt immer mehr Energie. Und wenn die Energie so groß ist, daß man nur noch vibriert, wenn die Energie an ihrem Höhepunkt ist, dann sagt die Hohepriesterin: »Jetzt laßt die Energie los.«

Man reißt die Arme hoch und stellt sich vor, daß die Energie aus den Händen, aus dem Kopf auf die Mitte zufließt, sich bündelt. Das ist wie bei einem Hurrikan, daß dadurch so eine Tüte entsteht und die Energie weggeht auf das Ziel zu, das man sich vorgestellt hat. Dieses Ziel ist vorgegeben, oder man sagt generell, das Ziel ist Heilung. Jeder hat dann eine andere Heilungssache. Hinterher ist man so fertig, die Energie schießt ja nur so raus aus einem. Dann kommt die totale Abschlaffung.

Man legt sich auf den Boden und erdet sich. Das ist ganz, ganz wichtig, denn wenn man Restenergie in sich hat, dann wird der Körper so unruhig, dann kann man nachts nicht schlafen, dann ist man kribbelig. Man muß die einfach erden. Also das, was man nicht mehr braucht, gibt man an die Erde zurück. Ich kann aber auch die Restenergie, die zum Schluß noch da ist, für mich nehmen. Wenn zum Beispiel meine Schulter weh tut, tu' ich dort ein wenig Restenergie rein, um das zu heilen. Denn Schulterschmerzen sind meistens Blockaden. Und wenn ich die auflöse, dann fließt die Energie wieder hindurch. Bei mir ist das sowieso eine ganz komische Geschichte. Ich hätte nie von mir gedacht, daß ich die Fähigkeit zum Heilen habe. Meine erste Hohepriesterin machte mich darauf aufmerksam, daß ich eine unheimlich starke Heilungsenergie ausstrahlen würde, und fragte, ob ich die schon mal eingesetzt hätte. Ich wußte nicht, daß sie die Energie meiner Handflächen meinte. Ich glaubte, Heilen hat etwas mit Kräutern zu tun, und lernte Kräuter. Einmal habe ich aus Verzweiflung heraus – meine Katze war sehr krank – es mit Handauflegen versucht und die Schmerzen weggekriegt. Meine erste Erfahrung an mir selber machte ich, als ich ein steifes Zehgelenk hatte und kein Arzt mir helfen konnte. Ich habe Bergkristalle aufgelegt, das Gelenk wieder in Ordnung gekriegt und konnte wieder tanzen. Danach setzte ich meine Heilkraft ganz bewußt ein. Ich habe viele Freunde, die Tänzer sind, die oft Verletzungen haben, wo die Kniescheiben nur so rumschlottern. Ich habe ihnen zusätzlich Übungen gezeigt, um die Bänder und Muskeln wieder zu festigen. Also nicht nur Kristalle und Handauflegen. Das muß Hand in Hand gehen.

Machen Sie auch Magie, um zum Beispiel einen verlorenen Liebhaber zurückzubekommen?

Erst einmal würde ich mit diesem verlorenen Liebhaber darüber reden, wie die Sache aussieht. Die weltlichen Dinge ausschöpfen. Daneben ist es sowieso fraglich, was man damit erreicht, jemanden gegen seinen Willen zurückzuholen. Das könnte ich nicht verantworten. Ich habe einige Erfahrungen in dieser Richtung gemacht. Das Resultat war furchtbar. Der andere fühlte sich total unwohl, eingezwängt, überrannt. Ich mußte wieder Energie in die Sache setzen, um sie dann wirklich und endgültig aufzulösen.

Sie lehnen Schwarze Magie ab?

Eine Hexe, die heilen möchte, muß auch vernichten können. Wenn ich einen Tumor heilen will, dann reicht es nicht zu sagen, lieber Tumor, hör bitte auf zu wachsen, sondern der Tumor muß zerstört werden. Man kann das nicht so einfach trennen. In der Vernichtung kann ja auch ein positives Ergebnis liegen.

Wie erklären Sie, daß plötzlich heidnische Kulte ein solches Interesse hervorrufen, fast zu einer Modebewegung geworden sind?

Da ist eine riesige Bewegung. Aber wie bei jeder Welle, Feministenwelle, Ökowelle, Psychowelle, alles schwappt. Bei jeder neuen Sache springen die Leute erst mal darauf los, lassen sich ein halbes Jahr da reinziehen, und schon ist eine neue Welle da. Aber es gibt einen Kern von Leuten, die sich ernsthaft interessieren. Viele von der Feministenbewegung sind auch in der Öko- oder in der New-Age-Bewegung. Das heißt doch nicht, wenn ich jetzt Wicca mache, bin ich keine Feministin mehr. Im Gegenteil, die verschiedenen Gruppen verbinden sich im Wicca, befruchten sich gegenseitig. Woran ich mich nur bei der New-Age-Bewegung stoße, ist ihre Überheblichkeit. Zu behaupten, wir sind die Generation der Wissenden, wir werden den bevorstehenden Weltuntergang überleben, wir sind die Auserwählten. Ich meine, wir haben es in der Hand, ob uns ein Weltuntergang bevorsteht. Wir können das Steuer noch herumdrehen. Manchmal bekümmert mich unsere augenblickliche Situation auch sehr, weil unser Bewußtsein zwar im Volk ist, aber noch nicht in den Regierungen. Doch ich glaube, wir werden etwas ändern können. Denn die Wicca-, die Öko-, die Feministen- und die New-Age-Bewegung haben eine gleiche Basis. Die verstärken sich gegenseitig und gewinnen dadurch viel Kraft. Immer mehr Menschen fangen an, mit den Naturenergien zu arbeiten, um auf diesem Weg zu Wicca oder zu einer anderen Naturreligion zu kommen.

Was empfehlen Sie denjenigen, die sich für Wicca interessieren und Kontakt aufnehmen wollen?

Anzeigen in die Szeneblätter und Stadtteilzeitungen zu setzen. Sie können sie formulieren wie eine Anzeige, die ich gerade gefunden habe und die ich ganz toll fand: »Schwestern der Mondin, Töchter der Erde, wo seid ihr? Ich suche Gedankenaustausch.« Wer das liest, der weiß gleich Bescheid.

Was hat Ihnen persönlich Ihre neue Religion gegeben?

Daß ich mir mehr zutraue. Als junges Mädchen war ich ein fürchterlicher Haudegen, so eine richtige Ruhrpottgöre. Dieses Selbstbewußtsein nach außen, das hatte ich schon, aber nach innen, da war nichts, da war's nur düster. Ich war auch viel allein. Leute nehmen immer an, daß ich so unheimlich stark bin. Niemand hat erkannt, daß auch ich eine Schulter brauche zum Ausheulen. Auch jetzt fühlen sich noch viele eingeschüchtert, weil sie in meine Arbeit etwas hineininterpretieren, was überhaupt nicht drin ist. Die meine Arbeit nicht verstehen und sagen, ist ja alles Unsinn. Mir geht es darum, verlorenes Wissen wiederzubekommen.

Das Problem ist doch, daß viele Informationen, die ich mit dem Bauch bekomme, auf dem Weg zum rationalen Denken im Kopf wieder verlorengehen. Und daran arbeite ich ganz beharrlich, um das zu verhindern. Ich habe eine ganz andere Sensibilität entwickelt. Ich habe erfahren, wieviel Energien und Kräfte in mir stecken, von denen ich vorher keine Ahnung gehabt habe. Sonst hätte ich nie die Tanzausbildung in der Graham School geschafft. Die ist schlimmer als die Armeegrundausbildung. Die meisten springen nach ein paar Wochen oder

Monaten wieder ab. Und ich habe durchgehalten. Ich lass' mich nicht mehr so schnell durch irgend etwas überwältigen, sondern kann einschätzen, was wirklich dahintersteckt. Heute habe ich ein Selbstbewußtsein voller Kraft und ruhiger Sicherheit auf einer ganz anderen Ebene.

Christoph K., 43, Diplomingenieur
Hexenname: Belladonna

»Wenn Sie sich als Hexe bekennen,
wird Ihnen das Leben nur schwergemacht.«

Mein Interesse für das Hexenwesen wurde geweckt, als ich hörte, daß die evangelische Kirche ein großes Archiv über die neuen Hexen besitzt und auch ganz speziell über Gruppen, die den Wiccakult praktizieren. Das war vor einigen Jahren, da war Helmut Schmidt noch Bundeskanzler und veranstaltete in Bonn ein Sommerfest unter dem Namen Walpurgisnacht. Die Kirche lief Sturm! Sämtliche klerikalen Gruppen. Die Walpurgisnacht ist eben für die Kirche etwas Heidnisches. Und heidnisch ist alles, was nicht in ihre kirchlichen Auffassungen hineinpaßt. Ja, und da hab' ich denen geschrieben. Sie sollten doch ganz still sein nach dem, was sie im späten Mittelalter mit den Hexen gemacht haben, diese unendlichen, grausamen Verfolgungen. Aus der Antwort ersah ich, welche Informationen die schon wieder gesammelt haben. Da wurde ich plötzlich hellwach. Ich ging in meine Buchhandlung und kaufte mir sämtliche Bücher, die es über die historischen Hexen gab. Dann fing ich an, Bücher zu dieser Thematik zu sammeln, durchstöberte Antiquariate, auch im Ausland.

Das Interesse hatte also bei mir im Kopf angefangen. Ganz zuerst als Verneinung; ich hatte immer stark negativ auf das Wort Hexe reagiert. Das Lesen, das Sichdamitbefassen, lief noch über den Kopf, aber es faszinierte mich immer mehr. Dann kam der erste Volkshochschulkurs über Hexen, den ich besuchte. Danach ging ich noch einen Schritt weiter. Ich gab Anzeigen auf, daß ich eine Hexengruppe suchte. Das ist auch schon viele Jahre her. Aus der Zeit habe ich immer noch zwei, drei Verbindungen. Jetzt bin ich dabei, einen eigenen Coven aufzumachen. Aber nur mit Leuten, die das nicht auf die leichte Schulter nehmen, die sich ernsthaft damit befassen und auch etwas von sich einbringen.

Die negative Befrachtung des Wortes Hexe ist in der Allgemeinheit immer noch da. Deswegen kann ich mich öffentlich nicht zum Hexenwesen bekennen. Verfolgen Sie doch nur die Berichte in den Medien über Personen, die sich zu etwas bekennen, was außerhalb des Normalen liegt. Das wird sofort negativ ausgelegt. Das könnte ich mir schon beruflich nicht leisten. Da würde man mir solche Schwierigkeiten machen. Deswegen möchte ich dieses Gespräch auch nicht unter meinem Namen machen, sondern unter einem Pseudonym. Als Schutz vor den Angriffen gewisser Leute, die das Hexentum doch nicht verstehen, die nicht bereit sind, etwas zu akzeptieren, das von ihrer Meinung abweicht.

Wollen Sie sich nicht mit denen auseinandersetzen?

Augenblick, ich würde mich gerne mit denen auseinandersetzen. Aber diese Leute sind ja nicht bereit, mit mir zu diskutieren. Unsere Gesellschaft ist dahingehend ausgelegt, daß jeder unbedingt recht haben will. Jede Meinung, die davon abweicht, wird niedergemacht. Was soll ich mich da groß herumschlagen? Die anderen Gruppen machen es doch genauso, die geben es auch nicht zu. Ich habe Kontakt zu verschiedenen Hexengruppen. Aber zwangsläufig schotten sich die Leute ab. Deswegen ist es auch so schwer zu sagen, wie viele es inzwischen in Deutschland gibt. Wenn Sie sich als Hexe bekennen, wird Ihnen das Leben nur schwergemacht.

Glimmen die Scheiterhaufen immer noch?

Im geistigen Bereich sicher. Nehmen Sie doch die Hexenschule im Rheingau. Wie sie über die hergezogen sind, wie man denen Schwierigkeiten gemacht hat. Und wer hat die Schwierigkeiten gemacht? Die Männer. Da sehe ich die generelle Angst des

Mannes vor der Frau. Die reagiert anders, die hat andere Gerüche, die ist im Mondzyklus, das heißt, sie kriegt alle 28 Tage ihre Regel, sie gibt Körpersäfte von sich. Sie ist in sich anders; das birgt eine gewisse Gefahr. Sie kann Leben geben, aber auch nehmen, wenn Sie die geschichtlichen Hexen betrachten. Die hatten ja eine Aufgabe in der Gesellschaft. Sie waren Ärztinnen, Hebammen; sie waren in der Lage, Geburten zu regeln, in unserem heutigen Sprachgebrauch, sie konnten Abtreibungen vornehmen. Sie wußten, wie die Frau die Geburt als etwas Gutes und Schönes empfindet, wie sie in Ruhe gebären konnte – und nicht mit Schmerzen, wie es die Kirche vorschreibt. Und das waren schon gewisse Punkte, die den Männern Angst einjagten. Für den Mann ist die Frau ein unbekanntes Wesen. Und was man nicht kennt, davor hat man Angst. Auch wenn dies vielfach kaschiert wird. Ich merke das im Umgang mit anderen Männern, wie schlechte Witze über Frauen gemacht werden. Oder in der Werbung.

Die Frau ist dem Mann unheimlich. Viele Männer haben eine wahnsinnige Berührungsangst, die in Wirklichkeit nur Angst vor sich selbst ist. Der Mann versucht immer, in irgendeiner Weise logisch zu sein. Diese Logik stellt ja auch einen gewissen Panzer dar. Wenn ich mich logisch gebe und alles beweisen kann, dann kann mir keiner an den Karren fahren. Als Hexe muß ich bereit sein, Sachen in mich aufzunehmen, die wohl vorhanden sind, die ich aber logisch nicht in den Griff bekomme.

Verstehen Sie sich als Hexe?

Ja, wenn man dabei die positive Seite sieht: auf jemanden zugehen, jemandem etwas Gutes tun. Den anderen Menschen so nehmen, wie er ist, auch wenn er eine andere Meinung hat. Nach Möglichkeit versuchen, aus allem etwas Positives zu machen. Das Negative ist für mich alles Zerstörerische. Ich bin nicht für das Zerstören, ich bin für das Erhalten. Und da sind wir bei der Hexerei. Soweit ich es sehe, kommt die Wurzel aus den matriarchalen Religionen. Das Hexentum ist ein Rest davon oder auch eine Weiterentwicklung. Ich weiß, daß es hier verschiedene Strömungen gibt. Andere sagen, das heutige Hexenwesen ist neu aufgekommen. Ich meine, die Urquelle ist in den alten Fruchtbarkeitsreligionen zu sehen, in der alten weiblichen Religionsform, mit weiblicher Priesterschaft, die sich erhalten hat trotz jahrhundertelanger Verfolgungen, wie sie auch jetzt wieder hochkommen. Natürlich hat die Kirche Angst. Ich habe gelesen, daß es in den USA bereits über eine Million Hexen geben soll. Vor allem im Westküstenbereich soll der Anteil derer sehr stark sein, die sich zu dem Glauben bekennen, also Richtung Wiccakult.

Welcher Religion gehören Sie an?
Ursprünglich bin ich evangelisch und bin auch jetzt noch Kirchensteuerzahler. Aber, um es deutlich zu sagen, ich bin natürlich nur eine Karteileiche in dieser Kirche.

Warum sind Sie nicht ausgetreten?
Aus Faulheit. Wobei ich einen Unterschied mache zwischen Kirche und Christentum. Der uns überlieferte Jesus von Nazareth ist ja auch auf die Menschen zugegangen und hat Positives vermittelt. Die Institution Kirche dagegen behauptet, daß sie bestimmte Rechte hat. Diese Rechte hat sie im Zusammenspiel mit den herrschenden Gruppen, sprich Regierungen, abgesichert. Das sind starre, vorgeschriebene Schemata. Wenn Sie in die Kirche gehen, da läuft alles nach Schema F. Und dagegen bin ich.

Das Hexentum ist nirgends dogmatisch. Sie sind nicht gezwungen, einen Ritus in irgendeiner bestimmten, vorgegebenen Form auszuführen. Auch Starhawk sagt immer wieder, alles ist variabel. Jeder soll seinen eigenen Weg finden. Den Weg zu Wicca, zur Göttin, zu dieser Religion. Jeder Coven hat seine eigenen Regeln und kann sich seine Rituale selber machen. Im Hexenwesen gibt es auch keine Hierarchie. Es gibt kleine Gruppen, und um so größer ist das persönliche Verhältnis zueinander. Man kennt sich, man fühlt sich persönlich angesprochen, geht aufeinander zu, freut sich, wenn man den anderen sieht. Wie in einer Familie. Man akzeptiert sich, ist nicht auf Abwehrhaltung. Man nimmt die ganze Sache nicht so ernst, man lacht, macht Unfung miteinander. Das alles vermisse ich im kirchlichen Raum total.

Und dann der Aspekt der Unterdrückung der Frau, wofür die Hexenverfolgungen ja nur ein Ausdruck sind. Der »Hexenhammer« war doch *das* Gesetzbuch zum Niedermachen der Frauen. Der gibt Ihnen juristische Aufschlüsse, wie Sie jeder Frau sagen können, du bist eine Hexe. Die waren von vornherein schuldig. Mit rechtlicher Absicherung sagen zu können, ich mache mir die Frau total untertan, als Ergebnis der Zusammenarbeit der Kirche mit den herrschenden Gruppen, darauf kam es an. Gehen Sie doch in die Kirchengeschichte hinein. Sie werden den großen Haß gegenüber Frauen feststellen. »Das Weib verhält sich zum Mann wie das Unvollkommene und Defekte zum Vollkommenen«, sagt Thomas von Aquin; und Papst Pius II.: »Wenn du eine Frau siehst, denke, sie sei der Teufel, sie ist eine Art Hölle.« Im Alten Testament war die Frau die personifizierte Versuchung.

Israel war umgeben von Religionsgruppen, die eine Muttergöttin hatten. Die Juden mußten sich ihren Gott erst einmal richtig aufbauen. Die Frau wurde diskriminiert, das war die ideologische Absicherung. Jesus von Nazareth war ein Schnittpunkt. Der hatte in seiner Gefolgschaft viele auch sogenannte gefallene Frauen. Denn wir müssen uns darüber im klaren sein, jede Geschichtsschreibung ist immer die Geschichtsschreibung des Siegers, nie des Verlierers. Und Sieger waren in diesem Fall der Mann und die Kirche als Vertreter des Mannes. Die Kirche ist eine Männerkirche. Die Frau ist der letzte Abfall, das Schlechteste vom Schlechten. Und wenn Sie über Jahrhunderte eine solche Ideologie eingebleut bekommen, dann nehmen Sie die irgendwann auf sich.

Haben die Frauen selber das auf sich genommen?

Ja, denn niemand kann sich von seiner Kultur trennen. Selbst wenn ich mich heute zum Hexenwesen bekenne, werden auch in diesem Gespräch immer wieder Wörter auftauchen, die sich auf das Christentum beziehen. Im Hexentum ist der weibliche Part stärker vertreten. Das finde ich eben gut, weil – ganz generell gesagt – mir Frauen lieber sind als Männer. Natürlich weiß ich, daß nicht jede Frau ein Engel ist, aber die Frauen arbeiten mehr mit dem Bauch. Männer sind so starrköpfig. Die meinen, wenn sie irgendeinen Gedankengang oder eine Lösung haben, das sei die einzig richtige. Ihnen fehlt die Variabilität und das Aussichherausgehen. Das können Frauen besser, und das spiegelt sich in dieser Religion wider. Hier darf man Gefühle zeigen. Die Frauen selber gehen auch mehr aufeinander zu, stehen nicht in einer Konkurrenz zueinander, werden nicht gegeneinander ausgespielt. Hier werden sie als Frauen anerkannt, hier sind sie Gleiche unter Gleichen. Deswegen interessieren sich auch immer mehr Frauen für das Hexentum. In Volkshochschulkursen oder Vorträgen, an denen ich teilnahm, waren etwa neunzig Prozent Frauen und nur zehn Prozent Männer. Aber es ist nur schwer zu sagen, daß dieses Verhalten typisch sei. Ich bin hier in einem Magiekurs, da sind wir dreißig Prozent Männer.

Was fasziniert Sie persönlich am Hexenwesen?

Daß alles Leben geehrt und anerkannt wird, daß man sich als Teil des gesamten Lebensuniversums sieht, daß Menschen füreinander da sind, offen und positiv mit sich und dem Leben umgehen. Aber es ist so schwer, hierbei zu einer logischen Aussage zu kommen. Ich stelle mir ja selber oft die Frage, was mir daran so wichtig ist. Ich kann nur rein gefühlsmäßig sagen, das spricht mich eben an, das gibt mir etwas. Ich weiß natürlich, daß »mann« da schnell Gefahr läuft, als Spinner belächelt zu werden, wenn man sich unlogisch gibt.

Ein Beispiel: Kürzlich erzählte ich einem Kollegen – der ist

Diplomingenieur wie ich – von Hawaii. Ich war dort in einer Gegend, wo es die sogenannten heiligen Steine gibt. Die habe ich gesucht. Schließlich fragte ich einen Einheimischen. Der sagte, da kannst du lange suchen. Die Amerikaner hatten in den sechziger Jahren schon vorgehabt, diese Steine zu entfernen. Sie sind mit den dicksten und stärksten Bulldozern darangegangen, aber sie haben die Steine nicht wegbekommen. Die schweren Maschinen haben immer direkt davor ihren Geist aufgegeben. Kein Mensch konnte das logisch erklären. Man hat die Maschinen auseinandergenommen, die waren okay. Dann haben die Einheimischen gesagt, wir geben die Steine wieder zurück an ihren alten Ort Tahiti. Sie haben eingeborene Priester, Kahunas, kommen lassen, die haben den Steinen ihr Mana genommen, ihre Kraft. Ja, und da machte es keine Schwierigkeiten mehr, sie wegzuschaffen und zu verschiffen. Sie stehen jetzt wieder in Tahiti und haben ihr altes Mana.

Doch erzählen Sie dies mal einem logisch denkenden Europäer. Dieser Kollege hat mich nur angeguckt und gedacht, ich spinne. Aber für Leute, die sich etwas mehr mit dieser Thematik befassen, ist das nichts Unbekanntes. Die können das verstehen. Genauso wenn ich sage, jemand hat eine positive Ausstrahlung. Damit kann ich etwas Gutes erreichen, ich kann positive Strahlungen von mir weggeben. Und dasselbe im Negativen. Man sagt, ich versuche dir etwas Negatives aufzuhalsen. Das wirkt nicht von heute auf morgen. Das wirkt nur im Laufe der Zeit. Man kann es auch nicht formelmäßig erklären. Wahrscheinlich geht das in die gleiche Richtung wie Warzen oder Rosen besprechen. Da kommen wir mit unserer Logik nicht weiter. Ich kann nur gefühlsmäßig sagen, ich will mit meiner Ausstrahlung nur das Positive anstreben. Dabei glaube ich nicht, daß eine generelle Trennung zwischen Schwarzer und Weißer Magie überhaupt möglich ist. Meine Linie ist: Meide es, jemand anderen zu schädigen, denn du schädigst dich damit selbst.

Und wenn der Hexenkult eine weibliche Region ist, dann verehre ich in der Frau einen wichtigen, einen schönen Teil der Natur. Die Frauen haben eben im Gegensatz zu den Männern etwas Faszinierendes an sich.

Muß man sie deswegen gleich zu Göttinnen erheben?

Man muß nicht, aber man kann.

Sie machen es?

Ich hoffe.

Alle Frauen?

Wenn ich von Vergöttlichung spreche, dann meine ich das Wesen der Frau: daß sie geben kann, daß sie mehr zu ihren Gefühlen steht als der Mann. Der bringt es nicht fertig, mit Gefühlen zu arbeiten, sie für sich zu verarbeiten und sich weiterzuentwickeln. Der ist zu sehr nach außen orientiert. Ich selber bin gefühlsbetont, möchte positive Gefühle austauschen, und deswegen interessiert mich diese weibliche Religion, die dem Leben zugewandt ist, die das Leben in jeder Form verehrt.

Was sagen die Leute aus Ihrem Bekanntenkreis dazu?

Da muß ich einen Unterschied machen zwischen meinen weiblichen und meinen männlichen Bekannten. Die männliche Bekanntschaft ist nicht allzu groß. Die belächelt mich etwas. Die weibliche geht darauf ein. Mit denen spreche ich offen darüber, geb' ihnen Literatur. Etliche Frauen haben mir gesagt, ja, ich bin eine Hexe.

Was meinen die damit?

Das läuft auf einer gefühlsmäßigen Ebene ab, das können die gar nicht formulieren. Es spricht sie eben an, es gibt ihnen etwas, sie haben eine Ader dafür. Aber das muß langsam wachsen, das muß aus dem Bauch kommen. Genauso wenn sie einen Coven bilden. Ich wehre mich dagegen zu sagen, heute treffen wir uns, und in vierzehn Tagen steht die Sache. Man muß erst einmal persönlich miteinander gut zurechtkommen. Es sollte untereinander funktionieren. Man muß sich mögen, einen gewissen zärtlichen Part miteinander haben. Dabei ist egal, ob die Partner miteinander verheiratet sind. Sie müssen Spaß an der Sache haben, lebensbejahend und nicht so dogmatisch sein, das Positive, weiblich Göttliche anbeten, Rituale miteinander machen, sie gemeinsam Stück für Stück aufbauen. Klar, daß man nicht von vornherein, wenn man sich kaum kennt, Nacktes miteinander machen kann. Wobei man im zärtlichen Miteinanderumgehen das Menschliche und das Körperliche nicht trennen kann, wie es die Kirche tut. Man kann nicht den Unterschied machen: Hier ist der Körper, dort ist die Seele. Überlegen Sie doch nur, wie es in unserer Gesellschaft tabuisiert ist, sich gegenseitig zu berühren.

Ja, es ist auffällig, wie Sie den Körperkontakt, die Berührung suchen.

Ich bitte vielmals um Entschuldigung, wenn Sie das stört, wenn das jetzt negativ bei Ihnen ankommt. Aber wenn ich mich mit jemandem unterhalte, dann will ich mich mit der ganzen Person unterhalten. Gut, wir machen jetzt hier ein Interview. Aber wir sind doch zwei Menschen, die zusammen etwas schaffen wollen. Dann kann ich doch nicht so stur dasitzen wie ein Klosterschüler. Das hier ist für mich doch ein Stück Arbeit. Ich will mich Ihnen gegenüber öffnen, sonst kommt dabei nichts raus. Auch in jeder Gruppe steht am Anfang erst einmal der positive Kontakt. Es gibt Menschen, wenn man die sieht, da weiß man schon, den mag ich nicht. Den kann ich nicht riechen. Man muß die Gradlinigkeit ausschalten und mit dem Bauch denken, also bereit sein, vor, zurück, in der Mitte zu denken.

Stört Sie das nicht in Ihrer Arbeit als Diplomingenieur?

Ich reagier' nun mal mit dem Bauch, auch wenn es manchen Leuten nicht paßt. Männer sind oft so einseitig idiotisch fachbezogen. Ich möchte versuchen, beide Bereiche zu vereinen, Kopf und Bauch. Ich wehre mich gegen jede Trennung, gegen jede Grenze. Ich hab' was gegen Grenzen. Ich selber versuche ja auch, nach Möglichkeit keine aufzurichten. Gut, ich würde im Wolkenkuckucksheim leben, wenn ich nicht klar sähe, daß mich die Gesellschaft zwingt, manche Dinge festzulegen. Aber ich sehe auch die Freiräume, die ich für mich persönlich schaffen kann. Niemand kann mich zum Beispiel daran hindern, meine Rituale zu machen. In der Gruppe oder auch allein.

Können Sie ein Ritual schildern?

Kann ich, aber da hinten steht gerade jemand.

Der hört nicht zu. Hier, wenden Sie sich in die andere Richtung und nehmen Sie das Mikrofon.

Es gibt keine starren Vorschriften. Wenn man eine neue Gruppe bilden möchte, dann sollten sich die Leute schon ein bißchen mit der Materie auskennen. Das können sie sich zum Beispiel in Starhawks Buch anlesen. Nach dem zweiten, dritten Gespräch kann man anfangen, Rituale gemeinsam zu entwickeln, ins Leben zu bringen, aufzubauen, ohne zu erwarten, daß es gleich klappt. Diese Rituale sollen ja erst einmal einen Zusammenhang für die Gruppe darstellen. Sie sollen vor allem Kräfte binden, die uns umgeben. Kräfte, Linien, die vorhanden sind, die ich aber physikalisch nicht definieren kann. Die versucht man zu aktivieren. Wobei man sich immer klarmachen muß, das ist eine Glaubenssache, keine Bildungssache. Und ich glaube daran.

Ich selber arbeite mit dem Pentagramm, dem Fünfeck. Das kann man in die Luft zeichnen. Man erreicht damit einen Schutz vor negativen Einflüssen. Ich kapsle mich dagegen ab, daß ich eine schlechte Nachricht kriege, daß ich selbst etwas Schlechtes mache. Ich bekomme ein Schutzgefühl. Wie ein Christ, wenn er sein Kreuz schlägt. Jedes Ritual hat ja eine bestimmte Bedeutung. Wenn ich ein Mondritual durchführe, beziehe ich mich auf den Mond. In der Vollmondzeit versuche ich, seine Kräfte auf mich zu ziehen. Die Große Göttin kann ich mir vielfach vorstellen, aber eben auch als Mondin. Mond und Frau gehören für mich zusammen. Bei mir zu Hause, auf meinem Altar habe ich die Göttin Rhea, die Schlangengöttin von Kreta ...

Sie tragen ja auch einen Ring mit einer Schlange.

Als Symbol für die Göttin. Oder für die Frau überhaupt. Sie ist die Gebende, hat mir das Leben gegeben. Sie ist auch die Nehmende. Eines Tages werde ich wieder in die Erde gehen. Die Erde ist für mich weiblich. Ich bin gar nichts ohne die Erde. Wenn ich die Frau verehre, verehre ich auch die Natur, und wenn ich mich negativ zur Natur verhalte, zeige ich das auch in meiner Einstellung zur Frau. Alle sagen, wir sind für die Erhaltung der Natur. Ich bin auch umweltschützerisch engagiert, bei Greenpeace. Ich versuche, vorsichtig mit der Natur umzugehen, sie zu schonen. Aber der Klingelpunkt ist, wie verhält sich derjenige, der vorgibt, die Natur zu schützen, gegenüber der Frau allgemein. Und da sind viele Männer doch sehr chauvihaft. Sie sagen, ich bin für die Natur, aber ihre Partnerinnen, die die Natur darstellen, behandeln sie sehr von oben herab, oft wie das letzte, halten sie bewußt klein.

Wenn Sie unterschreiben, machen Sie hinter Ihrem Namen das Frauensymbol, also ein Kreis mit Kreuz nach unten. Wollen Sie damit provozieren?

Nein, ich will nicht provozieren. Das Dianazeichen gefällt mir eben. Ich schließe ja auch immer »im Namen Dianas«. Dieser Abschluß mit dem Venuszeichen gehört zu mir, der spricht mich an. Ich mache das, seitdem ich einen doch recht ausführlichen Briefwechsel in dieser Sache habe. Und natürlich in Briefen, die mit dem Hexenwesen zu tun haben. Ich möchte damit eine Nachricht aussenden, daß ich mich hiermit verbunden sehe, damit der andere sich angesprochen fühlt, wir eine Schiene finden.

Warum gerade im Namen Dianas?

Weil sie in der Literatur als Göttin der Hexen angegeben wird. Vor allem, wenn Sie das Buch von Leland nehmen, das vor hundert Jahren entstanden ist. Er ging auf die damaligen He-

xen im norditalienischen Raum ein, die ihm auch Rituale verraten haben. Alles ist fließend. Auch jede Religion, wenn sie
die Religion über Jahrtausende betrachten. Viele Göttinnen
sind verschwunden, andere wiederaufgetaucht. Aber alle Religionen ähneln einander. Es gibt dieses eine Wesen, diese eine
Kraft des Lebens. Und es war immer das Problem für den Menschen, wie stelle ich es dar? Jetzt wird eben wieder über die
Frau dargestellt. In einer Wiederauferstehung der alten Religion. Deswegen würde ich lieber im Sprachgebrauch vom Wie-
dererstehen der weiblichen Religion sprechen als vom Hexentum oder neuen Heidentum, wie es üblich ist.

Aber es ist doch eine heidnische Religion.

Heidentum ist alles, was in der äußeren Materie Baum,
Strauch, Tier, Felsen, Wasser etwas Heiliges sieht. Im Gegensatz zur Kirchenreligion, die sich auf einen Gott bezieht. Das
Wort ist bei uns ideologisch durch die Kirche so negativ belastet. Wenn die Menschen das Wort hören, reagieren sie schon
mit Abwehr. Das will ich vermeiden. Ich sehe das Heidentum
als etwas sehr Positives an. So wie ich ja auch nichts gegen das
Urchristentum habe.

Auch die Kirche, die kann von mir aus machen, was sie will.
Aber die sollen mir nicht sagen, was ich mache. Was die als
Sünde darstellen, was gar keine Sünde ist! Wie der sexuelle Bereich verurteilt wird! Die haben doch kein Recht, mir vorzu-
schreiben, ob ich einen Trauschein in einer Beziehung brauche
oder nicht. Es kommt doch darauf an, ob ich meinen Partner
als Menschen sehe und nicht in die Pfanne haue. Oder ob ich
Kinder will oder nicht. Und deswegen diskutiere ich auch mit
der Kirche, engagiere mich, schreibe Briefe, weil ich einen
enormen Horror davor habe, wenn man Menschen unrecht tut.
Und hier sind es vor allem Frauen, denen man unrecht tut.
Nehmen Sie nur das Beispiel § 218. Da diskutieren Männer
über ein Problem, Schwarzröcke und Politiker, das sie einen
feuchten Kehricht angeht. Wobei die katholischen Schwarz-

röcke sich eigentlich überhaupt nicht damit beschäftigen sollten, da sie ja noch unter dem Zölibat leben und die Frau für sie sowieso »ein schmutziges Ding« ist. Ob eine Frau ein Kind haben möchte, kann nur die Frau allein entscheiden. Der Mann mischt sich da in etwas ein, das ihn gar nichts angeht.

Wenn ich jetzt einen Coven bilde – und so habe ich es auch immer schon gemacht –, halte ich mich als Mann erst einmal raus. Die Frauen sollen die Führung übernehmen, die Entscheidungen treffen. Sonst komme ich als Mann wieder mit meinen logischen Argumenten und schlage alles kaputt. Wobei ich schön finde, wenn die Frauen mich akzeptieren und einschließen. Und dann müssen wir unseren Weg zu einem Verständnis, zu einer Zärtlichkeit finden.

Auch eine sexuelle Zärtlichkeit?

Die gehört mit dazu. Aber das muß wachsen. Da darf man keinen Zwang ausüben. Die religiöse Vereinigung hat es in der vorkirchlichen Zeit jahrtausendelang gegeben. Nicht umsonst wird im Alten Testament die Tempel-»Prostitution« Babylons beschimpft. In den matriarchalen Religionen führte die Hohepriesterin den Geschlechtsakt rituell durch. Als symbolische Darstellung der Fruchtbarmachung der Erde, daß die Natur wieder wächst, wieder zum Leben erwacht und fruchtbar wird.

Was sagt Ihre Frau eigentlich dazu?

Wir haben ein ganz offenes Verhältnis. Nur wegen Bettgeschichten würde unsere Ehe nicht auseinandergehen. Wir haben genug andere Schienen, auf denen unsere Ehe läuft. Und was das Hexenwesen angeht, da steht sie mehr mit beiden Beinen auf dem Boden der Tatsachen. Sie ist Sekretärin. Und manchmal hält sie es wohl auch für Spinnerei.

Hat man Ihnen schon mal den Vorwurf gemacht, daß Sie sich nur aus sexuellen Gründen für das Hexentum interessieren?

Diesen Vorwurf kann man sicher machen, vom männlichen Standpunkt aus gesehen. Da hast du ein paar Frauen, mit denen kannst du es ganz schön treiben. Gleich mit dem ganzen Co-ven. Ob man das als Mann allerdings aushält, möchte ich da-hinstellen. Wahrscheinlich würde der Mann eher die Flucht er-greifen. Auf der anderen Seite, man lernt sich ja dabei kennen. Ich zwinge doch niemanden dazu. Wenn alle mitspielen und die Liebe dazu haben, würde es mir nichts ausmachen, diesen Vorwurf zu hören. Und gegen freien Sex ist nichts zu sagen. Es ist eine Ausdrucksform unter vielen.

Warum muß sie religiös verbrämt werden?

Tu' ich doch nicht. Ich zwinge doch niemanden dazu.

Ich meine jetzt, Ihnen selbst gegenüber.

Für mich ist das nur ein Teil der Religion.

Der wichtigste?

Nein, einer unter vielen. Genauso wichtig wie Liebe und Zärt-lichkeit. Ich kann das eine nicht vom anderen trennen. Soll ich, nur weil ich verheiratet bin, meine Liebe und Zärtlichkeit zu einer anderen Person abschneiden, nur weil mir das jemand vorhält?

Warum haben Sie als Pseudonym für dieses Gespräch einen Frauennamen gewählt?

Belladonna heißt ja nicht nur schöne Frau, sondern ist auch der Name einer Giftpflanze, der Tollkirsche: Atropa belladonna. Mich ziehen Gifte an. Denn Gift ist nicht nur etwas Tötendes, sondern kann, in der richtigen Dosis eingesetzt, heilend wir-ken. Belladonna ist eine schöne Pflanze. Ich fand sie vor eini-ger Zeit im Hexen- und Zauberpflanzengarten der Marksburg in Braubach.

Sie verherrlichen das Positive, Lebensbejahende der Frau. Möch-ten Sie gerne eine Frau sein?

Na ja, so experimentierhaft, für ein, zwei Tage. Ich versuche, beides in mir zu vereinen.

Und für länger?

In unserer Gesellschaft nicht. Da bin ich eigentlich ganz zu-frieden als Mann. Die sitzen immer noch zu sehr am Hebel der

Macht. Die Frauen sind in unserer Gesellschaft zu unterdrückt. Wenn wir in einem Matriarchat der alten Völker lebten, dann schon eher. Aber in unserer Gesellschaft mit all den negativen Vorzeichen für die Frauen nicht. So leid es mir tut. Da stehe ich nun mal auf seiten der Männer, auf der Seite des Stärkeren. Und das möchte ich schon ganz gerne bleiben.

Marie-Rose Iberl, 37, Diplompsychologin

»Ich freu' mich riesig, wenn bei den Frauen
ihre alte Wut hochkommt.«

Mein erstes Hexenwochenende hatte ich ziemlich blauäugig als Therapie ausgedacht. Ich arbeitete damals noch als Diplompsychologin an einem privaten Institut. Das Thema reizte mich als ein Stück Befreiung, um Frauen auf ihre eigene Kraft und Stärke hinzuweisen. Aber ich hatte keine Ahnung, kannte keine Rituale und hatte noch keinen Kontakt zu Hexengruppen. Und dann passierte etwas Spannendes. Schon im Vorfeld zu diesem Wochenende wurde es mir immer unheimlicher.

Die Idee war mir auf einem vorhergegangenen Seminar mit einer gemischten Therapiegruppe gekommen. Ich hatte mit ihnen alte Mechanismen, Vorschriften und Einschränkungen erarbeitet, die in uns stecken. Einer der Teilnehmer hatte auf seiner Zeichnung diese Einengungen manifestiert, und wir überlegten am Ende unserer Arbeit, was machen wir mit dieser Zeichnung, diesem Symbol. Es war Winter, es war auf dem Land, wir sind gemeinsam hinausgegangen und haben das Blatt am Fluß verbrannt. Als wir um das Feuer standen, diesem alten Ding noch einiges nachriefen, spürten wir plötzlich, Mensch, das wird warm. Was da an Kraft und Energie entsteht, wenn man sich von alten Hemmnissen und Einschränkungen befreit.

Ich bot ein Seminar an unter dem Titel »Hexe, Hure, Krankenschwester – sind wir das?«. Wobei ich nicht die Absicht hatte, Informationen über Hexen zu bringen, sondern mich interessierte, wieweit das Thema bei den Frauen Wissen und Assoziationen wecken würde, die an aktuelle Unterdrückung anknüpfen. Wieweit es Erinnerungen hervorrufen würde an Lebenskraft und Energie, die ich habe. Und ich wollte, daß die Frauen sich fragten, was mache ich eigentlich mit dieser Kraft. Auch Richtung Sexualität.

Als ich das Thema auf der Programmkonferenz, die überwiegend mit Männern besetzt war, vorstellte, schlug es ein wie eine Bombe. Ich habe nur noch gestaunt, was von diesem Zeitpunkt an alles passierte an Hellhörigwerden, an Assoziationen, an Aggressionen im Bereich Sexualität. Da fielen ganz spontan Sprüche von Männern, wie ich sie noch nie erlebt habe. Sätze wie: »Hexen, das sind doch Ritzenbewohner.« Oder: »Wenn der Deifi in das Feuer brunzt, ist es aus mit der Hexenkunst.« Da kam von ganz unten etwas hoch, aus alten, unbewußten Quellen, die nichts mit ihrem jetzigen Leben zu tun hatten. Sie hatten sich das im Moment gar nicht überlegt, die Sätze niemals vorher formuliert. Zum ersten Mal wurde es mir unheimlich. Die Reaktion der Männer war wie von der Tarantel gestochen, emotional und massiv. Das war unglaublich. Ich dachte, meine Güte, was fass' ich da an, welche Geister rufe ich jetzt. Die Frauen selber waren zum Teil sehr interessiert, angeregt, riefen an, kamen vorbei, brachten Bücher. Aber viele trauten sich nicht, wirklich mitzumachen. Da war viel Vorsicht, sich auf das Thema einzulassen.

Ich hatte als Zielgruppe nur Frauen angesprochen, weil das Thema Hexen für mich ein Frauenthema ist, das mit dem Kampf von Männern gegen Frauen zusammenhängt. Deswegen wollte ich Männer bei diesem Seminar mit deren Ängsten und Befürchtungen nicht dabeihaben. Das wäre mir zuviel gewesen. Ich wollte eine Therapie mit Frauen machen, indem ich sie ihrer Einschränkungen bewußt werden ließ als ein Stück Befreiung und Wiederfindung der eigenen Energie. Also ein Selbsterfahrungswochenende, um in Kontakt mit den eigenen Kräften zu kommen. Ursprünglich wollte ich mir noch einige

Rituale aneignen, aber davon habe ich schnell die Finger gelassen, als ich merkte, wie brisant das Thema an sich war – und daß es uralte Quellen angriff. Aufgrund der Erfahrungen, die ich vorher gemacht hatte, wollte ich eher darauf achten, daß wir auf dem Boden blieben und nicht irgendwohin sausten. Ich konnte das einfach nicht verantworten, ich kannte mich zu wenig aus.

Am ersten Abend, dem Freitag, ließ ich die Frauen auf Papier malen, was ihnen bei dem Wort Hexe einfiel. Die ersten Assoziationen waren Lust, Energie, Kraft aber auch Sichgebundenfühlen, Sichunterdrücktfühlen, alltägliche Erfahrungen, sich als Frau abgewertet, eingeschränkt zu empfinden.

Am Samstag haben wir uns mit diesen Einschränkungen, die jede einzelne Frau bei sich erlebt, beschäftigt. Mit dem Gebremstwerden, Unterdrücktwerden, Kleingemachtwerden, auch Richtung Krankenschwester, also nicht sich selber ausleben, sondern nur für andere dasein, die typische Frauenrolle. Es war bedrückend, erschreckend, wie deutlich bei manchen der Bezug des Themas Hexen zu ihrem eigenen Alltag heute herauskam. Wir haben therapeutisch an einigen aktuellen Problemsituationen gearbeitet, um Wege zum Sichfreimachen herauszufinden. Beeindruckend war, wie klar die augenblickliche Situation einzelner Frauen sich in den gemalten Hexenbildern und auch ihren Verkleidungen widerspiegelte. Und wie dann in der Bewegung beim Tanz Befreiung und Leben aufkamen. Dabei waren die meisten Frauen am Freitag eher gedämpft, zurückhaltend gewesen oder standen unter einer aggressiven Spannung, die wie ein Stau war und dann umgesetzt wurde in Bewegung, in Begeisterung, in Lebendigkeit, daß schnell auch Lust sich einstellte. Wann machen wir unseren Hexentanz? Das Wochenende fand in einer alten Burg statt, und da war unheimlich was los. Jede schminkte und verkleidete sich, wie sie sich selbst als Hexe sah. Wir tanzten, machten Musik, Lärm mit Eimern und Klappern, immer wieder einen bestimmten Rhythmus zum Stabilisieren. Eine hatte ein altes Hexenliederbuch mitgebracht, aus dem sie uns fremde, unbekannte Lieder beibrachte. Als Feuer hatten wir eine Kerze in die Mitte gestellt. Wir tanzten im Kreis und schickten alles Negative und Störende in die Flamme. Wer wollte, konnte in der Mitte für sich tanzen, angefeuert und getragen vom Rhythmus der anderen.

Dieses Sichwildanmalen und -bewegen hat Erstaunliches in den Frauen hervorgerufen und verändert. Als wir hinterher zusammenhockten, lachten und aßen, herrschte eine ganz andere Atmosphäre als vorher, fröhlicher, leichter, freier. Am nächsten Tag, am Sonntag, herrschte eine solche Intensität an Lust und Sexualität, wie ich es noch nie an einem solchen Wochenende erlebt habe, nachdem die Leute sich gerade eineinhalb Tage kannten. Wenn ich mit meiner Energie und Lebendigkeit in Kontakt komme, dann gehört Sexualität einfach dazu. Und nicht als Problem Schwangerschaft oder Abtreibung, sondern als pure Lust am Leben, die Frauen genießen und anderen zeigen. Das war neu für mich, und seitdem weiß ich, warum Männer so stark reagieren und Furcht vor der Befreiung der weiblichen Sexualität haben. Am Sonntag abend wurde deutlich, wie sich einige wieder ängstlich in sich zurückzogen.

Man darf von einem Wochenende nicht zuviel erwarten, aber die Frauen sind mit sich selbst, ihrer Kraft und Lebendigkeit in Kontakt gekommen, haben Möglichkeiten, Lebensfreude, ihre Lust als Frau entdeckt, sind ein Stückchen miteinander gegangen. Und das ist schon sehr viel. Von einigen Frauen, die dabei waren, weiß ich, daß sie jetzt auf diesem Weg weitermachen.

Als Therapeutin kann ich dazu sagen, daß die äußeren Lebensbedingungen unseres Gesellschaftssystems und die Entwicklung, die wir in unserer subjektiven Psyche als Frau gemacht haben, beides Bedingungen sind, die Frauen ihre

Lebendigkeit und Kraft nehmen. So daß sie sich eher als Opfer definieren denn als Täter. Was als Krankheitsbild zur Folge haben kann: Passivität, Depressionen und Ängste, Sichfügen, sich mehr für andere engagieren. Es kommen immer wieder Frauen zu mir in die Praxis, die unter Depressionen leiden. Die ganz typisch ständig für andere da waren, sich mit dem anderen identifizieren, aber nicht mit sich selbst. Viele Frauen haben auch verschiedenartigste Ängste oder diffuse Angstzustände. Meist sind die Hintergründe einerseits reale Bedrohungen und Gewalt, früher oder heute, und andererseits die Furcht vor der eigenen Kraft und Lebendigkeit, auch der Aggressivität.

Wenn ich den Unterschied zu Männern wagen darf: Frauen müssen lernen, ihre Bedürfnisse und Wünsche zu erkennen und wichtig zu nehmen, damit sie Forderungen stellen, sich Befriedigung verschaffen und erfahren können, daß sie die Kraft dazu haben. Während Männer eher lernen müssen, sich selber unmittelbar zu spüren und ihren Gefühlen zu vertrauen. Ansprüche stellen, Bedürfnisse anmelden, damit tun sie sich ja wesentlich leichter.

Mein Vertrauen in ihre ursprüngliche Kraft ist ein wesentlicher Ansatzpunkt in meiner therapeutischen Arbeit mit Frauen. Auch, daß sie die Angst vor dieser Kraft und vor ihrer Wut verlieren. Ich freu' mich riesig, wenn diese existentielle, alte Wut so richtig von unten hochkommt. Das ist wie ein Vulkan, der ausbricht. Das Thema Hexen hat für mich etwas zu tun mit der Geschichte von Frauen und deren gesellschaftlicher Unterdrückung, deswegen setze ich an diesem Punkt mit meiner Arbeit an. Es ist ein subjektives Problem, das die Frau mitbringt, aber gleichzeitig mache ich ihr klar, daß sie mit dieser Problematik nicht allein ist. Erst wenn die Therapie sich bis zu dieser Phase der Bewußtwerdung entwickelt hat, bringe ich zum Teil das Thema Hexen mit hinein. Also nicht gleich in der ersten Sitzung. Damit würde ich die Frauen überfordern. Vor allem Frauen, die nicht aus der feministischen Ecke stammen und gewohnt sind, damit umzugehen. Es ist schon spannend zu erleben, wie dann bei manchen Frauen die Lust hochkommt, ich mag mal etwas Hexisches an mir erleben. Was einfach mit Phantasie, Beweglichkeit und Mächtigkeit zu tun hat. Die Schwierigkeit, uns als Frauen zu befreien, liegt darin, daß Abwertung und Behinderung nicht allein von der uns umgebenden Gesellschaft mit deren patriarchalischen Denk- und Wandlungsmustern ausgeht, sondern wir selbst in uns die nur allzugut funktionierenden Muster zu unserer eigenen Unterdrückung tragen.

Vor acht oder neuen Jahren machte ich meine ersten Frauengruppen. Damals war es noch ungewöhnlich, daß Frauen sich alleine trafen. Aber es ist wichtig, daß sie es tun. Da ist eine ganz andere Offenheit. Die Art, sich zu verständigen, zu reden, zu denken ist anders, als wenn Männer dabei sind. Unmittelbarer, beweglicher, mehr anknüpfend an die eigene Erfahrung, weniger theoretisch. Es ist spannend, aufregend; frau lernt zusammen eine Menge, wenn frau sich austauschen kann. Frauen geben sich viel mehr, wenn sie unter sich sind: weniger dieses Rollenspiel, dieses Imponiergehabe. Zum anderen, wenn Männer dabei sind, kommen Frauen sowieso weniger zu Wort. Viele Frauen werfen so Stichworte in die Debatte, von denen sie wissen, daß ihr Mann sie aufgreift und dann gut dasteht.

Wenn Frauen sich alleine treffen, wächst viel schneller etwas, entsteht Neues. Da wird nicht nur wiederholt, nicht jemand überzeugt von dem, was ich besser weiß, oder diese Konkurrenzgeschichten, sondern da wird etwas kapiert, werden Erfahrungen, die jede hat, ausgetauscht. Neugierig sein, weiterdenken. Damals gab es noch dieses berühmte Ausgangsthema Beziehung zu Männern. Auch bei uns fing es erst einmal damit an, spielte aber bald keine große Rolle mehr. Diese Entwicklung sehe ich auch bei mir. Früher nahm ich

Männern gegenüber eine viel stärkere Kampfposition ein. Diese Phase von Haß und Wut habe ich hinter mir gelassen. Haß und Wut auf das, was von Männern persönlich und von der patriarchalischen Welt, in der wir leben, Frauen angetan wird. Das Gefühl vermittelt zu bekommen, von Geburt an minderwertig zu sein, nur weil man Frau ist. Oder die Häufigkeit von sexuellem Mißbrauch von Töchtern.

Das ist eine unglaubliche Wut, die Frauen in sich haben. Überhaupt mal an diese Wut heranzukommen, ist ein wichtiger Schritt. Deswegen sage ich jeder Frau, wenn du Psychotherapie machst, mußt du mit einer Frau arbeiten. Für einen Mann sind diese Wut und dieser Haß schwer auszuhalten, denn er ist betroffen, weil er Mann ist. So wie am Anfang der Frauengespräche der Mann als Thema im Mittelpunkt stand, so kommt jetzt die Frau – wie ich bin, was alles zu mir gehört – ins Zentrum. Wir betrachten unsere Existenz nicht mehr nur in Beziehung zum Mann, Frauen finden zu ihren Kräften, leben diese auch, lassen sich nicht mehr so leicht aufreiben in der Auseinandersetzung mit den Männern, die ihre Kräfte binden. Die Frau für sich alleine betrachtet wird wichtig. Eine Lawine ist ins Rollen geraten. Die Frauenbewegung, Bücher und Artikel in der Presse haben dabei eine Menge bewirkt. Aber ich erlebe auch immer wieder, daß Frauen, die nie etwas darüber gelesen haben, einfach aufgrund ihrer eigenen Erfahrung ein nicht formuliertes Wissen in sich haben. Wenn sie dann Gelegenheit bekommen, das in Worte zu fassen und auszutauschen, ist es erstaunlich, was für die einfach klar ist.

Die entsprechenden Ehemänner oder Partner reagieren mit Hände-hoch, mit sehr viel Angst, Abwehr, Unverständnis erst mal und dem Versuch, den Status quo zu halten. Das fängt schon im Alltag an, daß die Frau abends nicht alleine weggehen oder nicht so viele Kontakte haben soll zu irgendwelchen gefährlichen Frauentreffen. Frauen entwickeln eher als Männer ein Vertrauen zu ihren inneren Prozessen. Wenn Frauen anfangen zu rollen, dann rollen die, dann arbeiten die daran weiter. Während Männer das eher anzweifeln oder leugnen, haben Frauen sich mehr Zugang bewahrt zu dem, was nicht den Gesetzmäßigkeiten und der Logik unserer Zivilisation entspricht. Dieses Gespür ist dem herrschenden System nicht einzuordnen. Da uns aber dieses System nicht unterstützt – im Gegenteil! –, wird es für uns Frauen nicht gefährlich, wenn das ganze gesellschaftliche System ins Wanken gerät. Wenn wir etwas tun, das der Denkweise unserer Zivilisation, den Regeln unserer Gesellschaft widerspricht, erschüttert es nicht viel von unserem Sicherheitsrahmen, weil wir durch diese Gesellschaft nicht gesichert sind. Für die Männer dagegen ist es ein ganz wichtiger Rahmen, der ihre Macht sichert. Wenn da Stützpfeiler in Frage gestellt werden, gerät einiges ins Wanken. Einer ihrer Stützpfeiler ist, daß Frauen ihre vorgegebene Rolle einhalten. Und wenn einer dieser Pfeiler zusammenstürzt, dann bricht vielleicht eines Tages das ganze Gebäude zusammen. Deswegen ihre Angst, weil Männer etwas zu verlieren haben. Wenn Frauen Möglichkeiten entwickeln wollen, die sie in ihrer Existenz haben, dann können sie nur ihre Fähigkeit aufbauen, mit den nicht logischen Dingen zu arbeiten. Denn eine gesellschaftlich unterstützte oder abgesicherte Macht haben sie nicht. Aber wir können mit unseren Träumen weitergehen, und das klappt wirklich. Wir haben überhaupt erst einmal zu lernen, was alles geht. Du mußt dir doch klarmachen, wie viele Ehemänner ihre Frauen bewußt dumm halten. Wie viele Frauen wissen nicht, wie man einen Scheck ausfüllt; sie haben kein eigenes Konto. Natürlich lassen es die Männer bequemerweise so. Das ist eben ihre Domäne. Wir mußten lernen, welch ganz andere Dynamik sich entwickelt, voller Phantasien und Ideen, wenn Frauen etwas zusammen machen. Frauen, die bereit sind, sich zu engagieren, etwas zu risikieren, auch Richtung Sicherheit. Natürlich haben Frauen da auch viel Bequemlichkeit und Absicherung aufzugeben, können Verantwortung nicht mehr abschieben.

Dieses berühmte Argument der Männer den Feministinnen gegenüber, laß sie nur erst mal an den richtigen Mann kommen, dann hören sie mit ihren Flausen schon auf, damit haben sie sogar in gewissem Sinne recht. Wenn eine Frau ihren Weg geht, ihre Kräfte entwickelt und sie sich dann mit einem Mann verbindet, wird ein Teil der Kraft gebunden in dieser Auseinandersetzung. Dadurch hat sie zwangsläufig eine Bremse in ihrem Weitergehen. Die Mechanismen, die Männer entwickelt haben, um ihre Machtposition zu halten, laufen sehr häufig darauf hinaus, Frauen kleinzumachen, sie zu behindern. Es ist notwendig, daß ihre Kraft nicht im Beziehungskampf aufgebraucht wird, daß sie sich klarwerden, wo ihnen die Kräfte geklaut werden. Daß sie diese Wut auf sich selbst entdecken, wenn sie merken, daß sie sich wieder haben bremsen lassen. An der Stelle müssen wir lernen, und dazu brauchen sich Frauen untereinander, um sich immer wieder Kraft und Klarheit zu holen, welche Mechanismen es gibt, mit denen Frauen von Männern kleingehalten werden, und wo wir uns kleinhalten lassen. Das geht schon los in Diskussionen. In dem Moment, wo es spannend wird, wechselt der Mann von der thematischen Ebene auf die Beziehungsebene. Schon sitzt die Frau da, ist verunsichert und sagt gleich, ich will dir doch gar nichts Böses. Und schon ist sie weg vom Fenster mit ihren Argumenten. Das ist ein ganz beliebter Trick, uns durcheinanderzubringen.

Ich vergesse nie die Szene, wie ich da mit meinem Partner sitze und mich streite. Der flüstert nur noch, wenn du so mit mir redest, so aggressiv, das kann ich nicht an mich ranlassen, da kann ich überhaupt nicht reagieren. Ich denke, Himmel, Arsch und Zwirn, wo bist du eigentlich.

Der nächste Schritt der anderen Seite ist die Schuldzuweisung. Ich spreche einen schwierigen Punkt an, und dann fällt ihm irgend etwas ein, was ich irgendwann, irgendwo mal falsch gemacht habe. Oder sie geben ihrem Weibe eins auf den

Deckel, die eine ist zu dick, die nächste ist zu dünn, die dritte nicht schön genug. Solche Argumente werden permanent verwendet, um Frauen kleinzuhalten. Jetzt wird man zickig oder zänkisch genannt.

Wie die Mechanismen funktionieren, zeigt auch deutlich ein anderer Stützpfeiler des Systems, das Christentum, also die etablierten Kirchen als Symbol für das Patriarchat, in dem wir leben. Für mich war Religion früher sehr wichtig und ist es heute wieder geworden. Aber in einem anderen Sinne als in der Tradition dieser etablierten Kirchen. Die Kirche stellt Regeln auf, übt Kontrolle aus und kategorisiert etwas, das nur subjektive Erfahrung sein kann, nämlich den Glauben. Ich kann nicht in Kategorien glauben. Da kommt auch das Thema Sexualität mit hinein, die Trennung von Körper, Geist, Seele. Das böse Fleisch und der gute Geist. Diese Einstellung ist widernatürlich und schlichtweg Unsinn. Sie werden das neue Heidentum noch sehr ernst nehmen müssen. Ich glaube, das wird eine starke Bewegung, weil es die Grenzen der Kirche sprengt und sich der Kontrolle ihres patriarchalischen Denk- und Herrschaftssystems entzieht. Wenn ich nur an die kirchliche Morallehre denke, die vorschreibt, was wie zu bewerten ist. Für mich gibt es nur eine innere Moral. Ich glaube nicht, daß die Kirchen den Menschen besser gemacht haben. Wir Menschen dürfen uns nicht Angst einjagen und uns manipulierbar machen lassen. Theodor Storm hat einmal gesagt, ich will nicht, was ich soll. Für mich heißt Freiheit, zu tun, was ich will. Ob ich das nun soll oder nicht. Diese Auffassung sprengt natürlich das theologische Prinzip. So wie es auch von den Männern kommt, bist du nicht für mich, bist du gegen mich. Einer solchen Denkweise begegne ich ständig bei meiner Arbeit. Das ist doch ein Schmarren.

Und hier liegt wieder der Ansatz zum Hexenwesen. Hexe bedeutet für mich Wiederentdeckung der eigenen Kräfte und Möglichkeiten, die man mit der Hexenverfolgung zu eliminieren versuchte. Verfolgung damals, Verfolgung heute. Insofern stimmt der Begriff Hexe heute. Die negative Befrachtung des Wortes gehört dazu. Es entspricht der Realität, daß unsere ganzheitliche Frauenexistenz so negativ bewertet wird. Einen gesellschaftlich anerkannten Namen dafür hast du natürlich nicht. Das wäre ja auch ein Widerspruch. Das bewußte Provozieren ist dabei das leise Vergnügen im Hintergrund. Aber über die Provokation hinaus ist »Hexe« eine Herausforderung zum Bewußtmachen von Unterdrückung. Allein das Thema anzusprechen bringt schon eine Menge in Bewegung. Neugierde, Energie, aktiv werden, frecher sein, kräftig sein. Deutlich spüren, was ist damals alles passiert und was passiert jetzt noch. Historisch sieht man eben sehr klar, wie Männermacht die Möglichkeiten von Frauen beschnitten oder vernichtet hat: Wie gefährlich es für das Patriarchat war, was Frauen alles wußten und konnten. Hexen waren diejenigen, die sich nicht eingeordnet haben in die gesellschaftlichen Zwänge, die oft außerhalb der Gemeinschaft wohnten und ein von Kirche und Staat nicht kontrollierbares Wissen hatten, das man nicht einfach aus einem Buch lernen konnte. Das mit der Person und ihrem Kontakt zur Natur zusammenhing und gefährlich war, weil man es sich nicht aneignen konnte. Also mußte man es vernichten. Denn nur Hirnwissen ist durch äußere Instanzen kontrollierbar. Das Leben der Hexen bezog ganzheitlich alles mit ein, was lebendig war, Verbindung zur Natur hatte und in der logisch-linearen Denkweise des Systems nicht erfaßbar war. Deswegen versuchen Frauen heute auch wieder mehr Kontakt zur Natur und zu sich selbst zu bekommen, zu Erkenntnisformen, die über das logisch Faßbare hinausgehen.

Da sehe ich die Parallele zwischen Hexen von damals und den Frauen von heute. Männer kriegen Angst, wo sie an die Grenzen ihrer äußeren Macht kommen, und versuchen dann zu stoppen und zu zerstören. Sie würden gerne die Scheiterhaufen wieder anzünden, nur heute läuft es subtiler. Dazu fällt mir ein, was mir eine Astrologin erklärte, daß man in der Astrologie gewisse Geburtszeiten, also im Sinne der Inkarnation, als Wiederkunft der Hexen bezeichnet und daß diese Zeit jetzt da ist. Daß Frauen unter uns sind, die in ihren früheren Leben Hexen waren. Eine Erklärung, die mir sehr plausibel erscheint. Ich denke da an die Erfahrungen, die ich mit Frauen beim Durchleben sehr tiefer psychischer Prozesse gemacht habe. Oder was mir Freundinnen erzählt haben von ihren Erlebnissen und Körperreaktionen beim Besichtigen von alten Folterkammern. Ich kenne das auch von mir bei bestimmten Gewaltszenen in Filmen, die ich kaum ertragen kann. Heute wäre ich gern eine Hexe, das fände ich toll. Aber wenn ich mich so nennen würde, käme ich mir überheblich vor. Ich bezeichne mich lieber als hexische Frau. Wenn ich Hexe verstehe als eine Frau, die sich durch äußere gesellschaftliche Grenzen nicht einschränken läßt, sondern lebt, was sie will und was an Möglichkeiten vorhanden ist, ja, dann bin ich eine Hexe. Aber wenn ich an die Frauen denke, die sich heute als Hexen bezeichnen, die wieder mehr Verbindung zu den Kräften der Natur gefunden haben, da fange ich gerade erst an, da bin ich noch nicht weit genug. Wenn ich außerhalb der Stadt bin, merke ich schon, wie ich immer offener werde für die Ereignisse um mich herum in der Natur, und ich beschäftige mich auch mit Matriarchaten, mit alten Mythen. Also bin ich schon auf dem Weg, aber ich suche noch.

Im Hexenthema treffen sich nicht nur Feminismus und ökologische Bewegung, sondern auch die Auseinandersetzung mit Spiritualität, also Grenzen überschreiten, auch was traditionelle Religion betrifft. Die Hexe, die Zaunreiterin, die sich zwischen den Welten bewegt. Insofern ist es viel mehr als ein feministisches Thema. Feminismus ist für mich sowieso kein Punkt an sich, sondern meine persönliche Betrachtungsweise, Erfahrungsweise von allem, was passiert. Als Utopie, besser als Ziel, weil Utopie ja unmöglich heißt, sehe ich eine veränderte Ge-

sellschaft, die nicht ohne Männer ist, die auch keine Machtumkehrung ist, also Herrschaft der Frauen über die Männer.
Erstrebenswert finde ich eine Gesellschaftsform, in der nicht
Menschen über Menschen herrschen, in der die Frage der
Herrschaft nicht mehr so wichtig ist, in der jeder das tut, wozu
er in der Lage ist. Wobei mich immer wieder die Frage beschäftigt, ob Frauen mehr Eigenmacht haben, weil sie den
Männern deutlicher ausgetrieben worden ist oder weil ihnen
beigebracht wurde, daß sie sie nicht nötig haben. Wenn aber
ihr Gebäude zusammenfällt, müssen sie sich auch auf ihre Ei-
genmächtigkeit besinnen. Das ist der Punkt, an dem es mich
interessiert, mit Männern zu arbeiten. Es ist notwendig, daß
auch die Männer sich entwickeln. Aber nicht wie üblich auf
unsere Kosten. Die fordern einen ganzen Berg von Verstehen,
Verständnis und Entschuldigungen, die Frauen den Männern
immer entgegenbringen. Und solange Frauen das tun, werden
die Männer keinen Grund sehen, sich zu ändern. Sie wären ja
doof, wenn sie nicht ausnützen würden, was die Frauen ihnen
auf dem Tablett servieren. Und wenn die eine Frau es nicht tut,
lassen sie sich eben scheiden und gehen zur nächsten.

Eine Zeitlang habe ich gedacht, wir machen unseren Kram,
macht ihr euren, und zwar alleine. Macht endlich mal war für
euch. Macht eure Männergruppen und begreift eure Situation.
Inzwischen bin ich jedoch der Meinung, daß sie zu ihrer Entwicklung uns Frauen brauchen. Und ich bin bereit, ihnen zu
helfen, schrittweise und indem ich Anforderungen an sie stelle.
Ich versuche zu vermitteln, was Lebendigkeit bedeutet, aber
ich fülle nicht einfach seine Unfähigkeit an der Stelle aus, sondern ich verlange, daß er sich darauf einläßt und das Seine da-
zugibt. Ich behandle einige Männer in meiner Praxis, arbeite
mit ihnen, wie sie mit der neuen Situation fertig werden. Bei
manchen hat schon ein ziemlicher Entwicklungsprozeß stattgefunden.

Ganz persönlich finde ich es erstaunlich, daß ich in letzter

Zeit immer mehr Gehör bei Männern finde. Das ist neu für mich. Lange Jahre hatten alle Schiß vor mir. Ich war bedrohlich. Auch wenn ich mit meinen Gedanken ihren Frauen oder Freundinnen zu nahe kam. Doch jetzt sind sie neugierig geworden, hören zu, wollen auch von mir lernen, während inzwischen viele Frauen schon wieder Schiß kriegen, eine Angst vor dem eigenen Bewußtwerden. Ich bin auch Frauen gegenüber konsequenter geworden, stelle Forderungen und finde nicht jede Frau gut, bloß weil sie eine Frau ist. Wir sind jetzt an einem neuen Punkt von Auseinandersetzung, von Anforderungen, von Infragestellen.

Männer haben in letzter Zeit mehr Interesse am Austausch, aber sie sind sehr vorsichtig, mit mir eine enge Beziehung einzugehen. Da mach' ich seit Jahren die Erfahrung der Flüchtlinge. Sobald sie merken, daß sie es mit einer starken Frau zu tun haben, laufen sie schnell davon. Unsere Kraft ist notwendig, um eine veränderte Gesellschaft zu erreichen. Frauen sind immer diejenigen, die den Stein ins Rollen bringen, damit sich etwas in Richtung »mehr Leben« weiterentwickelt. Und toll ist es, wenn der Mann mitrollt. Männer, die den Mut aufbringen, sich mit Frauen zu verbinden, die ihre Möglichkeiten leben, die finde ich prima, herzlich willkommen. Der weiß genau, was los ist, den will ich auch haben.

Heidi Reichelt, 30,
Angelika Koppe, 32,
Hexenschule Rheingau e. V.

»Hexen haben keine Lobby.«

A: Um es ganz klar zu sagen, wenn du das Buch unter dem Titel veröffentlichst: »Zittert, zittert, die Hexen sind wieder da«, dann mache ich nicht mit. Denn die Frage ist, wer da zittern muß. Dein Buch erscheint mir als sinnvoll, wenn es sich an die Frauen wendet, ihnen Mut macht, ihnen das Positive vermittelt, das wir mit Hexen verbinden. Die Frauenbewegung ist nicht mehr in der Phase wie damals, als sie angefangen hat, den Kampf gegen Männer aufzunehmen. Solch ein Titel würde das negative Bild der Hexe wieder verstärken. Ich will mit Frauen arbeiten, damit sie ihre Möglichkeiten entdecken, ihre innere Stärke, ihre Macht. Frauen haben lange ihre Schwäche bloßgelegt, sich zerpflückt, um sich zu therapieren. Bis sie merkten, so geht das nicht weiter.

Wir sind beide Sozialpädagoginnen, haben immer schon Frauenarbeit, Mädchenarbeit gemacht. Dabei war uns immer die Spaltung zwischen Pädagogin und Klientin bewußt. Wir stellten uns die Frage, worin liegt unser gemeinsames Interesse. Wir begannen mit einem Projekt über Frauengeschichte hier im Rheingau, wo wir leben und arbeiten.

H: Ich beschäftigte mich zu der Zeit mit Matriarchaten und stieß dabei natürlich auf die Hexen. Die Kelten waren hier in der Gegend gewesen. Es gab alte Geschichten vom Rhein und in Bibliotheken Bände voll Magie und Zauberei und Hexerei. Wir spürten, wie das die Mädchen interessierte. Sie fragten zu Hause ihre Eltern, was die noch über die Frauen wüßten, die hier in der Gegend gelebt und sich als Hexen bezeichnet hatten. Das waren Frauen, die etwas Geheimnisvolles an sich hatten, etwas, das nach Freiheit roch. Warum hockten die ums Feuer, was machten die da allein, ohne auf Mann und Familie bezogen zu sein? Frauen müssen die Geschichte, dieses Wissen in sich haben. Das war der Ansatzpunkt Richtung Hexenschule. Aus alten Landkarten und Büchern gruben wir erst einmal die alten keltischen Namen aus, suchten die Plätze auf, haben da Feste gefeiert, wie die Walpurgisnacht. Wir haben einen Platz gefunden, der heißt immer noch Hexentanzplatz, dann den Niederwald, das war ein Zauberwald, wie wir aus den alten Geschichten wissen. Gegenüber, auf der anderen Seite des Rheins, gibt es den Druidenberg. Zu diesen Plätzen sind wir gegangen, wo die Frauen sich früher trafen, und haben versucht, einen Bezug zu heute und Kontakte zu finden. Immer mit der Leitfrage: Was war das eigentlich für eine Frauenmacht? Wie hat die im Alltag ausgesehen? Und wie können wir die heute wiederbekommen? Es stimmt nicht, daß Frauen keine Macht haben. Wir sind nicht die armen, unterdrückten Mädchen. Wir haben Macht, und es geht darum, sie zu leben. Dazu gehört, daß wir unsere eigene Geschichte haben.

In einem Bildband fanden wir, daß es früher im Elsaß eine Hexenschule gegeben hat. Wir fuhren dorthin zu einem Ort mit einer Höhle und einem Tanzplatz. Eine Frau, eine Gräfin, hatte dort früher eine Hexenschule geleitet. Da sagten wir ganz spontan, das wollen wir auch. Das war der direkte Anlaß für die Namensgebung. Wir dachten überhaupt nicht daran, daß Hexe ein negatives Wort sein könnte. Für uns war das nur positiv und begehrenswert. Erst später, als man uns alles um die Ohren haute, wurde uns klar, welch negative Auslegung das Wort hat.

Der nächste Punkt war, daß wir kündigten und uns mit der Hexenschule selbständig machten. Das war vor drei Jahren. Wir waren es leid, uns mit der Verwaltung herumzuschlagen, die unsere Projekte nicht akzeptierte und uns vorwarf, einseitig mit Frauen zu arbeiten.

A: Das war schon ein Schritt, diese Kündigung! Denn schließlich müssen wir von unserer Arbeit leben. Und auch heute, obwohl es gut läuft, müssen wir noch Nebenjobs machen, um uns über Wasser zu halten. Die finanzielle Unabhängigkeit haben die wenigstens Frauen aufgrund vorgegebener Machtverhältnisse. Da liegt der Knackpunkt. Bei mir kam hinzu: Ich hatte sieben Jahre lang Jugendarbeit gemacht. Es war nicht so, daß ich das nicht mehr packte, ich hätte weiter die nette Pädagogin spielen können, die gute Arbeit macht. Meine Triebkraft war, daß ich mich entdecken wollte, Freiraum für mich brauchte, Energien für mich und nicht immer für andere einsetzen wollte. Auch wenn es auf Kosten der Sicherheit ging. Herauszufinden, ob ich mir zutraute, mir selbst die Sicherheit zu geben, selbststehend zu sein, unabhängig vom versorgenden Vater Staat mit seinen Institutionen. Da ging es schon um ein Stück Frauenmacht.

H: Aus der Geschichte ergibt sich, daß Hexen die letzten Frauen waren, die diese Frauenmacht noch hatten, in einer Kontinuität vom Matriarchat bis ins späte Mittelalter. Mit den Hexenverfolgungen ist sie ausgelöscht worden. Und jetzt ist sie wieder da.

A: Mich hat fasziniert, wie auch alte Technologien ausgelöscht worden sind, die bis in die frühe Neuzeit hinein benutzt worden waren. Wie getöpfert worden ist, wie es in der Schmiede zuging, wie Landwirtschaft betrieben worden ist. Oder der Strang Medizin. Ich versuche altes Wissen darüber wieder herauszuholen, Wissen um Naturheilkunde, Gebärmutter, Weiblichkeit, Fruchtbarkeit. Dann der Strang Glauben. Die katholische Kirche hatte doch unheimliche Schwierigkeiten, ihre Glaubens- und Weltansicht durchzusetzen. An den verschiedenen Strängen sieht man den Bruch, der mit der Ausrottung der Hexen eintrat. Mit ihnen war ein Stück Glauben weg, war alte Medizin weg und waren uralte Technologien weg, mit denen über Jahrtausende nicht naturschädlich gearbeitet worden war. Nun ging es los mit einer neuen Art Naturwissenschaft bis hin zu Atomwaffen, Raketen und Gentechnologien. Mit dem Vernichten der Hexen gab es dann den Umschwung in der Machtübernahme. Deswegen schlagen wir diese Brücke und nennen uns Hexenschule. Für ein paar hundert Jahre war das Wissen verlorengegangen. Doch jetzt kommt es an den verschiedensten Ecken wieder hoch. Denn wir merken, daß die jetzige Technologie an einen Endpunkt angekommen ist.

H: Unser Ziel ist, daß wir Frauen unseren Lebensunterhalt mit unserem Wissen und Können voll bestreiten. Einigen war das zu materiell. Übriggeblieben ist eine Gruppe von sieben Frauen. Sieben brauchten wir gerade, um einen Verein zu gründen. Wir haben uns ganz offiziell ins Vereinsregister eintragen lassen unter dem Namen »Hexenschule Rheingau, Verein für Gesundheitsvorsorge, Bildung und Beratung für Frauen e. V.«. Schule deswegen, weil wir altes Wissen selber lernen und weitergeben wollen. Das kann man auf keiner Uni.

Wir reisen, veranstalten Seminare, Kurse und Exkursionen zu alten Plätzen. Wir feiern im Einklang mit dem Mondzyklus unsere Frauenfeste, um uns wieder in den jahrtausendealten Rhythmus einzuleben. Wir sammeln Heilkräuter und wollen neue – alte – Methoden der natürlichen Verhütung wiederentdecken: ohne Chemie- und Pharmaindustrie. Unter dem Titel »Zurück zu dir« bieten wir Seminare über Trancen, Phantasiereisen und geleitete Träume an. Mit Hilfe dieser »Techniken« wollen wir lernen, mit unserer inneren Welt in Verbindung zu treten, um Lebenskonflikte und -aufgaben kennenzulernen.

Wir machen Körperselbsterfahrungsarbeit und Kurse über »Krankheit als Chance«, in denen wir vermitteln, wie man mit Hilfe entsprechender Methode die Sprache seines Körpers verstehen lernt und seine Hinweise im Alltag umsetzt. Also Möglichkeiten der Selbsthilfe.

Bisher haben wir den Schwerpunkt auf die Geschichte gelegt, jetzt kommt die Medizin dazu. Wir arbeiten dabei mit ganz bestimmten Methoden, um an das Wissen heranzukommen. Eine von uns ist Krankengymnastin, wir selber haben eine Ausbildung zur Heilpraktikerin angefangen. Unsere Seminare laufen nicht so, daß viel geredet wird. Wir lassen die Frauen ihren Körper selbst erfahren. Es ist falsch zu sagen, sich in den Griff zu kriegen, sondern man muß sich gehenlassen, in sich hineinhorchen, sich trauen, sich selbst zulassen, sich ernst nehmen. Sich besser kennenlernen und verstehen kann man nur, wenn man sich ernst nimmt. Diesen Zugang kann man sich freibuddeln, wenn man etwas von den alten Methoden weiß, vom Rhythmus des Mondes, von den Jahreszeiten.

A: Das ganze Theater ging los, als wir im vorigen Jahr ABM-Zuschüsse beantragten, also Arbeitsbeschaffungsmaßnahmen. Es begann an einem Donnerstagnachmittag, als die Presse über uns herfiel. Plötzlich klingelte das Telefon Sturm, standen die Journalisten vor der Tür, der Rundfunk, das Fernsehen, Kamerawagen fuhren vor. Ausgelöst durch eine Anfrage des CDU-Abgeordneten Rösler. Der sitzt im Verwaltungsrat des Arbeitsamtes und sollte mit über unseren Antrag entscheiden. Die SPD und die Grünen hatten hier in Hessen ein Frauenaktionsprogramm verabschiedet. Dagegen wollte sich Rösler profilieren, zerrte uns hervor und stellte uns in die Ecke von Okkultisten und Satansanbetern. Als Beweis für das neu entstandene Hexenwesen nahm er uns, so in der Art, jetzt wagen die schon, sich anzumelden. Bevor er seinen offiziellen »Berichtsantrag betreffend Okkultismus, Satanskult, Hexerei etc.« an den Landtag richtete, hat er offenbar eine Meldung über uns an die dpa gegeben.

H: Auf jeden Fall, aus heiterem Himmel brach das Unwetter über uns herein. Ab Donnerstag nachmittag, drei Uhr, lief das

Telefon heiß. Die hatten beim Amtsgericht angerufen und unsere Namen und Adressen rausgekriegt. »Spiegel«, »Stern«, »Bild-Zeitung«, ZDF, Hessischer Rundfunk, alles, was Rang und Namen hat. Das Fernsehen stand vor der Tür, die waren total geil darauf. Wir sagten an dem Nachmittag, wir müssen erst darüber sprechen, was ja wohl verständlich ist. Abends trafen wir uns und dachten, na ja, das gibt so einen kleinen Einspalter von der dpa. Am nächsten Tag gleich auf der ersten Seite dicke Schlagzeile: »Hexenschule«. Am Abend hatte es noch eine Radiosendung im Hessenjournal gegeben unter dem Tenor: Der Verein hüllte sich bisher in Schweigen. Die gesamte Presse ging sofort gegen uns los. Wir konnten überhaupt nicht so schnell reagieren. Da haben wir deutlich das Gefühl bekommen, gut, wir werden heute nicht mehr verbrannt, aber wir sind doch ganz schön mit Dreck beschmissen worden. Wie die Medien über uns hinwegrollten, wie wir an die Wand gedrückt wurden, wie auch an unsere Existenz gegangen wurde. Stell dir mal vor, wir wollten uns irgendwo bewerben, und es kommt heraus, daß wir mit der Hexenschule zu tun haben. Wir sind doch sofort geliefert. Uns nimmt doch niemand mehr, wenn wir in der okkulten Ecke stehenbleiben. Und das ist schwierig, gegen die gesamte Presse da wieder rauszukommen.

Die hatten sowieso nur Interesse an uns in Richtung Leute verhexen oder so etwas. Als wir sagten, wir sind ein Frauenbildungsprojekt, das wollten sie nicht hören, das war nicht interessant. Die SPD hier im Landtag hat es dann so geschaukelt: Haha, die dumme CDU, die müssen erst mal überlegen, wohin die Anfrage betreffs Hexen überhaupt gehört, ob sie vielleicht vom Luftfahrtministerium bearbeitet wird; die haben das also als völlig ironisch abgetan. Dann gab es Überschriften wie »Röslers Hexenjagd« oder »Rösler bläst zur Hexenjagd«, in denen schon ein gewisser Schwenk deutlich wurde, daß er wohl ein bißchen zu voreilig war. Aber es hat sich niemand darüber aufgeregt, was uns passiert ist.

Nimm als Beispiel dieses Stück von Fassbinder mit den Juden. Da geht es gegen die Juden, und alles regt sich fürchterlich auf. Aber wenn es gegen Hexen geht, da macht kein Mensch den Mund auf. Hexen haben keine Lobby. Wir haben ganz persönlich gemerkt, wie eng es plötzlich wird, wenn unsere Häuser und Wohnungen im Fernsehen gezeigt werden, meine Adresse, also die Eintragung im Vereinsregister, gezeigt wird, und das in einem Zusammenhang, wo ich keine Möglichkeit habe, mich zu wehren. Das geht ganz schön an die Substanz. Eine von uns hat zwei Drohbriefe bekommen, anonym natürlich. Es sind Reifen an unseren Autos durchstochen worden. Ein Pfarrer aus Bayern hat angerufen und wollte unsere Satzung haben. Ich weiß nicht, ob die Exorzismus mit uns machen wollten.

A: Wir haben versucht, alles, was da passiert war, in der Frauenöffentlichkeit zu verbreiten. Die Reaktion war frustrierend. Wir haben fünfzig Briefe verschickt und drei oder vier Antworten bekommen. Die vom Hexenbuchladen in Idstein haben geschrieben, daß Leute zu ihnen kamen, ob sie was mit der Hexenschule zu tun hätten. Das ist also gleich zu denen rübergeschwappt. Die Psychohexen aus Mainz schrieben, daß sie schon ähnliche Schwierigkeiten bekommen hätten. Aber die meisten, auch »Emma«, haben überhaupt nicht geantwortet. Frauen haben Angst, in die Okkultecke gedrängt zu werden. Männer interessieren sich viel offener für Esoterik und Magie. Männer haben sofort ein Empfinden dafür, wo es für sie weitergehen könnte Richtung Macht. Bei Frauen kommt ganz schnell Angst wieder hoch. Wir haben nun mal die eingebrannten Erfahrungen.

Wir sehen das, was wir hier machen, als politische Arbeit an. Wir versuchen, mit Frauen so zu arbeiten, daß sie selbständig handeln, ihre Realität verändern können, indem sie an ihre alten Weisheiten herankommen. Und dann wird es politisch. Denn Frauen sollen sich ihre Räume nehmen, den Platz, in dem sie sich entwickeln können. Das geht schon los mit dem eigenen Zimmer bis zu den gesellschaftlichen Räumen wie eigenen Häusern und eigenen Beratungsstellen für Frauen. Daß sie auch ihren eigenen Körper kennenlernen und ausfüllen, und nicht nur durch Schwangerschaft.

Wenn man anfängt, sich zu entfalten, das geht sofort nach außen, sofort. Das hat Auswirkungen in der Familie, in der Gesellschaft, in der Beziehung zu Männern, in bezug auf andere Frauen. Manche Frauen reagieren total giftig auf unseren Ansatz. Aber die Zeit der Jammergruppen ist vorbei, als wir uns noch gegenseitig den ganzen Scheiß vorjammerten, uns gegenseitig bemitleideten und stützten. Das ist eine neue Entwicklung in der Frauenbewegung.

H: Wir geben Hilfestellung bei Frauen, die sich entschieden haben, ihren Weg zu gehen. Das funktioniert so lange hervorragend, bis die praktischen Auswirkungen im Alltag deutlich werden, bis Frauen mit ihren Ehemännern Schwierigkeiten kriegen, bis es zu Konflikten in der Beziehung führt, und zwar in dem Moment, wenn sich für die Männer konkret etwas ändern soll. Sobald übliche Sicherheiten in Frage gestellt werden, ziehen viele Frauen die Finger vom Umsetzen zurück, das wird ihnen zu heiß. Wie es hinterher praktisch im Alltag aussieht, da wird es interessant, da wird es schwierig und angstbesetzt. Wir haben doch selber gemerkt, was es heißt, ausgegrenzt zu sein. Da spinnt man seinen Faden, guckt sich um und fragt sich, wo sind die anderen geblieben. Hexe bedeutet ja auch *hagazussa*, die auf dem Zaun reitet und auch ein Stück ausgegrenzt ist. Es gibt schon Ängste, allein zu stehen, einen anderen Weg zu gehen, auf einmal die Masse nicht mehr um sich zu haben. Das macht angst.

Die Schiran-Frauen:
Barbara, 29, Dorle, 31, Maria, 36, Ute, 39, und Miriam Schiran, 9
Inanah, Freies Institut für matriarchale Philosophie, Forschung und Lehre e. V., Aalen

>»Die Macht ruht in uns.
>Wir müssen sie nur wecken.«

D: »Zittert, zittert, die Hexen sind wieder da«, dieses Motto der Frauenbewegung war 1977 richtig. Heute nicht mehr. Damals war es notwendig, um auf patriarchalische Strukturen und Gewalt gegen Frauen aufmerksam zu machen. Mit dieser Phase des Protestes fing alles an. Ich bin selber eine alte Frauenbewegungsfrau. Für mich waren die Demonstrationen wichtig, um mir den Raum wieder zu nehmen, auch in dieser aggressiven Weise, und zu sagen, he, ich bin wer. So, wie wir sagten, unser Bauch gehört uns, die Nächte gehören uns. Unsere Entwicklung bis jetzt kann ich mir ohne diese Aktionen nicht vorstellen.

Doch heute stimmt dieses »zittert, zittert« nicht mehr, weil es wieder Vorurteile schürt: Hexen sind Frauen, denen nichts Besseres einfällt, als ständig ihre Energie darauf zu richten, die Männer fertigzumachen. Darum geht es überhaupt nicht. Oder Hexen sind Frauen, die irgendwelche Leute verfluchen, also was man sich allgemein unter Schwarzer Magie vorstellt. Da wird dieses Bild gezeichnet von den sexuellen Ausschweifungen, nachts im Wald mit diversen Teufeln, Warzen auf der Nase... Oder Frauen, die dem Nachbarn das Vieh krank sprechen. Das sind Ausbünde der Phantasie, die überhaupt nicht den Tatsachen entsprechen – auch nicht, was die früheren Jahrhunderte betrifft.

Die Frauenbewegung hat ab 1977 bewußt den Ausdruck Hexe benutzt...

D: Ja, und in der Walpurgisnacht werden noch heute Demonstrationen veranstaltet, bei denen sich Frauen ganz wild als Hexe verkleiden. Als '77 der Begriff aufkam, habe ich mich auch Hexe genannt. Ich habe damit verbunden: unsere dunklen spirituellen Kräfte wiederzuentdecken, meine innere Stärke und Macht.

Was sind dunkle spirituelle Kräfte? Kannst du damit Tische rücken?

D: Wenn ich mir bewußt bin und mich und meine Kräfte kenne, kann ich auch diesen Tisch schweben lassen. Aber das ist ein Gag und spielt keine Rolle. Ich will doch nicht meine Kräfte verplempern mit Tischeschwebenlassen und Männerverfluchen.

Beide Deutungen sind mir heute zu einseitig: Hexe gleich Widerstandleisten und Sich-auf-die-eigenen-Kräfte-Besinnen. Dabei kommt die Richtung weise Frauen, die Kenntnisse hatten, und Frauenzünfte zu kurz. Es gibt eine interessante Doktorarbeit, die aufzeigt, wie diese Frauen des ausgehenden Mittelalters, die eigenes Geld und eigenen Besitz hatten, verfolgt wurden.

U: Dasselbe im medizinischen Bereich. Das Wissen darum lag immer in der Hand von Frauen. Die ersten medizinischen Universitäten gab es ab 1200 in Italien und Spanien. Damit begann die Zurückdrängung der Frauen, wobei die Gynäkologie noch bis ins 16. Jahrhundert in ihrer Hand blieb. Die Kirche fing im Bayerischen im 15. Jahrhundert an, Einschränkungen durchzusetzen. Als erstes wurde den Hebammen vorgeschrieben, daß sie totgeborene Kinder nicht mehr selber beerdigen durften.

Klar, weil sie angeblich daraus die berühmten Flugsalben machten.

U: Und daß sie selber keine Taufen mehr vornehmen durften, auch keine Nottaufen. Man kann genau verfolgen, wie die Frauen, die früher die Heilkundigen waren, Schritt für Schritt von den Männern hinausgedrängt wurden.

Damals gab es auch einen heißen Krieg zwischen den Heilerinnen und dem Hause Fugger, als dieses den Zucker nach Europa einführen wollte. Die Heilerinnen waren dagegen, weil sie sagten, Zucker bringe Krankheiten. Wirtschaftliche Gründe sind immer durchgreifend, um Frauen abzuklassifizieren.

Mit dem Begriff »Hexe« als weise Frau, die ihr Wissen und ihre Kräfte einsetzt, kann ich mich gut identifizieren. Die Barriere liegt darin, dies alles erst mal erklären zu müssen, um über die Negativbefrachtung hinwegzukommen. Das ist mir zuviel Energieaufwand. Deswegen benutze ich den Ausdruck sehr vorsichtig. Eigentlich nur in dem alten Sinn: die Hegerin des Hains, die Hüterin der Erde. Man muß weiter zurückgehen als zu den mittelalterlichen Frauen. Wir haben uns hier stark mit der prähistorischen Geschichte beschäftigt, um matriarchale Strukturen der Frühzeit wiederzufinden. Wir führen uns auf die alten Wurzeln der Matriarchate zurück.

Wie ist eurer Meinung nach der Umschwung vom Matriarchat zum Patriarchat gekommen? Warum gibt man freiwillig Macht ab?

D: Darüber gibt es viele Hypothesen. Die sind alle von Männern geschrieben worden. Und die glaube ich einfach nicht. Warum eine Frau etwas mit sich machen läßt, weiß eine Frau besser als ein Mann.

Gut, aber ich habe immer noch keine Antwort auf meine Frage, warum die Macht irgendwann einmal abgegeben worden ist.

U: Ich selber habe einen achtzehnjährigen Sohn. Es ist für die Mutter eines Mannes nicht einfach zu entscheiden, wo man die Grenzen setzen soll. Im Isiskult ist belegt, wie Männer zum ersten Mal in die inneren Tempelbereiche vorgedrungen sind, von den Frauen selber hineingebracht worden sind. Das war also nicht mit Kampf und Gebrüll. An dem Punkt sind wir auch heute: Es geht nicht darum, Männern ins Gesicht zu spucken, sondern ihnen zu zeigen, wo ihre Grenze ist. Daß diese inneren Zirkel der Magie und des Heilens Frauenarbeit sind. Daß weibliche Räume bestehen, die sie nicht zu betreten haben.

Wir haben die Macht nicht abgegeben, sie ruht in uns. Wir müssen sie wecken und wieder anfangen, sie zu leben. Nur wer glaubt, sich Macht zurückerobern zu müssen, muß kämpfen. Nimm die Zeiten nach den beiden Weltkriegen, in denen unsere Mütter und Großmütter Unglaubliches geleistet haben, bis die Väter aus der Kriegsgefangenschaft zurückkamen und wie selbstverständlich das Zepter wieder übernahmen. Meine Mutter hat mir oft erzählt, wie die Frauen die ganze Aufbauarbeit geleistet, alles alleine gemacht haben, die Kinder großgezogen, aus den letzten Winkeln etwas zu essen besorgt haben. Und sie lebten gut und sehr vergnügt miteinander. Bis sie anfingen, diesen Kult zu betreiben, wenn der Papa wiederkommt... Dabei weiß ich von meiner Mutter und von anderen Frauen, die sind ins Schleudern geraten, als die Männer wieder da waren. Ihre Frauengemeinschaft fiel auseinander. Plötzlich sollten sie wieder das Nur-Hausmütterchen spielen. Aber sie stellten die Zepterabgabe nicht in Frage.

Das kann nicht die Sozialisation eines einzelnen Lebens sein, das hat sich in den Frauen über Jahrtausende entwickelt. Bei meinen Eltern war es – schon rein äußerlich – eklatant: Mein Vater war ein kleines, zartes Männchen, und meine Mutter überragte ihn um Haupteslänge. Aber die hat ihn jeden Tag aufgebaut, in ihrer Phantasie und tatsächlich mit ihrer Energie; hat gesagt, du bist ein lyrischer Mensch und so sensibel.

Heute erlebe ich oft genug noch dasselbe. Aber du kannst mit vielen Frauen nicht darüber reden. Die brauchen das zum Leben. Die entwickeln solche Ängste, daß sie eventuell einmal ohne ihren Mann leben müssen. Auch die selber verdienen, ihre Kinder großziehen und den Mann sowieso nur aufpäppeln und aufbauen. Das ist absulut irre. Frauen haben eine solche

Angst, ohne die Sicherheit Mann zu leben; denken, sie verlieren dann ihren Freundeskreis, ihr Prestige. Immer wieder höre ich, oh, ich würde eingehen vor Angst, wenn ich so lebte wie du.

Seht ihr eine Chance, daß Frauen zu einer größeren eigenen Sicherheit finden?

D: Die Chance liegt darin, daß sie sehen, wie wir anders leben. Wir sind dreizehn Frauen, die hier in der Umgebung in verschiedenen Häusern entweder allein oder zu zweit wohnen. Wir arbeiten für uns, und wir machen Seminare für Frauen, reisen, halten Vorträge. Workshops, alles im Rahmen eines Vereins, den wir gegründet haben.

Ihr seid alle zu verschiedenen Zeitpunkten dazugekommen. Wie habt ihr euch zusammengefunden?

U: Der Weg begann vor elf Jahren in München, als ich ein feministisches Gesundheitszentrum gründete. Ich habe Medizin studiert. Doch die Schulmedizin war für mich eine Krücke. Ich habe schon immer alternative Medizin gemacht wie Hausgeburten und Energieheilung. Schon während des Studiums empfand ich diese Spaltung. Da mußte ich Scheine machen, obwohl ich sie als totalen Schwachsinn ansah. Ich wußte, es geht auch anders.

Meine damalige Freundin hatte Gebärmutterkrebs. Alle rieten zu einer Operation. Aber wir haben ihn anders wegbekommen. Sie hat sich drei Monate lang nur auf ihren Körper konzentriert, Diät gelebt, und wir haben mit Trancen gearbeitet, um herauszufinden, warum sucht sich der Körper diesen Ausweg, diese Krankheit. Was sind das für Kräfte, die sie in dieses Gewächs hineinsteckt, die sie anders verwenden könnte.

Wir schafften es. Die Wucherung verschwand. Aber es war noch eine jahrelange Arbeit mit ihrer latenten Neigung, Energien gegen sich zu wenden. Es war, als ob sie sich immer wieder vom Leid angezogen fühlte, wie eine Sucht. Sie hatte tief in sich die Einstellung, nur wenn ich ordentlich leide, spüre ich mich wirklich, sonst plätschert alles so dahin. An dem Punkt setzten wir an und fragten, kann sie sich auch lebendig fühlen, wenn sie glücklich ist. Eines Tages sagte ich zu ihr: »Entscheide dich endlich, willst du immer nur Leid produzieren, oder hast du auch die Kraft, dich lustvoll lebendig zu spüren.«

Auf diesem Weg der Nichtschulmedizin wollte ich weitermachen. Ich mietete außerhalb der Stadt ein großes Haus mit vielen Zimmern und dachte, die anderen Frauen kommen schon.

Warst du materiell abgesichert?

Nein, es war ein Vabanquespiel. Neben dem Mut erlaubte ich mir den Luxus, mir einen Freiraum zu schaffen, unbeirrt von den täglichen Strukturspielen zu sehen, wer bin ich eigentlich, was wissen wir, was können wir. Ich wußte einfach, die anderen Frauen kommen bald. Und sie kamen. Wir haben uns vor Workshops nicht retten können.

Habt ihr Werbung gemacht?

U: Überhaupt nicht. Es war eine Von-Mund-zu-Mund-Propaganda in der Frauenbewegung. Wenn es einer schlechtging, bekam sie den Geheimtip, dort sitzen welche, die machen Selbstheilung.

D: Ich studierte damals in Köln Mathematik und erfuhr von Ute genau durch diese Mund-zu-Mund-Propaganda. Mir war schon immer klar, daß ich mit Frauen zusammen leben und arbeiten wollte. Ich war in der Frauenbewegung aktiv und hatte auch eine Hexengruppe gebildet. Der Gedanke Selbstheilung hat mich total angesprochen: die Ursache einer Krankheit zu bekämpfen und nicht den Ausdruck. Meine Freundin machte mit Ute und den anderen eine Reise und kam fasziniert zurück. Sie packte sofort ihre Sachen und zog zu ihnen. Ich half ihr beim Umzug und bin gleich dort geblieben. Ich fühlte, hier habe ich gefunden, wonach ich immer gesucht hatte. Ich war in Deutschland gereist, im Ausland, hatte alle Lesbenhöfe abgeklappert, ein ganz bewußtes Suchen nach einem Modell. Hier erfüllte sich der Traum... Frauen, die an sich selbst arbeiten. Frauen, die Magie lehren, die mit der Natur und im Rhythmus der Sterne leben.

Ute, was heißt, ihr lehrt Magie?

U: Wir versuchen, unsere magischen Kräfte wieder hervorzulocken. Jede mit ihrem Handwerkszeug. Die in den Frauen ruhenden Kräfte wieder zu erinnern, zu spüren, sie zu wecken und damit umzugehen. Im Gegensatz zur Spiritualität, die nur eine Bewegung hat – fort von der Materie –, verbindet mich die Magie mit Himmel und Erde, indem ich versuche, mit beiden eins zu sein.

Ist Magie Bestandteil der alternativen Medizin, wie ihr sie versteht, der Selbstheilung?

U: Ja, die Magie beinhaltet die Möglichkeit, mit den eigenen tiefen Heilungskräften in Berührung zu kommen; mit Hilfe von Trancen seine Wurzeln zu finden. Wir veranstalteten damals Fünftagekurse und konnten ziemlich bald davon leben. Es hatte sich unheimlich schnell herumgesprochen, als ob alle darauf gewartet hätten. Dabei hatten wir einen ganz fürchterlichen Ruf. Wir waren ganz eisern mit unseren Terminen, nur nach schriftlichen festen Anmeldungen. Die Frauen hätten uns sonst die Bude eingerannt. Wir waren auch berüchtigt, daß wir eine harte, kühle Gruppe waren. Es war bekannt, daß wir uns nicht ständig umärmeln und weich und lieblich miteinander umgingen. Hier ist kein Sichaufgehobenfühlen wie bei den Bhagwangruppen, wo man sich in irgendeine Wärme hineinfallen lassen kann und sich nach zwei Jahren fragt, wer will mich eigentlich. Die einzelne Frau hat immer ihren eigenen Raum, Freiraum. Wir gehen ehrlich miteinander um, statt zu sagen, ach, das macht doch nichts. Und wenn eine Frau anfängt zu weinen, dann lassen wir sie heulen, sprechen hinterher mit ihr über die Ursachen, aber vermeiden dieses oberflächliche Heitatatrösten.

Nach zwei Jahren waren wir fix und fertig. Nach außen gehen, alle zwei Wochen einen Kurs machen, all das hatte uns ausgelaugt. Wir brauchten eine Pause, um für uns selbst zu arbeiten, um Neues zu entwickeln. Der Plan zu einer großen Reise entstand, an der auch Dorles Freundin teilnahm. Wir sind mit acht Frauen und zwei kleinen Mädchen einem alten Initiationsweg durch Frankreich gefolgt. Das war, als wenn ein Tor aufgeht: Plötzlich weißt du, so sieht es aus, so fühlt es sich an, wenn Frauen frei sind. Vor der Abreise hatten wir unser erstes Ritual gemacht. Wir haben ganz naiv Magie gespielt. Doch während des Spiels merkten wir, wie irgend etwas passierte, wie allereinfachste Rituale schon etwas bewirken.

Was bewirken Rituale?

U: Sie ermöglichen eine Verdichtung von helfenden Energien, die ein Feld der Anziehung darstellen. Psi zieht Erfahrung und Begegnungen an, die dich deinen weiteren Weg lehren.

Dorle, du bist vor sechs Jahren dazugestoßen. Du kanntest viele andere Frauenprojekte. Was war an dieser Gruppe das Besondere?

D: Die Verantwortlichkeit untereinander. Das Gefühl, man ist füreinander da. Das fehlte bei den anderen Projekten total. Die waren alle so flippig. Gut, ich bin auch bis zu einem gewissen Punkt flippig, aber eine Verbindlichkeit und Zuverlässigkeit muß dasein. Hier gab es sehr viel Spaß, aber auch Kontinuität und Ernst. Kein verbissener Ernst, eine Ernsthaftigkeit in der Forschung und im Umgang mit sich selbst.

Ich habe mein Mathematikstudium an den Nagel gehängt. Es ist mir nicht leichtgefallen, alles über den Haufen zu werfen. Aber dieses Gefühl, hier kann ich mich finden, war mir wichtiger als das Studium.

Wovon hast du gelebt?

D: Wir haben alles Geld, das jede hatte, zusammengelegt. Das ging nicht gut, aber es ging.

Barbara, wie bist du dazugestoßen?

B: Das war vor vier Jahren. Ich habe eine Lehre als Hotel-kauffrau gemacht, weil ich mit Menschen Kontakt haben wollte. Zwei Jahre habe ich in dem Beruf gearbeitet. Dann reiste ich durch Südamerika, um zu sehen, ob ich das alleine schaffe. Als ich zurückkam, wußte ich, daß ich nicht mehr so weiterleben wollte wie bisher. Die Menschen, die ich getroffen hatte, waren arm. Aber wieso waren sie glücklicher als wir? Sie haben ihre Musik, sie drücken sich aus. Ich stellte mir vor, auch in Deutschland kann ich einfacher, mit wenig Geld leben. Mit 200 Mark im Monat müßte man doch auskommen.

Zuerst versuchte ich es in der Alternativszene. Aber das klappte nicht mit dem Zufrieden- und Glücklichsein, wie ich es erträumte. In der Zeit hatte ich meine erste Frauenbeziehung, und mir wurde klar, daß ich meinen weiteren Weg mit Frauen gehen wollte.

Zwei Jahre lief das gut, dann trennten wir uns. Ich bin mit dem Fahrrad losgezogen, bin fünf Monate ganz allein durch Deutschland gefahren und landete schließlich bei den Schiran-Frauen. Die feierten gerade das Demeter-Fest. Eine halbe Stunde später war ich mitten im Ritual. Mich lockte die Art, wie ihr lebtet, zum Bleiben. Ihr hattet ein altes Haus, aber davon standen nur die Außenmauern. Wir wohnten in Zelten. Das war das einfache Leben in der Natur, nach dem ich gesucht hatte. Zu erleben, wie Jahreszeiten sich verändern, und nicht abgeschlossen bei immer gleicher Temperatur in einem Raum sitzen…

Nach zwei Monaten war mir klar, jetzt bleibe ich endgültig hier. Ich erzählte von Maria, die in Köln wartete, und die holten wir dann ab.

Var es wie bei Dorle das Gefühl der gegenseitigen Verantwortlichkeit, das dich anzog?

B: Ich kann nicht erklären, was in mir abgelaufen ist. Ich wußte nur, ich wollte unbedingt dableiben. Es war ein Gefühl, wie Dorle es auch beschreibt: Ich hatte gefunden, wonach ich immer gesucht hatte. Hier konnte ich sein, wie ich wollte.

Im Moment bin ich an dem Punkt herauszufinden, was eigentlich meine Arbeit hier ist. Ein Bereich ist schon klar. Ich massiere ganz gut. Während ich massiere, erfahre ich, welche Probleme die Frauen haben, und ich kann ihnen etwas vermitteln. Das ist eine Art von Sinnlichkeit, die ich rüberschicke. Die Frauen sind begeistert, und mir macht es Spaß. Dabei habe ich den direktesten Kontakt zu Menschen, den ich immer suchte.

Die Frauen, die an unseren Kursen teilnehmen, sehen deutlich die Unterschiedlichkeit jeder von uns, auch in der praktischen Arbeit. Auch wenn wir einen Klannamen haben, sind wir nicht alle gleich.

In den vier Jahren, die ich jetzt dabei bin, habe ich Klarheit über mich selbst und eine Möglichkeit des Lebens gefunden, die wunderbar ist.

Maria, dich haben die Schiran-Frauen nachts aus Köln »entführt«. Ist das Leben hier wirklich so wunderbar?

M: Es ist besser, als ich es mir jemals vorstellen konnte. Ich habe Musik studiert, also die klassische Ausbildung Klavier und Flöte, habe unterrichtet und Konzerte gegeben, lebte meinen Alltag mit Mann und zwei Kindern. Von den Schiran-Frauen hatte ich noch nie etwas gehört. Als ich mich zum ersten Mal in eine Frau verliebte, schleppte die mich mit zu einem Seminar, auf dem auch Trancen gemacht wurden. Es überraschte mich, daß es so einfach ging, in Trance schnell irgendwo anders zu sein. Ich habe mich immer wieder zurückgeholt, um zu sehen, das bin ich wirklich. Zu Anfang war ich stark mißtrauisch den Leuten gegenüber, die das machten. Also die Angst vor Hypnose, und hinterher bist du abhängig.

Zurück in meinem Alltag wußte ich, daß ich weggehen und mit Frauen leben und arbeiten wollte, meinen Alltag und meine Sexualität mit ihnen teilen, aber auch meinen Weg mit den Trancen weitergehen wollte.

Diese Frauen mußte ich finden. Ich wußte, es gab sie irgendwo. Ich machte mich auf den Weg, bewußt, daß es ein

Weg ohne Zurück war. Ich löste zu Hause alles auf und wanderte und trampte durch Deutschland von Projekt zu Projekt, gezielt auf diese Frauen hin. Meine Freundin Barbara, die zur selben Zeit losfuhr, hat sie eher gefunden. Sie kam dann mit Dorle und Birgit, um mich abzuholen.

D: Das war in der Nacht, und die Polizei hat uns noch angehalten, weil wir so ein klappriges Auto hatten.

M: Und als wir am nächsten Morgen ankamen, sah ich, ich hatte die gefunden, die ich suchte.

Drei Jahre lang hatte ich keine Musik gemacht. Hier fing ich mit einer Trommel wieder an. Sie ist bis heute mein Handwerkszeug geblieben. Ich versuchte, neue Rhythmen zu erforschen. Zuerst habe ich alleine getrommelt. Mit der Zeit entwickelte ich Wege, wie jede Frau ihre eigene Art zu trommeln entdecken kann, ihre eigene Art, damit ihre Wünsche auszudrücken.

Es ist ein Zauber, der dabei passiert. Nur mag ich es nicht sagen, weil es so nach Hokuspokus klingt. Aber man kann tatsächlich die Kraft, die dabei entsteht, auf etwas Bestimmtes richten. Meine Tochter hatte einmal eine Schleimbeutelentzündung im Knie. Sie konnte kaum noch laufen. Ich habe ihr eine halbe Stunde getrommelt, und danach hatte sie keine Beschwerden mehr.

Deine Träume gingen darauf hin, mit Frauen zu leben und zu arbeiten. Das hast du verwirklicht. Haben sich die Träume erfüllt?
M: Dieses Leben hier vermittelt ein Gefühl des Mit-sich-selbst-identisch-Seins. Im Gegensatz zu früher. Auch im Gegensatz zu der Musik, die ich früher machte, die nie aus meinem Körper kam. Ich bin identisch mit der Erde und mit mir. Mein Ziel ist jetzt eine Zauberschule; im Hinblick auf andere Frauen und auf mich selbst.

Was verstehst du unter zaubern?
M: Lernen, mit meinen Kräften umzugehen und sie so bewußt einzusetzen, daß ich materialisiere, was ich will.

Das hört sich ziemlich egoistisch an.

M: Ich lebe in Verbindung mit der Erde, den Elementen und ihren Gesetzen. Es ist kein Beherrschen oder Gebieten. Ich nehme auf, was da ist. Wenn ich heute meinen Rücken an einen Baum lehne, spüre ich die Verbindung, da fließt etwas hin und her, der Baum ist lebendig.

Hat sich auch dein Verhältnis zu den Menschen geändert?

M: In bezug auf Männer bin ich weniger aggressiv, ich fühle mich nicht mehr bedroht, sie können mir nichts mehr wegnehmen. Ich bin sehr viel sicherer geworden.

Ute, wie erklärst du diese starke Anziehung, die du – ihr – auf andere Frauen ausübst?

U: Man bekommt hier eine ganz andere Art von Berührbarkeit, innerlich wie äußerlich. Sie entwickelt sich in dem Abbau von Ängsten und Zweifeln anderen und sich selbst gegenüber.

Ich hatte immer starke Berührungsängste, habe schon vorher abgeblockt. Wenn man sich berühren läßt, ist man nicht mehr dieselbe wie vorher. Heute kann ich viel eher zuhören, was eine andere Frau mir sagt. Nur wer tief berührbar ist, ist auch veränderbar.

In meinen Workshops erlebe ich immer wieder, daß die Frauen hinterher zu mir kommen und sagen, ich fühle mich total gut. Die Stärkung meiner eigenen Identität bedeutete auch die Stärkung der anderen Identität, indem ich ihre eigenen Prozesse fördere, sie an die Kräfte erinnere, die in ihnen stecken.

Das mit dem Kräftewecken hört sich immer ganz toll an. Aber was machen die Frauen hinterher damit, wenn sie euch nach fünf Tagen verlassen? Wo ist da die Verantwortlichkeit, von der ihr spracht?

U: Wir hatten sehr schnell einen Punkt erreicht, an dem uns klarwurde, daß wir tiefer gehen mußten, weitergehen auch in der Erforschung des Umgangs mit den eigenen Kräften und in der Erforschung von Krankheitsursachen. Dazu mußten wir

Grenzen überschreiten in eine Richtung, die wir nicht genau kannten. Mit der Gefahr, daß eine abdrehte, in den schizophrenen Schub ging. Wir mußten uns gegenseitig verbindlich fühlen, wenn eine innerhalb des Prozesses durchknallte, daß die anderen dann einfach da waren. In der Phase haben wir uns von einigen Frauen getrennt. Nicht im bösen Sinn, aber die kamen und gingen, verschwanden mal eben nach Kreta oder putschten sich in die wahnsinnigsten Sachen rein, bis man sie schließlich als schizophren einstufen und in Kliniken überweisen mußte.

D: Wir haben ein Jahr intensivste Arbeit an uns und mit uns gemacht. Wir reisten nach Cornwall, sind einem alten Initiationsweg gefolgt, haben die alten Steine besucht und ein halbes Jahr dort gelebt. In der Zeit lernten wir den Umgang mit den Elementen, den Naturgewalten, und zum ersten Mal kam uns die Idee mit der Zauberschule. Wir hatten uns immer wieder nach einer alten Lehrerin gesehnt, nach einer alten weisen Frau, die da hockt und dir klar sagt, wie es geht. Erinnern kann man sich toll an seine Kräfte, aber deswegen kann ich sie immer noch nicht handhaben. Andere haben auch einen Guru. Wir haben keinen, wir mußten alles selber leisten, alles aus uns selbst heraus finden. Daraus entwickelte sich der Gedanke, es müßte für andere Frauen doch schön sein, so etwas wie eine Schule zu haben mit Lehrerinnen, die ihnen die Handhabung ihrer Kräfte zeigen, das Handwerkszeug liefern. Deswegen haben wir den Verein gegründet. Die Zauberschule hat noch nicht ihre letzte Form, sie verändert sich dauernd. Wir besuchen mit den Teilnehmerinnen alte Kultplätze, machen Meditationen, Übungen, Tänze, Bewegungen, Massagen, Musik, um zu unserem Körperbewußtsein zurückzufinden, arbeiten im Garten, sammeln Tees, Wildfrüchte und Kräuter, wollen alte Heilmethoden zusammentragen durch Tanz, Spiel und konkret-sinnliche Mittel, Erinnerungsräume für unsere urweibliche Erotik schaffen…

Wie werdet ihr eigentlich von den Dorfbewohnern, den Nachbarn aufgenommen?

U: Im Dorf hat uns Wertschätzung eingebracht, daß wir nur Frauen waren und daß wir gearbeitet haben wie die Berserker. Wir versorgen unsere Tiere gut, fünf Ziegen, ein Schaf, zwei Katzen, zwei Hunde und machen das Haus und das Land schön. Alles andere ist für die Nachbarn schon recht seltsam. Aber am Samstag halten wir unsere schwäbische Kehrwoche ein, das sehen sie, das ist in Ordnung so. Du kannst dich nicht mitten in ein schwäbisches Dorf setzen und dabei die Tradition ignorieren.

Ihr wohnt direkt gegenüber der Kirche. Wie steht ihr zum Christentum?

D: Wir sind alle aus der Kirche ausgetreten, die alles darangesetzt hat, mich als Frau zu verteufeln.

U: Und ich kann und will nicht diese Millionen Frauen vergessen, die sie umgebracht haben.

D: Ich will nicht an einen männlichen Gott glauben, ich will an mich glauben.

U: Die Kirche ist ein ganz übles Machtinstrument.

D: Nicht nur die Institution, auch die Religion. Wir haben uns eine eigene »Religion« aufgebaut. Mit der fühle ich mich identisch.

Wie sieht eure Religion aus?

D: Unser Ziel ist die Erdheilung. Es ist wohl kaum noch zu übersehen, wie kaputt die Erde ist. Sie zu heilen heißt sich selber heilen.

Diesen Lebenssinn habe ich hier gefunden. Das ist ein riesiges Wort, ich weiß. Aber hier habe ich mich selbst, meine Aufgabe und meinen Wert entdeckt.

Wieso habt ihr alle denselben Nachnamen Schiran offiziell im Ausweis eingetragen?

U: Wir wollten das Netz oder die Verbindung, die wir untereinander spürten, auch nach außen ausdrücken. Zu der Zeit hatten wir schon viel Matriarchatsforschung gemacht und sahen nicht mehr ein, warum wir mit unseren Vaternamen leben sollten. Wir wollten alle denselben Namen haben, einen Klannamen, der für uns mit einer weiblichen Tradition verbunden ist.

Was bedeutet Schiran?

D: Rückwärts gelesen *narisch*.

B: Wir haben den Namen über Trommeln, Tanzen, Singen entwickelt.

Wie hat der Standesbeamte denn reagiert, als ihr plötzlich alle den Namen Schiran in eure Ausweise eintragen lassen wolltet?

D: Wir sind der Reihe nach hineingegangen. Die erste war Maria, die hat sich Schiran als Künstlernamen eintragen lassen. Das steht jetzt richtig im Paß und im Personalausweis. Ich war die zweite, da hat er schon geguckt. Am nächsten Tag kam die Ute, da wurde es schon komplizierter, weil der Name auch in den Kinderpaß ihrer Tochter hinein sollte. Da hat er gefragt, was machen Sie denn alle? Und wir haben gesagt, wir treten zusammen auf. Auf jeden Fall, wir haben den Eintrag, auch in den Kinderpässen.

Ute, deine Tochter ist neun. Sie lebt mit euch Frauen zusammen...

D: Zwei Mädchen leben mit uns – die andere ist Tina, sie ist elf. Sie leben bewußt mit uns und sind auch ganz engagiert bei den Frauenfesten dabei. Es ist toll, ihre Spontaneität zu beobachten. Die machen Sachen, auf die käme ich gar nicht. Wir finden es ganz wichtig, daß diese Mädchen dabei sind, weil wir nicht nur Frauen einer bestimmten Altersklasse ansprechen wollen. Und die Kinder bringen so viel mit ein, sie leben kindlich naiv ihr Wissen und leben uns dadurch eine ganze Menge vor. Was wir erst mühsam wieder aus uns hochholen müssen. Sie haben eben noch nicht unsere Grenzen und Schranken.

Drängt ihr die Kinder nicht in eine bestimmte Lebensform, die ihr ihnen vorgebt?

U: Wir versuchen, ihnen die Freiheit der Entscheidung zu vermitteln. Auch für uns war die Entscheidung ja sehr wichtig. Wir zwingen die Kinder nicht, hier zu bleiben. Sie haben die Freiheit zu sagen, wir wollen zum Vater und in der Familie leben. Sie sind regelmäßig dort. Sie kennen das Familienleben.

Ihr sprecht viel von Erdheilung als eurem Ziel. Warum laßt ihr die Männer dabei draußen?

D: Männer interessieren mich ganz einfach nicht.

Damit wäre die Hälfte der Menschheit vom Tisch...

U: Die lebensbejahende Veränderung der Erde ist eine Sache der Frauen. Die vernichtende Veränderung erleben wir ja zur Genüge als Sache der Männer.

Uns geht es darum, erst einmal zu wissen, was *wir* sind und was *wir* können. *Unsere* Kräfte zu definieren und aus dem polaren Feld, dem Yin- und Yangfeld, herauszunehmen. Das beinhaltet, nach außen Grenzen zu setzen, die Männer nicht übertreten können außer in Destruktion oder in Vampirismus, indem sie den Frauen die Kräfte absaugen.

Gibst du Männern keine Chance? Ist das die Verfolgung des Mannes an sich?

U: Männer müssen sich aufbereiten, sich reinigen, bis sie soweit sind, daß weibliche Energie durchfließen kann. Das schwerste, weil gefährlichste tantrische Ritual, das aber auch die größten Kräfte überträgt, ist das Ritual, bei dem eine weibliche Göttin während ihrer Menstruation mit einem Mann schläft. In dem kurzen Augenblick hat er Einblick in das Ganze, ist in dem kurzen Moment mit dem Kosmos verbunden.

In diesem archaischen Ritual wird die Kraftabgabe sehr deutlich. Nur, das ist meiner Meinung nach unstatthaft in unserer Zeit. Solange wir Frauen unsere Kräfte nicht konzentrieren zur Erdheilung, ist es ein Wahnsinn, unglaubliche Rituale zu machen, die so viel Energie rauben, damit die Männer sich für einen kurzen Augenblick heilen. Meine Energie soll nicht für eine einmalige individuelle, kurze Erleuchtung dienen. Wir setzen die Grenzen: bis hierher und nicht weiter, nicht in den Tempelinnenraum.

Die New-Age-Bewegung sagt ja auch, daß sie sich um die Heilung der Erde kümmern will, aber dort gibt es bereits Männer, die zugeben, daß sie diese Grenze nicht überschreiten können.

Zählt ihr euch zu einer Bewegung?

U: Außer zur Frauenbewegung nicht. Obwohl es dort heftige Debatten gibt, ob das, was wir machen, politisch ist.

Ist es politisch?

U: Ja!

D: Wenn wir uns leben und andere Frauen mitbekommen, daß es eine Möglichkeit gibt, anders mit Strukturen und sich selbst umzugehen, dann verändern wir etwas. Und das ist politisch.

U: Einer der Hauptsätze der Frauenbewegung heißt ja: Sexualität ist politisch, das Private ist politisch.

Was ist euer Ziel in den nächsten Jahren?

U: Daß Frauen hier ihren Initiationsweg, also den Weg zur eigenen Erkenntnis, zur eigenen Aufgabe finden. Daß jede sich entfaltet und langsam, langsam sich eine Kultur entwickelt, in der Rituale und Kulthandlungen in den Alltag hineingebaut sind. So wie in afrikanischen Kulturen Frauen singend ihr Essen bereiten – das ist eine Kulthandlung.

Ich versuche auch in den Seminaren immer weniger sensationell zu arbeiten. Ich möchte vermitteln, daß wir ganz alltäglich am Küchentisch bewußt mit unseren Energien umgehen und nicht sagen, heute abend machen wir mal ein Ritual. In den letzten Workshops habe ich abends eine Disco veranstaltet, um von dieser Heiligkeit herunterzukommen. Wir müssen die Umsetzung in den Alltag lernen.

Das werfe ich auch dem Wiccakult vor, der die Große Göttin in der Natur anbetet. Ich habe die Göttin in mir, die brauche ich nicht irgendwo da draußen anzuhimmeln.

Apaika (Die Mondin), 26, Heimerzieherin

»Die Scheiterhaufen glimmen noch.«

Du arbeitest als Erzieherin in einem Kinderheim der Kirche. Was
hat dich zum Hexenglauben gebracht?

Ich habe das Buch »Die Nebel von Avalon« gelesen und war
so fasziniert, daß ich dringend mehr von Magie hören wollte.
Um intensiv magisch arbeiten zu können, habe ich mir weitere
Bücher besorgt und allein mit Ritualen angefangen. Heute mache ich sie auch zusammen mit anderen.

Was hat dich so fasziniert?

Die ganz andere Religion der Göttin. Es geht um Frauen, um
das Natürliche, das Erdverbundene, darum, daß man selber tat-
kräftig etwas tun kann und sich nicht von irgend jemandem be-
rieseln läßt. Obwohl ich mich erst seit einem Jahr damit befasse, merke ich schon die Erfolge. In dieser Zeit habe ich
wieder zu mir selbst gefunden. Ich bin wieder ich geworden
mit all meinen Kräften und Fähigkeiten, die ich verloren hatte.

Wodurch verloren?

Durch die Ehe mit meinem Mann, der mich zum Ende hin
immer mehr tyrannisiert und kaputtgemacht hat.

Ich bin keine Emanze oder Feministin geworden, ich habe
nichts gegen Männer. Aber Mann und Frau müssen in einer
Partnerschaft, in einer Polarität leben, die ein Drittes bewirkt.
Wenn Mann und Frau sich mit ihren Kräften und Eigenschaften zusammentun, kann das sehr kreativ sein. Dazu arbeite ich
an meiner Frauenpersönlichkeit.

Was verstehst du unter Frauenpersönlichkeit?

Wieder ich selber sein, mein Temperament einsetzen, impulsiv sein, mich schön machen, aber nicht für den Mann, für mich selber. Menschen, die zu mir kommen, sollen sich bei mir wohl fühlen. Ich möchte Wärme ausstrahlen. Das war mir alles abhanden gekommen, weil mein Wesen unterdrückt worden war. Mein Mann hat mich zum Schluß bewußt kleinhalten wollen. Selbst Besuch durfte ich nicht mehr haben. Einmal stand er vor mir und brüllte mich an: »Ich verbiete dir, in meinem Hause Besprechungen zu führen.« Ich überlegte mir, was er eigentlich damit gesagt hatte. Was ich tue und lasse, möchte ich schon selber bestimmen, und ich habe die Trennung durchgezogen. Zuerst habe ich geheult wie ein Schloßhund. Aber jetzt geht es mir wieder gut, sehr gut. Das, was ich von mir kenne, ist wieder da, und es kommen noch mehr Kräfte hinzu. Ich habe mich verändert, laufe nicht mehr mit einem harten Gesichtsausdruck herum, bin nicht mehr zynisch und sarkastisch. Dadurch habe ich viele neue Freunde gewonnen.

Worin unterscheidet sich dein magischer Weg von dem dich täglich umgebenden christlichen Weg?

Wie in der Bibel zu lesen ist, hat der Mensch die Frucht vom Baum der Erkenntnis des Guten und Bösen genommen. Deswegen hat er nach den zehn Ge- und Verboten zu leben, um den Weg zu Gott zu finden.

Dagegen versucht der Magier sich am Baum des Lebens zu orientieren. Diese Gesetze sind nicht so starr festgelegt, nicht so stur, es geht alles über die Bewußtseinserweiterung. Wenn man das Gesetz der Schöpfungsordnung erkennt und sich einschwingt, wird es magisch. Ich spüre die Kräfte, die die Götter mir geben, ich werde mächtig, allmächtig.

Wie wirkt sich das praktisch aus?

In Situationen, in denen ich nicht mehr weiterweiß, bitte ich um Hilfestellung, um Intuition. Und die bekomme ich.

Wenn man versucht, diese Macht positiv einzusetzen, wird das menschliche Miteinander harmonischer, friedlicher und liebevoller. Man wird höflicher und respektiert einander; das Leben wird lebenswert.

Und wenn du die Macht negativ einsetzt?

Schwarze Magie – wie Fotos durchstechen oder verbrennen oder Krankheiten heraufbeschwören – finde ich nicht in Ordnung. Wer das tut, muß mit erheblichen Konsequenzen rechnen. Das Negative fällt auf ihn zurück. Wenn ich jetzt Frühlingswetter herbeizauberte, würde mir das schlecht bekommen, denn in dieser Jahreszeit sind nun mal Schnee und Kälte angesagt…

Kannst du denn Wetter herbeizaubern?

Vielleicht ja, ich würde es nie probieren. Ich möchte auch nicht daran denken, denn schon der Gedanke ist im Astralen die Tat. Man muß sein eigenes Verhalten stets und ständig kontrollieren und positiv verändern. Wir wollen so positiv sein, daß wir dadurch die Umwelt, die anderen Menschen verändern. Wenn ich fröhlich und gut gelaunt zu meinen Kindern ins Heim komme, dann sind die Kinder es auch. In meinen Ritualen, der Meditation, bei Traumreisen und Trancen kommt es mir darauf an, das Negative, das mir begegnet ist und das ich getan habe, zu reflektieren, mir Rechenschaft abzulegen und um Kraft zu bitten, damit ich am nächsten Tag positiver bin. Es ist klar, wenn man sein ganzes Leben so dahingelebt hat und plötzlich einen anderen Weg beschreitet, kann man nicht erwarten, daß man das so schnell schafft, das muß wachsen. Daran muß ich intensiv arbeiten. Aber ich komme jetzt schon besser zurecht; ich bin in mir viel ruhiger geworden, mich kann nichts mehr so leicht umwerfen. Ich bin lebensfroh geworden, und damit stecke ich meine Umwelt an. Das ist mein Ziel, strahlendes Pentagramm zu sein, aus dem Herzen zu strahlen und zu hoffen, daß die Menschen, denen ich begegne und denen ich das gebe, es wiederum weitergeben. Dazu muß ich nicht herumerzählen, daß ich eine Hexe bin, das lebe ich.

Wenn du von Hexen sprichst, wen meinst du damit?

Diejenigen, die sich der Urreligion zugehörig fühlen, dem Glauben an die Große Göttin und ihren gehörnten Partner. Ich bin Anhängerin dieser Religion, und deswegen bezeichne ich mich als Hexe. So wie sich Anhänger des Christentums als Christen bezeichnen.

Bist du noch in der Kirche?

Ja, weil ich in einer kirchlichen Institution arbeite, die bei ihren Mitarbeitern den »Glauben« voraussetzt. Ich muß in der Kirche sein, um meine Dienststelle zu behalten. Das finde ich bedauerlich, ich würde gerne aus der Kirche austreten. Wenn der Dienst hier zu Ende ist, werde ich das auch tun. Wenn ich mich offiziell als Hexe bekennen würde, müßte ich Angst um meine Stelle haben. Die Scheiterhaufen glimmen immer noch. Gut, es sind jetzt moderne Scheiterhaufen: Man muß mit einer Kündigung rechnen. Alles andere würde mich nicht belasten, wenn man mir Drohbriefe schreiben oder mich auf der Straße verlachen würde. Da habe ich schon genug Sicherheit auf meinem Weg gefunden. Es ist eine tolle Sache, wenn einen nicht mehr so viel aus der Bahn wirft. Kraft dazu gibt mir die Erkenntnis: Das Urwissen ist in mir. In mir sind göttliche Fähigkeiten, denn Gott hat den Menschen als seinen Kommunikationspartner geschaffen. Vielleicht ist das im Johannesevangelium mit dem »göttlichen Funken« gemeint. In jedem Menschen steckt das Wissen um das Göttliche und um den Weg, dahin zu gelangen. Nur ist dieses Wissen mehr oder weniger stark verschüttet. Die Suche nach dem Heiligen Gral ist beendet mit der Erkenntnis, der Gral ist in uns.

Hast du früher an Gott geglaubt?

Ich bin immer gläubig gewesen. Ich habe an einen Gott geglaubt, ich betone, an *einen* Gott, aber ich habe nie geglaubt, daß der in der Kirche auf mich wartet. Gott ist in mir, und ich brauche keinen Pfarrer oder Pastor als Mittelsmann. Mein »Gott« ist Mann *und* Frau.

Du hast Gott mit in den Hexenglauben hinübergenommen.

Mir wurde eine ganz neue Göttlichkeit gegeben: die Große Göttin *und* ihr gehörnter Partner. Sie gehören zusammen und werden beide angerufen.

Wenn du deine Rituale machst, ist das etwas anderes als beten?

Das kommt darauf an, was du unter beten verstehst. Für mich sind Ritualfeiern eine Art Gottesdienst mit Gebet. Auch wenn dieses Beten im Ritual, in der Trance, in der Meditation ganz anders ist als das in der Kirche. Wir bauen einen Altar auf und räuchern. Das machen sie in der katholischen Kirche auch. Aber dort ist es mir einfach zu langweilig. Da wird mir vorgeschrieben, was ich zu tun habe: hinsetzen, aufstehen, hinknien. Vorne steht einer, der das Ganze dirigiert. Was der mir von der Kanzel erzählt, berührt mich nicht. Wenn ich es selbst mache, wenn ich selber den Dirigentenstab in die Hand nehme, spüre ich eine Veränderung in mir und um mich herum. Das ist erst einmal die feierliche Atmosphäre, wenn ich meinen Altar aufbaue, schöne Musik mache und die Kerzen anzünde. Wenn ich die Elemente anrufe, spüre ich, daß ich Kräfte empfange. In der Meditation werde ich ruhig und entspannt. Ich löse mich. Ich habe keine Gedanken mehr. Alles, was am Tag war, belastet mich nicht mehr – so, als kippte ich eine Tasse aus. Die stelle ich wieder hin, und etwas Neues kann hineingefüllt werden. So empfinde ich das. Und je öfter ich es mache, um so deutlicher empfinde ich es.

Wir schaffen uns nicht die »Arme-Sünder-Stimmung« der Kirche, sondern öffnen uns in der germanischen Gebetshaltung dem Göttlichen. Wir lassen alle Gefühle und Stimmungen zu, tiefes »In-sich-gekehrt-Sein« und Tanz, Ausgelassenheit und Fröhlichkeit.

Wie stehst du heute zum Christentum?

Je mehr ich mich mit dem Hexenglauben befasse, desto mehr befasse ich mich auch mit anderen Religionen, auch wieder mit dem Christentum. Es gibt nur eine Wahrheit, und jeder Glaube möchte zum Ziel, dem göttlichen Ursprung, zurückführen.

Das, was Jesus gesagt hat, und vieles, was in der Bibel steht, ist parallel und übereinstimmend mit dem Hexenglauben, wie ich ihn sehe. Ich gehöre jetzt einem Bibelstudienkreis an, und das, seitdem ich mich mit dem Hexenglauben beschäftige! Ich möchte mehr über die Bibel erfahren, weil sich das Urwissen in der Bibel zu erkennen gibt, auch wenn sie durch Menschen, ich würde sagen durch Männer, verfälscht worden ist, als der Umschwung vom Matriarchat zum Patriarchat kam.

Glaubst du, daß die Hexen die bessere Welt schaffen?

Das ist die Frage nach dem, was wir wollen. Ich verbinde mich in meinen Ritualen mit dem Kosmos, um mich mit der Göttlichkeit verbunden zu fühlen. Dadurch erhalte ich einen anderen Bewußtseinszustand. Ich werde locker, fröhlich, frei, glücklich und unbeschwert, nicht aber sorgenfrei. Ich stehe hier auf der Erde, um ein Alltagsleben zu führen. Sorgen und Prüfungen, die ich zu bestehen habe, sind schon da. Aber mit meinem Optimismus, den ich bekommen habe, gehe ich alles locker an. Ich möchte mit meiner Herzenswärme, die ich ausstrahlen kann, andere Herzen erwärmen. Mit welcher Religion du dich beschäftigst, ob du in der Bibel liest, liebe deinen Nächsten, oder Rudolf Steiner – sie wollen doch alle dasselbe: das Leben friedlicher, liebevoller, harmonischer gestalten. Daß die Menschen nicht mehr so bösartig miteinander umgehen.

Und du glaubst, die Hexen schaffen das?

Die Hexen sollten sich davor bewahren, intolerant zu werden. Sie sollen nicht sagen, jetzt haben wir *den* Glauben überhaupt wiedergefunden, sondern auch andere Glaubensrichtungen tolerieren und erkennen, daß in anderen Religionen als Ziel die gleichen Werte stehen. Ich mache den Christen sehr zum Vorwurf, daß sie nur ihre Religion gelten lassen, dafür sogar Kriege anzetteln. Bei den anderen Religionen ist es ähnlich. Den Fehler darf das Hexentum nicht machen.

Wie willst du dein weiteres Leben als Hexe gestalten?

Die Lehren der Magie sind wie eine Ausbildung, die man konsequent betreiben muß. Übung macht den Meister. Deswegen sollte man in einem Coven mitarbeiten. Wir treffen uns regelmäßig zu mehreren, machen Rituale, lernen voneinander. Ich möchte anderen klarmachen, daß Hexen keine Menschen sind, die etwas Komisches treiben, Zauberei, bösen Blick oder so, sondern daß ihre magischen Kräfte nur ein Nebenprodukt sind, das man auf dem Weg zum Baum des Lebens entwickelt. Wenn ich etwas Materielles ganz stark wünsche, kann ich es erreichen, aber darum geht es nicht. Das erste Gesetz ist Achtung vor dem Leben. Alles ist Leben. Liebe deinen Nächsten, Frieden bringen – das sind die Kennzeichen der Hexen und ihrer Religion. Halte dein Herz frei von Haß, verbanne Sorgen und Ängste aus deiner Seele, verbreite Fröhlichkeit, erwarte wenig, gib viel, verhalte dich so, wie du es dir von anderen wünschst. Wenn man es schafft, an einem Tag nur eines davon durchzuhalten, hat man schon viel geschafft, ist man einen kleinen Schritt weitergekommen. Mir gibt es so viel Freude, wenn ich abends sagen kann, heute war ich nur gut gelaunt. Das ist doch toll!

Sveinbjörn Beinteinsson, 62, Hoherpriester des Odinismus – Asatru – in Island

»Wir haben einen alten Glauben.
Wieso brauchen wir Sekten?«

Hier in Island ist das Heidentum eine ganz normale Sache. Ich habe mehr Angst zuzugeben, daß ich rauche als daß ich Heide bin. Meine Religion ist im Mai 1973 offiziell von der Regierung anerkannt worden.

Sie waren der Initiator?

Ja, schon in meiner Kindheit habe ich mich für die alten Götter interessiert. Ich habe mir das Wissen aus den Sagas, der Edda und den alten Erzählungen herausgeholt. Gleich als ich lesen konnte, beschäftigte ich mich mit den Sagas, und mit sechzehn brachte ich meine ersten Gedichte über die alten Götter heraus.

Was sind Sie von Beruf?

Bauer, Schriftsteller und Dichter.

Meine Vorfahren waren immer Bauern.

Sie leben hier alleine auf Ihrem Hof. Ist das nicht sehr einsam?

O nein, mein nächster Nachbar wohnt fünf Kilometer entfernt. Und ich bin umgeben von Wesen, von Erdgeistern – *huldufolk.*

Und wenn Sie krank sind?

Gehe ich hinaus in die Natur und hole mir Kräuter, um mich wieder gesund zu machen.

Was schreiben Sie?

Werke über Islands Geschichte, Lieder, Dichtungen. Ich habe auch ein wissenschaftliches Buch über den Aufbau der altisländischen Gedichte veröffentlicht. Wir haben hier sehr komplizierte Gedichtformen.

Sind Sie christlich getauft?

Getauft, konfirmiert, alles. Ich habe immer recht lockere Verbindungen zum Christentum gehabt, wie es typisch für das isländische Christentum ist.

Sind Sie noch in der Kirche?

Nein, man muß aus der Staatskirche austreten, bevor man bei uns aufgenommen wird.

Wann kam Ihnen die Idee, Ihren Glauben an die alten Götter zu einer Bewegung zu machen?

Im Winter '71/72. Da kamen in Island einige christliche Sekten auf, wie die Kinder Jesu, und ich sagte mir, wir haben im Lande einen alten Glauben. Warum sollen wir den nicht wieder ins Leben rufen? Wieso brauchten wir diese Sekten? Ich habe eine Gruppe von Leuten zusammengerufen, wir waren zwölf zu Anfang, und bald kamen mehr dazu. Die Idee hat sofort einen guten Anklang gefunden.

War das eine bewußte Gegenbewegung zu den Sekten?

Ja, als Gegensatz dazu. Wir wollten den Menschen eine Wahlmöglichkeit geben, indem wir ihnen die alte Religion anbieten. Die Religion, die es auf Island vor dem Christentum gab, die im Jahre 1000 verboten worden ist, als Island christianisiert wurde.

War diese alte Religion im Volk immer noch unterschwellig vorhanden?

Absolut! Sie war all die Jahrhunderte vollkommen lebendig.

Warum war sie dann 970 Jahre lang nur im verborgenen lebendig und kommt jetzt erst wieder an die Öffentlichkeit?

Weil sie gesetzlich verboten war. Man praktizierte die alte Religion nur versteckt, weil man Angst vor der Kirche als stärkster Macht im Lande hatte. Island war bis 1550 katholisch. Dann kam die Reformation und damit die evangelische Staatskirche. Erst 1874 bekamen wir die Religionsfreiheit, und man konnte aus der Kirche austreten. Danach brauchten wir erst einmal Zeit, um die Luft sauber zu machen für unsere Aktion.

Sie sagen, die alte Religion war auch nach dem Jahre 1000 im Volk lebendig. Wie äußerte sich dieses Lebendigsein?

Das einfache Volk hat immer an die Natur geglaubt, an Naturereignisse, an Wesen, die in der Natur leben wie Elfen, Kobolde und gute, positive Wesen, die die Menschen begleiten und ihnen helfen. Es können auch Verstorbene sein. Man weiß nicht, wo diese Wesen wohnen, man weiß nur, daß bestimmte Personen von ihnen umgeben sind.

Nicht alle Menschen?

Nein, nicht alle.

Wonach suchen die Wesen sich denn ihre Menschen aus, die sie begleiten wollen?

Warum es bestimmten Personen zufällt, weiß man nicht. Es ist ein besonderes Glück, wenn einem diese Unterstützung zuteil wird. Sie haben nichts mit den Heiligen zu tun, wie wir sie von der christlichen Kirche her kennen.

Gibt es auf Ihrem Hof auch Geister?

Ich habe sie nie gesehen, aber ich spüre sie.

Wie nennen Sie sich, Heiden?

Wir nennen unsere Religion *Asatru*, den Glauben an die Asen, an die alten nordischen Götter. Wir wollen uns nicht einfach Heiden nennen, weil es so viele verschiedene Arten von Heidentum gibt. Heide ist der Oberbegriff.

Wie haben Sie Ihre offizielle Anerkennung als Religion durchgesetzt?

Wir haben keine Demonstration gemacht und keine Revolution angezettelt. Wir haben einen Verein gegründet, den Verein der Menschen, die an die Asen glauben. In der Satzung steht sogar, daß es verboten ist zu missionieren. Man soll seinen eigenen Glauben nicht anderen aufzwingen. Die kommen von alleine, wenn sie soweit sind.

Wie war die amtliche Reaktion auf Ihre Vereinseintragung?

Zuerst kam Skepsis. Ich mußte zum Justizminister gehen – der ist auch zuständig für religiöse Angelegenheiten – und unsere

Ziele erklären. Jeder kann eine Religionsgemeinschaft eintragen lassen, aber um dieselben Rechte wie die offizielle Staatskirche zu bekommen, brauchten wir die Erlaubnis des Ministeriums.

War es schwierig, diese Rechte durchzusetzen?

Ich kannte den Justizminister. Er war früher Professor für Jura an unserer Universität in Reykjavik gewesen. Ich konnte auf alte Veröffentlichungen von ihm hinweisen, in denen er einige die Religion betreffende Gesetze so interpretiert hatte, daß es mir leichtfiel, mich darauf zu berufen. Daß es legal war, was wir machten. So gelang es mir, ihn dazu zu bewegen, unsere Religion anzuerkennen. Dann mußte ich mir noch bei der Polizei ein Führungszeugnis besorgen, und seitdem haben wir dieselben Rechte wie die Staatskirche.

Welche Rechte sind das?

Ich bekam zum Beispiel die offizielle Erlaubnis, Ehen zu schließen. In Island muß man nicht zum Standesamt gehen. Die Eheschließung durch den Vorsitzenden unseres Vereins ist juristisch einwandfrei.

Wie viele Paare haben Sie schon getraut? Der Kanzler der deutschen Botschaft erzählte mir, daß auch Anfragen aus Deutschland gekommen seien.

Etwa zehn Ehepaare.

Ich habe von einem Fall gehört, in dem die jungen Leute Ihre Trauung offensichtlich für einen Jux hielten. Die junge Dame soll recht wohlhabend gewesen sein und hat angeblich am nächsten Tag zu ihrem Entsetzen festgestellt, daß die Eheschließung amtlich war. Sie soll daraufhin eine Annullierung verlangt haben, weil sie bei einer Scheidung die Hälfte ihres Vermögens an den jungen Mann hätte abgeben müssen.

Die haben das nicht für einen Jux gehalten. Die Ehe ist vor dem Parlamentsgebäude geschlossen und auch richtig eingetragen worden. Die haben gemerkt, daß sie nicht zueinander paßten, und wollten die Ehe für ungültig erklären lassen, um keine Scheidung zu beantragen. Aber sie sind damit nicht durchgekommen. Die Ehe ist gültig und vollkommen legal. Sie müssen jetzt wie alle anderen auch die Scheidung einreichen.

Wie hat die isländische Staatskirche auf Ihre amtliche Anerkennung reagiert?

Während der Prozedur hatte das Justizministerium den Bischof um eine Stellungnahme gebeten. Die fiel natürlich negativ aus. Der Bischof begab sich auch offiziell ins Ministerium, um sich dagegen zu wehren. Doch das Ministerium hat die Stellungnahme des Bischofs nicht anerkannt. Der hat daraufhin einen langen Artikel in der Zeitung geschrieben. Aber die Öffentlichkeit hat sehr positiv auf die Wiederbelebung unserer alten Religion reagiert.

Im Parlament gab es dann noch einen Antrag eines Abgeordneten der konservativen Partei, daß man unsere Religion verbieten solle. Es gab eine Debatte, aber er ist mit seinem Antrag nicht durchgekommen. Der Justizminister befürwortete unsere Religion und stand persönlich dahinter.

Gehörte er zu Ihrer Bewegung?

Nein, aber hier in Island sind wir in der Religionsausübung sehr tolerant, man hat viel Verständnis für uns. In Norwegen haben sie die Anerkennung auch versucht, aber da haben sie es nicht geschafft.

Wie viele Mitglieder hatten Sie im Mai 1973?

Vierzig.

Wie viele Mitglieder haben Sie heute?

Achtzig eingetragene Mitglieder. Aber eine viel größere Anzahl von Gästen kommt zu unseren Treffen, zu den *blods*. Das sind Freunde unseres Vereins, und die sind in der Mehrzahl, die nicht offiziell registriert sind. Blods sind unsere Feiern, das altnordische Wort für Opferfest.

Wird heute noch geopfert?

Wir wissen nicht genau, wie das früher auf den Zusammenkünften vor sich ging, aber wir opfern nichts mehr. Wenn wir uns treffen, wird die Zusammenkunft erst einmal heiliggesprochen und gesegnet.

Gibt es dabei die Funktion des Hohenpriesters?

Das ist der *Alsherjargodi*, derjenige Gode, der die höchste Macht, oder besser: das höchste Ansehen hat. Früher hatte jeder Kreis seinen eigenen Goden. Einmal im Jahr trafen sie sich am Thingplatz. Sie übten sowohl eine politische als auch eine priesterliche Funktion aus. Mit der Christianisierung Islands wurde die religiöse Funktion abgeschafft.

Der *Alsherjargodi* sprach das Thing heilig und segnete es. So beginnen auch heute unsere Zusammenkünfte. Dann werden die alten Sagen aus der Edda vorgelesen, und es wird auf die Götter getrunken.

Viel?

Symbolisch aus einem Horn. Wir bereiten einen Met zu, den wir trinken. Danach kann jeder aufstehen und sich äußern, wenn er etwas zu sagen hat. Hier in Island werden auch viel Gedichte vorgetragen. Anschließend feiert man zusammen, man ißt, man trinkt.

Welche Götter werden angebetet?

Hauptsächlich Thor. Er genoß unter den Asen das höchste Ansehen. Er ist als Gottesidee auch einfacher als Odin, volkstümlicher. Er ist der Gott des Ackerbaus, er macht das Erdreich mit seinem Hammer fruchtbar, er ist stark, zuverlässig und hilfsbereit.

Gibt es bei den Feiern einen Altar mit rituellen Werkzeugen?

Wir haben das Horn, aus dem wir trinken, und eine kleine Statue von Thor.

In Deutschland wird Ihre Religion als Odinismus bezeichnet. Welche Rolle spielt Odin in Ihrem Glauben?

Jeder kann die Götter anbeten, die er möchte. Odin steht für die Weisheit, die Imagination und die Suche nach größeren Kenntnissen.

Er ist auch der Gott der Magier und Zauberer?

Das ist ein Teil seines Wissens, ja, absolut! Man spricht und diskutiert mit den Göttern je nach ihren unterschiedlichen Funktionen.

Aber der oberste Gott ist Odin, also männlich.

Die Göttinnen spielen jedoch eine sehr große Rolle. Freyja, die Göttin der Fruchtbarkeit, ist sehr wichtig. Sie ist die Gemahlin Odins.

Ist sie ihm gleichberechtigt oder untergeordnet?

Gleichberechtigt. Da gibt es keinen Unterschied.

Welche Rolle spielen die Frauen im Asatru?

Bei den eingetragenen Mitgliedern haben wir achtzig Prozent Männer und zwanzig Prozent Frauen. Das mag daran liegen, daß Frauen eher zögern, auf das Amt zu gehen und sich bei einem Beamten eintragen zu lassen. Man muß ja auch vorher aus der Kirche austreten, und Frauen scheuen oft das Formale. Die Besucher, die bei den *blods* dazukommen, sind überwiegend Frauen.

Sie müssen sich jedoch eines klarmachen: Die Gesellschaft in Island war nie sehr patriarchalisch aufgebaut. Frauen hatten immer schon sehr viel stärkere Rechte und waren sehr viel mehr als gleichwertig anerkannt, als das auf dem Kontinent je der Fall war.

Was verstehen Sie unter »Hexen«?

Keine lebendigen Personen. Der Begriff steht für eine Kraft, eine magische Kraft.

Welche Art von Kraft?

Es spielt nicht die Hauptrolle, welche Kraft oder Macht das ist, sondern wie sie sich mit unserer eigenen Kraft mischt. Auf das Zusammenspiel kommt es an. Meine eigenen Energien werden durch die magischen Kräfte verstärkt, bei allem, was ich tue.

Diese Kräfte, die aus dem engen Kontakt mit der Natur entstehen, waren früher in den Menschen vorhanden. Im Laufe der Zeit haben wir diese Fähigkeiten verloren und versucht, sie durch Pseudodinge wie stärkere Autos und größere Häuser zu ersetzen. Jetzt werden wir uns wieder bewußt, daß diese Kräfte tief im Innern in uns ruhen, und wir wollen sie wieder hervorholen.

Dies ist meine persönliche Meinung. Aber die meisten Mitglieder unserer Religion gehen in diese Richtung. Alle, die sich ernsthaft damit beschäftigen, sehen es so. Man muß offen für die Möglichkeit sein, daß wir mit unserem Geist weitergehen können. Wir haben die Fähigkeit, wieder Kontakt zu den Kräften zu bekommen. Diese Fähigkeit müssen wir kultivieren, wir dürfen sie nicht länger mißachten. Da die Wissenschaft nur das anerkennt, was man mit dem Kopf und dem Verstand macht, hat sie uns von diesen Fähigkeiten und Möglichkeiten weggeführt.

Auch wenn es – wie Sie sagen – nicht darauf ankommt, möchte ich gerne mehr über diese magischen Kräfte wissen.

Es ist eine besondere Aufgabe unserer Religion, die Verbindung des Menschen zur Natur wiederherzustellen, zu allen Kräften, die in der Natur sind, um sie verstehen zu können. Es fließt ein Bach, es wächst ein Baum, der Mensch ist nur ein Teil dieses Prozesses. Er muß sich bewußt als einen Teil des Ablaufs der Naturkräfte empfinden.

Die älteren Leute, die ich als Kind kannte, das waren zwar Christen, aber sie übertrieben es nicht gerade mit dem Christentum. Auf ganz normale Weise mischten sie Christentum mit ihrem Naturglauben. Sie hatten noch das Gespür für die Elfen und Wesen, die um sie waren. Es war eine so viel bessere Beziehung zwischen den Menschen und der Natur und den Menschen untereinander.

Sie haben hier in Island aufgrund der abgelegenen Insellage und der politischen Abgeschiedenheit – erst 1944 wurde die unabhängige Republik ausgerufen – eine besondere Situation.

Ja, der technische Fortschritt brach plötzlich über uns herein. Maschinen, Autos, Flugzeuge, moderne Schiffe, alles kam auf einmal, in einer Generation. Hier gab es keine stetige Entwicklung dahin wie in den anderen Ländern Europas.

Nehmen Sie das Beispiel Segeln. Tausende von Jahren sind die Menschen gesegelt. Tausende von Jahren hat man gebraucht, um segeln zu lernen. Und plötzlich kommen in einem Menschenalter Dampfschiffe, Motorschiffe bis hin zum atombetriebenen U-Boot auf uns zu. Das war alles viel zu schnell und viel zuviel auf einmal. Das kann eine Generation kaum verkraften.

Rein äußerlich gewöhnt der Mensch sich erstaunlich schnell an neue Dinge, aber sein ganz normales, intuitives Verhältnis zur Natur hat er verloren. Statt dessen baut er sich so viel tote Umgebung. Der Mensch baut sich ständig Wüsten.

Rächt sich die Natur, indem sie stirbt, weil der Mensch die Verbindung zu ihr verloren hat? Ist das ihre Antwort darauf?

Ja, ich kann mich gut erinnern, wie die älteren Leute zu mir als Kind sagten: Laß den Baum stehen, das Moos an dem Stein, die Fliege am Fenster wird nicht getötet. Die Natur war immer Teil unseres Lebens. Nachdem Technik und Wissenschaft über uns hereingebrochen sind, müssen wir uns erst einmal in Ruhe irgendwohin setzen und warten, daß die Seele nachkommt. Die Menschheit kommt mir vor wie jemand, der aus Zwang tanzt. Früher kannte ich Leute, die mußten tanzen, sie konnten nicht wieder aufhören, bis sie erschöpft hinfielen oder sogar tot umfielen. So ist heute die ganze Welt mit all ihren Kriegen. Die Welt tanzt sich zu Tode und kann nicht aufhören.

Die Menschen Ihrer Generation können sich noch an die anderen Zeiten erinnern. Dadurch haben Sie es auch leichter in Ihrer Bewußtwerdung als wir auf dem Kontinent.

Ja, aus unserer Kindheit kennen wir die Zeit vor dem technischen Fortschritt, der ja sehr spät zu uns kam. Diese enge Verbindung zur alten Zeit, dieser enge Kontakt zur Natur und auch zu unserer kulturellen Vergangenheit haben geholfen, den Boden für unseren Glauben zu bereiten.

Wollen Sie die Zeit zurückdrehen?

Nein, ich setze mich nicht mit meiner Gruppe dahin und sage, jetzt haben wir den Glauben von früher, leben wir auch das Leben von früher. Ich will die Zeit nicht tausend Jahre zurückdrehen. Ich muß mein Leben an die heutige Zeit anpassen. Wir können und wollen die technische Entwicklung nicht abschaffen.

Sie lehnen Autos oder das Fernsehen nicht ab?

Nein, wir müssen nur lernen, damit umzugehen. Diese Dinge dürfen nicht die alte Ausgewogenheit der Menschen zerstören, die sie früher hatten. Die Wissenschaft hat uns unser Gleichgewicht im Leben genommen. Wir fühlen uns nicht mehr wohl. In meiner Jugend habe ich hier in Island dieses Gleichgewicht noch bei den Älteren erlebt. Sie führten ein einfaches Leben, versuchten, niemandem weh zu tun, sie ruhten in sich. Menschen, die in sich ruhen, gibt es kaum noch. Das haben die schnellen technischen Entwicklungen zerstört.

Sie versuchen mit Ihrer Religion die Menschen wieder zu dieser Ausgewogenheit zu führen?

Das ist eines unserer Hauptziele.

Welches sind die anderen?

Mit dieser Ausgewogenheit auch durch die neue Zeit gehen zu können, die Balance nicht zu verlieren.

Glauben Sie, die Menschen mit Ihrer Religion zur Besinnung bringen zu können, so daß sie mit dem Tanz aufhören können?

In unserer Religion sehe ich absolut eine Hoffnung. Wir sind da an einem wichtigen Punkt. Sie fragten zu Anfang, warum der alte Glaube jetzt erst wieder aus dem Verborgenen hervorkommt. Ich antwortete, es war die Angst vor der Macht der Kirche. Aber es ist noch etwas anderes: Es war auch die Angst vor der Wissenschaft, die Anfang dieses Jahrhunderts aufkam. Die Angst, sich lächerlich zu machen, wenn man zugab, daß man an Elfen und Kobolde glaubte, daß es Geister gibt, daß es spukt.

Heute kann man es wieder zugeben?

Heute stellt man die Wissenschaft wieder mehr in Frage. Man

kann wieder zugeben, daß man etwas glaubt, was man nicht sieht. Diese übergroße Achtung vor dem technischen Fortschritt haben wir überwunden. Man sieht ja, wohin wir damit gekommen sind. Er hat uns nicht das gebracht, was wir uns vor fünfzig Jahren erhofften.

Wollen Sie eine andere Gesellschaft schaffen?

Keine Revolution. Die Wissenschaft hat uns auch Gutes gebracht wie die Medikamente, die Kenntnisse über Seuchen. Obwohl wir damit auch wieder die Hungersnöte in der dritten Welt verstärkt haben. Wir wollen auf unsere Seele warten, lernen, die Aggressionslust aus uns herauszutreiben, weniger zu verlangen, nicht meinen, alles haben zu wollen. Menschen können lernen, weniger aggressiv miteinander umzugehen, sondern aufeinander zuzugehen, sich gegenseitig zu helfen.

Warum glauben Sie, das mit Ihrer Religion eher erreichen zu können als das Christentum mit seinem »Liebe deinen Nächsten«?

Unsere Religion ist mehr mit der Natur, mit der natürlichen Harmonie verbunden. Das Christentum wehrt sich doch sogar offiziell gegen diese Harmonie. Beispiel Hexenverbrennungen. Es erlaubt kein ungestörtes, normales Verhältnis zu den Dingen, die uns umgeben; statt dessen schreibt es uns eine direkte, starre Linie vor. Dagegen wehre ich mich.

Wie schaffe ich es, durch Ihre Religion zu dieser Harmonie zu finden? Ändert sich etwas im täglichen Leben, wenn ich Ihre Religion praktisch lebe?

Alles wird leichter. Man fühlt sich wohler. Man nimmt es nicht so ernst, wenn etwas fehlt. Man lernt, Dinge hinzunehmen, auf sich zu nehmen und seine Kraft besser zu nutzen.

Es ist nicht möglich, jeden Tag in diesen Zustand zu kommen. Dazu braucht man Ruhe.

Fühlt man nach den Feiern besondere Kräfte in sich?

Nicht nur bei den *blods*, den offiziellen Feiern, sondern allgemein durch das Zusammensein mit gleichgesinnten Leuten. Daraus kommt die Kraft. Man spürt die positive Wirkung des anderen, das verstärkt sich gegenseitig. Das ist ein Zusammenstimmen wie bei Instrumenten, ein Einklang, eine Harmonie. Mir ist die Verbindung zueinander wichtig, zur Natur, zu Islands alter Geschichte und Sprache. Wir bemühen uns, ein schönes, gutes Isländisch zu sprechen. Manchmal sagen wir im Scherz, wir müssen dieselbe schöne Sprache sprechen wie Odin.

Können Sie die gewonnenen Kräfte auf etwas Spezielles richten?

Vorsicht! Mit der Kraft, die ich bekomme, kann ich anderen helfen. Aber das meine ich allgemein, indem ich eine positive Wirkung ausstrahle, nicht im Sinne von spezifisch Heilen oder so etwas. Wir gehen nicht in Richtung Spiritismus. Man muß da stark aufpassen, das darf nicht durcheinandergeworfen werden, daß es ein Brei oder eine Suppe wird.

Dinge hinnehmen, wie sie sind, das hört sich so nach Fatalismus an.

Ja, eine Art Fatalismus. Ich bin nicht in einem konstanten Kampf. Aber ich renne auch nicht vor den Problemen weg.

Wenn Sie nicht gekämpft hätten, wäre Ihre Religion nie offiziell anerkannt worden.

Es ist schwer, welche Methode man wählen soll. Die Leute müssen es aus sich selbst heraus begreifen, was los ist, wo wir stehen. Aber den Machthabern muß man es klarmachen.

Tun Sie das?

Ich äußere mich in Zeitungen und in anderen Veröffentlichungen. Wenn das Bewußtsein jedes einzelnen da ist, kommen wir zu dem Punkt, daß wir auf die Machthaber einen gewissen Druck ausüben. Aber man muß aufpassen. Zu großer Druck wirkt sich negativ aus.

Was halten Sie von der neuen heidnischen Bewegung in Deutschland?

Wenn Sie den richtigen Weg gehen, ist es gut. Jeder hat doch heute vor Augen, daß es so nicht weitergehen kann, wie Umwelt und Natur zerstört werden. Wir müssen jetzt stopp sagen und wieder einen stärkeren Kontakt zur Natur bekommen, uns als Teil der Natur erkennen. Aber die Leute müssen diesen Weg ohne Extremismus gehen, ohne Aggressionen.

Glauben Sie, daß Ihre neue – alte – Religion sich ausbreiten wird?

Ich denke schon. Wir werden es mit Ruhe und Gelassenheit abwarten.

Uta Sax, Schauspielerin

»Durch das Hexenthema ausgelöst, fing ich
zum ersten Mal an, politisch zu denken.«

»Die Hexe als Grenzüberschreitung, als Inbegriff des Unbotmäßigen in einer von Männern beherrschten Gesellschaft«, beginnt eine der Kritiken zu deinem Hexenabend. »Mit ihrer Show
heizt sie als Hexe ganz schön ein«, heißt es da. Oder: »Die neugierig begonnene Reise zu den Wurzeln des mit Tabus bela-
denen Hexenkultes wurde für sie die ›Herausforderung meines
Lebens‹.«

Wie war deine Reise zu dem »unbotmäßigen Tabuthema« Hexen?
Es fing alles ganz unverfänglich an. Ich hatte immer schon Lust
auszuprobieren, ob ich einen eigenen Chansonabend gestalten
kann, eine One-woman-Show mit Pianisten. Ich machte einen
Abend, der hieß »Von Wedekind bis Brecht«. Eine sehr reizvolle Angelegenheit, die mir großen Spaß brachte. Dann habe
ich lange gerungen und nach einem neuen Thema gesucht, das
mich interessierte, mich faszinierte und mir wert erschien,
mich zu engagieren. Zusammen fiel das mit einer Überschrift
in der »Zeit«. Da stand in Riesenlettern: Sarah Kirsch ist eine
Hexe. Sie bekam damals für ihren kleinen Band den Petrarca-
Preis. Dieses Wort Hexe, diese großen Lettern, habe ich mir
ausgeschnitten und sie auf einen Leitzordner geklebt.

Du fingst an, systematisch nach Hexen in der Literatur und in der
Musik zu suchen?
Ich fand ein paar Sachen, die sehr hübsch und brauchbar
waren. Ein Hexenlied von Richard Strauss mit dem Text von
Bierbaum, Humperdincks »Hänsel und Gretel«, Schumanns

»Waldgespräch«, Verdis Hexenküchenszene aus »Macbeth« oder Honeggers »Hexen von Endor«. Auch Sachen, die man vergessen kann, zum Beispiel einen modernen Hexenroman von Bulgakow, in dem ein Luxusgeschöpf in schwarzer, durchbrochener Charmeuseunterwäsche sich lustvoll die schönen Schenkel salbt und – klirr – aus dem Fenster rauscht. Das ist reine Softpornographie, die nichts bewegt. Die nur dieses erotische Symbol von Hexen und Fliegen benutzt und das Salben als voyeuristischen Vorgang durchs Schlüsselloch.

Ich habe alles, was mir brauchbar erschien, untereinander geschrieben und habe gedacht, das wird nie etwas. Hexenlieder aus höchstens hundert Jahren kannst du nicht bringen. Davor gab es nichts, und danach gab es nichts. Ich fand keinen Zugang zu einer Realisierung. Alles Material, das ich in die Finger bekam, war von Männern geschrieben worden. So sind es wieder Männerbilder, die man weitergibt. Auch wenn, wie bei Tucholsky, noch so brillant Kritik am eigenen Geschlecht geübt wird. Mir wurde zum ersten Mal bewußt, wie sehr man auf der Bühne das Sprachrohr des Mannes ist.

Aber das Hexenthema ließ dich nicht mehr los?

Ich wandte mich an Ingeborg Drewitz, und sie machte mir Mut. Sie sagte sofort, toll, fabelhaft, wunderbar; endlich geht jemand an dieses Thema auf der Bühne heran. Es gibt so viel Geschriebenes darüber, Bücher, Dokumentationen, aber noch nichts Gestaltgewordenes, auf der Bühne Fleischgewordenes. Sie gab mir den genau richtigen Rat: Wir müssen es nach hinten zu den Wurzeln hin verlängern und nach vorne zum Heute. Bisher stand dieser Block Hexen für sich, ohne daß man wußte, wo waren die hergekommen und wo sind sie hingegangen. Ich fing an, Seiten damit zu füllen, was Hexen für mich bedeuten: Rätsel, Geheimnis, Verwirrung stiften. Aber das war nicht die Wurzel. Ich habe eben nur die literarischen Hexen angeschaut, und das waren Wolkenbilder, Kunstgebilde, schillernde, vieldeutige Phantomgestalten. Entweder – und das sag' ich auch in der Conférence – entweder erotisiert oder dämonisiert. Auf jeden Fall zum Unterhaltungsartikel verharmlost, ohne jede Verbindung zu den historischen Hexen und zu den gegenwärtigen.

Ich begann mich mit dem alten dokumentarischen Material zu beschäftigen, mit den Gerichtsurteilen, um zu den Ursprüngen zu kommen. Auf der anderen Seite befaßte ich mich mit der modernen Frauenbewegung. Zu meiner Schande muß ich gestehen, daß ich mich bis zu diesem Punkt vor etwa sechs Jahren niemals mit der Frauenbewegung auseinandergesetzt hatte. Was auch mit dem Beruf der Schauspielerin zusammenhängt, die sich darauf trainiert, ein möglichst durchlässiges Instrument für Rollen zu sein, die immer von Männern geschrieben sind, Werkzeug zu sein von Regisseuren, die alle Männer sind, und Intendanten, die Männer sind. Vorher habe ich das nie in Frage gestellt. Auch nicht, warum Kolleginnen, sobald sie älter wurden, herumsaßen und es keine vernünftigen Rollen mehr für sie gab. Frauen werden in den klassischen Bühnenstücken nur gezeigt in ihren Beziehungen zu Männern, in Eifersucht aufeinander. Da ist die Geliebte, die ihren Mann aufbaut, da ist die Mutter, die den Mann aufbaut, und dann gibt es seine Feindin, die böse Frau. Es gab kaum Rollen, wo Frauen als Freundinnen gezeigt wurden oder wo es um ihre eigenen Dinge ging.

Hat sich auf dem Gebiet in letzter Zeit nicht auch schon einiges geändert?

Ja, da hat sich einiges getan. Es werden Frauenstücke gespielt, von Frauen geschrieben, und es gibt auch im Fernsehen und im Film Regisseurinnen.

Du warst lange Jahre selber die erfolgreiche jugendliche Liebhaberin auf der Bühne.

Ja, ich war das schöne junge Mittelpunktsgeschöpf, das süße junge Ding mit den großen Augen, das hinterher den umworbenen Mann bekommt. Selbst Kleopatra, die ich spielte, das war schon eine starke Frau, die Macht hatte, aber sie machte es eben auch über das Bett, über ihre äußeren Reize. Das ist eine den Männern genehme Art, die in allen Jahrhunderten erlaubt war. Männerphantasien gehen gerne in Richtung Hexe gleich Femme fatale, ein bißchen Kitzel, ein bißchen Sex, ein bißchen viel Sex. Unter der Voraussetzung, daß sie eine schöne, raffinierte Ausnahmeerscheinung bleibt, darf frau auch mal Macht haben, darf die Männer beherrschen. Dafür werden dann zwei Millionen andere in den Staub getreten. Solange sie erotisches Wunschbild bleibt, eine erotische Stimulanz ausübt, kann sie auch mal ihren Fuß auf den Nacken der Männer setzen. Wie sagt Zola über Nana: Sie versengte die Erde, wo immer sie ihren kleinen Fuß hinsetzte. Das wird akzeptiert in der kurzen Zeitspanne, in der ihre Sexualität reizvoll erscheint. Danach ist sie dann die alte Vettel, die Böse, die Gehaßte, die alte Hexe, und die muß es dann büßen.

Hast du früher deswegen nicht darüber nachgedacht, weil du selber diese schöne, reizvolle Frau verkörpertest und gut damit lebtest?

Sicher, und dieses Image verhinderte auch, daß man mir später die differenzierteren Rollen zugestand. Ich wollte mich in vielen schillernden Farben zeigen, und rein vom Äußeren her fand ich das in der Hexe. Dazu kam der große Anreiz, ein mit Tabus befrachtetes Thema für mich selber zu durchdringen. Mir einen angstbesetzten, faszinierenden Bereich zu erarbeiten. Hexe, da fühlte ich von meinem christlichen Elternhaus her schon Widerstände und Furcht in mir. Allein, daß ich mir Bücher über so etwas Verbotenes wie Magie oder über Hexen kaufte! Meine Mutter, die damals bei uns lebte, hat mit keinem Wort je darüber gesprochen, daß ich so furchtbare Dinge tue. Sie hat immer weggeguckt, sie hat es einfach nicht zur Kenntnis genommen, daß ich mich mit so etwas Schrecklichem beschäftigte.

Wie hat dein Mann darauf reagiert?

Ach, laß sie mal machen, das ist eh nichts. Er meinte, er brauche sich nicht groß aufzuregen, das sei sowieso Unsinn. Er sah es nicht als gefährlich an, weil er nicht wußte, welchen Zündstoff das Wort Hexe und die Beschäftigung damit birgt. Als er es merkte, hat er alle seine Widerstandskräfte mobilisiert und versucht, es mir auszureden. Immerzu, durch Lächerlichmachung oder Verächtlichmachung.

Was war mit deiner Furcht vor den Hexen?

Ein bißchen Angst hatte ich schon, damit näher in Berührung zu kommen. Aber es interessierte mich so brennend, diesen Bereich zu verstehen, und ich spürte, daß ich Antennen dafür habe, immer schon gehabt habe. Mir fiel ein, daß ich als Kind einen Hexenroman gelesen hatte, ich war vielleicht zehn oder elf Jahre alt, der sicher etwas sehr Romantisches, Schwülstiges war. Eine junge unschuldige Frau, die anderen geholfen und sie geheilt hatte, die wurde verbrannt. Es hat mich damals wahnsinnig aufgewühlt, daß jemand, unschuldig und schön, falsche Motive untergeschoben bekommt, daß die Sache verdreht wurde und sie verfolgt wurde. Ich hatte zum ersten Mal wahrgenommen, daß jemand gefoltert wird, und ich fragte meinen Vater, und ich fragte meine Mutter und bekam nur vage und ausweichende Antworten über diese Jahrhunderte von Verdächtigungen, Folterungen, Mißbrauch jeglichen Rechts gegen Frauen.

Die Beschäftigung mit den Gerichtsprotokollen war eine schwere Zeit. Ich konnte gerade zwei Seiten lesen, dann schwamm ich in Tränen weg, bewegt, bestürzt, zerstört. Das waren Verhörprotokolle und Hetzpredigten gegen die Frau. Teile davon habe ich in mein Programm eingebaut, auch Zitate aus dem Hexenhammer. Es hat mich so erschüttert, daß ich manchmal denke, ich muß das selber erlebt haben.

Meine Betroffenheit war wie ein Transfer in diese Zeit. Ich stellte mir vor, wie der Himmel über den Städten Tag und Nacht rot war von Hexenbränden. Daß die verkohlten Pfähle mit den verkohlten Knochen und Aschestücken den Hintergrund bildeten für Kolumbus oder Maria Theresia, Zeiten, die uns in der Schule als Kulturzeiten vorgestellt wurden, Renaissancezeiten, in denen der Mensch als Individuum entdeckt wurde.

Wobei Maria Theresia ja sofort, als sie an die Regierung kam, die Hexenverbrennungen und -folterungen in Österreich verboten hat.

Sie war auch eine Frau. Daß der Himmel rot war von den Bränden, stand nicht in den Geschichtsbüchern. Ich möchte gerne wissen, ob heute in den Schulen Frauengeschichte im Lehrplan steht. Ich las meinem Mann aus den Protokollen vor, aber er sagte nur, ach, das ist doch wieder das gleiche. Dabei waren es ganz andere Fälle. Und er sagte, immer die alte Leier, das ist doch viele hundert Jahre her, wie kann dich das heute noch aufregen. Er konnte überhaupt nicht begreifen, daß es mich ganz persönlich betrifft. Ich sah die Verbindung zu den täglichen Erfahrungen der Frau heute. Angefangen von der Kindheit, wo uns unsere Minderwertigkeit beigebracht und die Vorrangigkeit des Mannes präsentiert wird. Immer dieser Satz von Adam und Eva und der Rippe. Mir wurde ständig gepredigt, wir sind nur dazu da, dem Mann zu dienen. Auch ich habe in meiner Ehe versucht, eine überdurchschnittliche Himmelsgattin zu sein, die alles duldet, die sich ständig überfordert und ihren Tag vollkommen auf den Mann ausrichtet. Durch das Thema Hexen ist mir das alles wie Schuppen von den Augen gefallen.

Seit meinen Nachforschungen über die historischen Schicksale der Hexen, also weit über das Literarische hinausgehend, war ich voll engagiert und euphorisiert von dieser Arbeit. Sie hat mich mit Haut und Haaren aufgefressen. Tatsächlich beschäftigte ich mich nun mit der Frauenbewegung und fing zum ersten Mal an, politisch zu denken, politisch für die Frauen zu denken, durch das Hexenthema ausgelöst. Es begann ein fast rauschhafter Prozeß des Fragenstellens und des Engagements für alle anstehenden Frauenprobleme der Gegenwart und der Vergangenheit. Durch die Hexen kam das Erkennen dessen, was mit uns gemacht wird, denn sie sind die Erleidenden und die Opfer. Ich begriff, weshalb ich mich persönlich berührt fühlte. Dieses Mundhalten habe ich begriffen. Ich erlebe doch heute noch, daß der Mann zu seiner Frau sagt: Jetzt rede ich, unterbrich mich nicht, wenn sie mit flammenden Augen, interessiert am Thema, etwas einstreuen will. Das Weib schweige in der Gemeinde, dieser christliche Hintergrund, der von einer grenzenlosen Brutalität ist. Oder die Diskriminierungen, wenn du über die Straße gehst und ein Männerchor pfeift hinter dir her. Ganz abgesehen von der Angst, wenn du alleine abends auf der Straße bist. Diese Alpträume von Gewalt hat man nur im Hinblick auf Männer, nicht im Hinblick auf Frauen. Plötzlich wurde mir das alles bewußt, versetzte mich in helle Zornesflammen, und ich habe sofort angefangen, mich zur Wehr zu setzen, das nicht mehr hinzunehmen.

Wie hast du dich gewehrt? Hat sich daraufhin dein Freundeskreis verändert?

Ja, ich habe Freundschaften abgebrochen, die mir nur noch konventionelle gesellschaftliche Begegnungen brachten. Ich habe einen ungeheuren Auftrieb bekommen durch die neu entstehenden Freundschaften zu Frauen, durch die Gespräche mit ihnen, die mein Bewußtsein erweitert haben. Vor allem nach dem Hexenprogramm, als die Resonanz der Frauen kam. Obwohl ich zugeben muß, daß ich auch viele betroffene und bewundernde Reaktionen von Männern erlebt habe – auch helle Begeisterung.

Hat sich deine Beziehung zu deinem Mann verändert?

Sie hat sich in jedem Fall verändert. Ich habe die Dinge analysiert und ausgesprochen, die ich früher ertragen habe. Dinge, über die ich mich schon immer geärgert hatte, durch die ich mich gedemütigt fühlte. Ohne daß mein Mann wußte, was er tat. Er hat es aus seiner selbstherrlichen, männerprivilegierten Situation heraus gemacht, die jeder Mann in der Ehe ausnützt oder als selbstverständliches Männerrecht ansieht.

Da habe ich schon sehr viel erreicht, aber man muß es jeden Tag neu fordern und neu erringen. Dieses Grenzensetzen, daß man nicht bevormundet wird, zu sehr beschützt wird. Was auch wieder eine Form von Übergriff ist. Das Hauptproblem ist die finanzielle Abhängigkeit der Frauen. Sie trauen sich nicht, sich auf eigene Beine zu stellen, vor allem jetzt in der Zeit der Arbeitslosigkeit. Das ist ein sehr viel größerer Hinderungsgrund, ihre Position klarzustellen, als man normalerweise glaubt.

Hast du deine persönliche Betroffenheit in das Hexenprogramm eingebracht?

Mit all meinen Erkenntnissen und Erfahrungen wende ich mich ganz persönlich an mein Publikum. Das Publikum weiß und erfährt, das ist mehr als nur ein Unterhaltungsabend. Ich stehe zu meinem Programm, ich gebe mich selbst. Hinterher habe ich oft noch stundenlang mit dem Publikum darüber diskutiert, die Frauen wollen mich am liebsten überhaupt nicht gehen lassen. Ich habe ein Stück von Sarah Kirsch mit hineingenommen und auch einen Text von mir als große Beschwörung am Schluß. Der Abend beginnt mit einer Beschwörung, der Hexe von Endor von Honegger, und endet mit einer Art Liebesmagie, in der die Frau einen Mann, der sie verlassen hat, nachts wieder herbeibeschwört. Am Schluß aber läßt sie ihn gehen, läßt ihn frei und sagt: »Mit Katzenaugen und Lasursteinen sitze ich unterm Schellenbaum und schwirre über dich hinweg mit meinem Lichtgefieder. Ich bin der schöne Vogel Phönix, aber durch das fliege ich nicht wieder.« Der Vogel Phönix ist der Vogel, der aus der Asche wiederersteht. Es bedeutet für mich die Scheiterhaufen, die Frauen, die das durchgemacht haben und die heute sagen, indem sie diese Scheiterhaufen ansehen und diese Vergangenheit aufarbeiten, durch das fliege ich nicht wieder. Das bedeutet gleichzeitig das individuelle Schicksal einer Frau als Liebende, die sagt, so nicht, unter diesen Bedingungen des Verratenwerdens, der Feigheit, der Schwäche, den Mann akzeptiere ich nicht mehr. Einmal hat es mich fast umgebracht, aber jetzt bin ich stark und schwirre über dich hinweg.

Ich kam mit dem Hexenthema in dem Moment weiter, als mir klarwurde, daß die Hexe eine Frau ist, die Frauen früher und die Frau heute. Da erst kam ich aus dem literarischen Käfig heraus.

Wie war die Reaktion, als du das Programm damals vorschlugst?
Zuerst ganz toll bei den Regisseuren, denen ich anbot, das Thema gemeinsam mit mir zu realisieren. Aber als sie merkten, daß es um Emanzipation ging, um Verbrennungen und dokumentarisches Material, kam der große Zusammenbruch. Die stellten sich einen lustigen, grotesken Abend vor, angesiedelt zwischen Zauberei, Humbug und Fliegen, etwas Sexuelles. Es sollte witzig, kabarettistisch und möglichst auf Kosten der Frauen sein.

Wie wichtig wurde das Hexenprogramm für dich selbst?
Es ist meine wichtigste Rolle geworden. Nach der Premiere habe ich in mein Tagebuch geschrieben, ich habe eine Schallmauer durchbrochen. Du glaubst nicht, welchen unendlichen Widerständen ich bei der Realisierung begegnet bin, wenn die Leute das Material erst mal in Händen hatten. Wie von heißen Kohlen verbrannt hat jeder das Programm weggeschoben. Da sitzen eben Männer, die bestimmen, was auf der Bühne erscheint. Es hat Jahre gedauert, bis ich den Abend schließlich in Lüneburg vorstellen konnte. Nach Berlin ging ich damit erst später.

Es war ein großer Erfolg, ausverkauft, knisternde Spannung, eine tolle Stimmung, elektrisiert vor Erwartung bei den Worten Hexe und Magie. Und plötzlich lernte ich eine andere Ebene von Gesprächspartnern kennen, ich begegnete den wirklichen, lebendigen Hexen.

Zur Premierenfeier wurde ich in ein verschwiegenes Lokal geführt. Die Wirtin öffnete, eine bildschöne Frau. Sie wurde mir gleich als Hexe vorgestellt. An einem großen Tisch saßen zwölf Leute, vier Männer dabei, die alle sagte, sie seien Hexen. Die Frauen waren ausnahmslos schön. Eine war siebzehn und sagte, ich war immer schon eine Hexe, meine Mutter war eine Hexe, meine Großmutter, natürlich bin ich auch eine. Ich habe die Kräfte. Auf einmal wurde mir klar, mein Hexenprogramm hat als Aussage die Frau als Angstvorstellung. Der Aufbruch der Frauen erzeugt Furcht. Furcht vor ihrer Macht. An dem Abend zeigte mir die Gruppe ihr Gesicht. Aber danach waren es wieder ganz normale, sogenannte normale Leute, die nach außen nichts mit Hexen zu tun haben wollten, auch Angst hatten, sich dazu zu bekennen. Dieser Premierenabend war wie ein Spuk.

Du hattest bisher keinen Kontakt zum Hexenkult und seinen Ritualen. Wie hast du das auf der Bühne dargestellt?

Aus alten Stichen und alten magischen Büchern habe ich mir die richtigen Zeichen, Instrumente und Rituale herausgesucht. Die Zeremonien sind ja in magischen Büchern genau beschrieben. Den Schutzkreis ziehen, die vier Himmelsrichtungen, die Elemente anrufen, wie das so abläuft. Das habe ich schon gemacht.

Inzwischen bist du mit dem Hexenprogramm mehrmals in Berlin, in Worms, in Stuttgart und anderen deutschen Städten aufgetreten. Wie war die Resonanz?

Ich habe zum Teil überwältigend gute Kritiken bekommen. Aber auch eine, die von einem Mann geschrieben war, die man wirklich als Hexenverfolgung bezeichnen kann. Der hat eine Art Hexenhammerbericht über mich geschrieben in einer so diffamierenden Weise, wie ich es überhaupt noch nie gelesen habe, auch nicht über jemand anderen. Eine Lynchjustiz der Zeitung. Was will die gegen Männer. Dabei sage ich nicht ein einziges Wort gegen Männer, ich lasse die nur sprechen. Von einem Tonband zitiert eine männliche Stimme die Vorurteile berühmter Männer der jeweiligen Zeit, wie Nietzsche, Schopenauer oder den heiligen Odo: »Da wir nicht einmal mit den äußersten Fingerspitzen Schleim und Kot anrühren mögen, warum begehren wir so eifrig, das Schmutzgefäß selbst zu umfassen?« Oder Papst Paul VI. 1975 (!) über »die Mission der Frau«: »Gott hat sie geschaffen zur empfindsamen Tochter, zur starken und reinen Jungfrau und besonders zur heiligen und würdevollen Mutter und schließlich zur frommen und arbeitsamen Witwe.«

Oder Otto Weininger: »Wie man Kindern, Schwachsinnigen und Verbrechern mit Recht keinen Einfluß auf die Leitung des Gemeinwesens gestatten würde, so muß die Frau von einer Sache ferngehalten werden, von der lebhaft zu befürchten ist, daß sie durch den weiblichen Einfluß nur könne geschädigt werden.« Und diese Vorurteile gelten überwiegend heute noch. Ich möchte ja, daß Männer auf Männer aufmerksam werden und sagen, das kann doch nicht sein, daß Männer so etwas gemacht und gesagt haben. Familienväter, Richter, Pfarrer, Mönche, Rechtsanwälte, Mediziner, die Herren Doktores, die Oberen der Gesellschaft, gebildete Leute, Philosophen. Dieser Kritiker fühlte sich durch mich angegriffen und hat blind zurückgeschlagen.

Ein anderer schrieb, Uta Sax nimmt alles viel zu ernst. Welch einen lustigen und kapriziösen Abend hätte es geben können, und sie muß uns den Spaß verderben. Hexe ist das Angstbild für den Mann, das er mit den Hexenverfolgungen und den Verbrennungen eliminieren wollte. Nur das habe ich gesagt. Schon dadurch fühlten sich einige Männer total angegriffen.

Wie ist der Mensch, nicht die Schauspielerin, Uta Sax durch das Hexenthema beeinflußt worden?

Ich habe mich auf jeden Fall verändert. Diese Mauer durchbrochen, von der ich sprach, das Gefühl, keine Ansprechpartner zu haben, isoliert zu sein. Ich habe einen anderen Bekanntenkreis, andere Gespräche, eine neue Art von Sicherheit und Bewußtsein, einen enormen Auftrieb und ein ganz anderes Auftreten. Immer mehr Leute lerne ich kennen, weil sich das Hexenprogramm einer so regen Nachfage erfreut. Die Widerstände sind viel weniger geworden. Die Zeit ist offener dafür, das Thema Hexen wird immer relevanter. Ich merke es an der steigenden Nachfrage und an den zunehmenden Veröffentlichungen. Nächsten Monat trete ich zum dritten Mal in Berlin damit auf, im Renaissance-Theater.

Bist du ganz persönlich auf diesem Weg weitergegangen?

Ja, ich habe mir Hans Peter Duerrs »Traumzeit« und Bücher über das Matriarchat gekauft und angefangen, mich mit den heidnischen Göttern zu beschäftigen.

Bist du aus der Kirche ausgetreten?

Schon lange.

Warum?

In der Kirche finde ich mich nicht wieder, und je mehr ich über Hexen gelesen habe, um so größer ist meine Distanz geworden. Wenn wir die notwendige Konfrontation mit der Hexengeschichte bewältigt haben, sind wir ein wichtiges Stück weitergekommen. Schon lange gehen viele den Weg zu den religiösen Wurzeln. Auch ich sehe den großen Bogen von den vorchristlichen Göttinnen über die mittelalterlichen Hexen zu uns heute. Da ist ein großer Zusammenhang, eine durchgehende Linie, die in die allerfrüheste Kultur- und Religionsgeschichte der Menschheit zurückreicht, in ihre Riten und Mysterien. Die Hexe, auf die ich per Zufall stieß, an die ich völlig arglos geraten war, entpuppte sich als ein Reizwort, ein Leitthema, das nach allen Richtungen hin ausstrahlt, alle kulturellen und existentiellen Ebenen berührt oder seine Wurzeln darin hat. Ein religiöses Thema und ein hochpolitisches Thema. Ein Frauenbewußtsein ist im Aufbruch nicht nur bei Frauen, auch bei Männern. Und das sind prima Männer, die ihre Gefühle nicht verdrängen und auch lernen, darüber zu sprechen. Diese Frauenbewegung ist eine Chance für die gesamte Menschheit, und nur dann ist sie sinnvoll. So wie es die neue Frau gibt, muß es auch den neuen Mann geben, der zu der neuen Frau paßt. Der sich aus vorgegebenen Zwängen sogenannter Männlichkeitsideale löst.

Schießen einige Frauen schon wieder über das Ziel hinaus, wenn sie sagen, wir sind soviel besser als der Mann?

Es ist verständlich, weil sie sich jetzt ihrer Kraft bewußt werden. Richtig, der Mann braucht im Moment händeringend die Frau, um seine eigene innere Kraft, seine Weiblichkeit, überhaupt zuzulassen. Auch der Mann hat eine Gehirnhälfte mit Emotionalität, mit Kreativität, mit Visionen. Wir müssen im Laufe der nächsten Zeit beide Geschlechter mündig bekommen, um überleben zu können. Die Frau darf ihre Stärke nicht dazu mißbrauchen, um ihrerseits den Mann zu unterjochen.

Wir sind auf dem Weg, zwar erst am Anfang, aber ich kenne Männer, die sich ganz selbstverständlich Feminist nennen, die das Weibliche in sich selbst wahrnehmen und mehr zu Wort kommen lassen, die Gefühle und Zärtlichkeit nicht verdrängen. Die sogar oft von Frauen nicht mehr akzeptiert werden, die sagen, du bist ein Softie, ach, der weint, der ist so gefühlvoll, du mußt doch stark sein als Mann. Weiblich darf nicht mehr ein Schimpfwort Richtung weibisch, kindlich sein, sondern muß wieder neue Verehrung gewinnen. Wo ist der männliche Rittertraum von der Frau, die als Symbol verehrt wird? Die Ritterin ist unterwegs, sie ist die Göttin, die Herrin der Vegetation, der Natur, Brigid, Diana, Artemis. Die alten Kulte erheben das heruntergekommene, vernachlässigte, in der Gosse gelandete Bild der sexuellen Frau wieder ins Göttliche, daß auch der Mann Herzklopfen bekommt. Wir haben eine Chance, daß die Weiblichkeit mit den alten Göttinnen wieder zu einer neuen Verehrung kommt, die einzige Chance zur Rettung unserer Erde, unseres Planeten. Der Mann muß seine weibliche Steite stolz entwickeln und die Frau ihre männliche Seite, das Kämpferische, bejahen, keine Feigheit, kein falsches Harmoniebedürfnis. Das muß jede für sich jeden Tag neu erkämpfen, sich durchsetzen, sich nicht mundtot machen lassen, sich wehren. Alles dies ist Verpflichtung für die Frau, für die Hexe in diesem Sinne.

Gehörst du zu diesen Hexen?

In diesem Sinne bekenne ich mich dazu, ja. Ich habe das Gefühl, Kontakt zu haben zu einer Kraft, einer Göttin, die mich führt, und ich merke, daß ich auf meine Weise, durch meinen Beruf etwas bewirken kann wie andere durch ihre Hexenrituale. Aus vielen Reaktionen, aus dem Echo auf mein Hexenprogramm, den Briefen, den Anrufen weiß ich, daß ich etwas in Bewegung gesetzt habe.

Hast du auch Anfeindungen von Frauen erlebt?

Erstaunlicherweise nicht. Während der Arbeit bin ich von Frauen in einer Art und Weise getragen worden, die wunderbar war. Ich bin dadurch absolut frauensolidarisch geworden, ohne im geringsten contra Männer zu sein.

War das neu für dich zu spüren, daß Frauen zusammenhalten und nicht gegenseitig Konkurrentinnen sind?

Das war eine ganz entscheidende und beglückende Erfahrung. Eine der wichtigsten und schönsten meines ganzen Lebens. Ich bin sicher, vor zehn Jahren wäre das noch nicht denkbar gewesen.

Es wird bereits von einem »Hexenboom« gesprochen. Warum ist jetzt der Boden dafür bereit?

Das hängt mit unserer ökologischen Situation zusammen, mit der Aussicht auf eine Zerstörung unserer Umwelt und eine totale Vernichtung unserer Erde. Uns ist bewußt geworden, daß das männliche abstrakte Denken sich so weit von der Natur entfernt hat, daß wir kurz vor einer Katastrophe stehen, wenn wir nicht das weibliche, naturbeinhaltende Sein als ganz wichtige Ergänzung dazunehmen. Der Mann tut, die Frau ist. Die weibliche Dimension, die Stärke und Kraft der schöpferischen Weiblichkeit ohne Aggression, ohne Gewalt und ohne Bevormundung ist in unserem Leben dringend als Rettung notwendig, weil sie wieder zurückführt zur Verantwortung für das, was man tut. Daß man nicht einfach weiterforscht, weiterproduziert und noch ein paar Raketen baut, sondern sagt, halt, Schluß, besinnt euch, was macht ihr eigentlich, was wird daraus.

Hölderlin hat einen wunderbaren Satz gesagt: »Wo Gefahr ist, da wächst das Rettende auch.« Wir können nur hoffen, daß das Rettende den Wettlauf gewinnt.

Weiterführende Literatur

Hexenkult und Wicca

Francia, Luisa: *Mond, Tanz, Magie.* München 1986

Frazer, J.G.: *Der goldene Zweig. Eine Studie über Magie und Religion.* Frankfurt/M. 1977.

Gardner, Gerald B.: *Ursprung und Wirklicheit der Hexen.* Weilheim 1965

Göttner-Abendroth, Heide: *Die tanzende Göttin. Prinzipien einer matriarchalen Ästhetik.* München 1982

Jannberg, Judith: *Ich bin eine Hexe.* Bonn 1983

Künkel, Inca Petra: *Auch du bist eine Hexe.* Bonn 1985

Leek, Sybil: *Diary of a Witch.* New York 1968

Leland, Charles G.: *Aradia – Die Lehre der Hexen.* München 1979

Murray, Margaret M.: *The Witch-Cult in Western Europe.* London 1921

–: *The God of the Witches.* London 1931

Scherf, Dagmar: *Der Ritt auf dem Zaun.* Bonn 1985

Schiran-Frauen u. a.: *Mutterrecht der Sterne.* Hüttlingen 1985

Starhawk (Miriam Simos): *Der Hexenkult als Ur-Religion der Großen Göttin. Magische Übungen, Rituale und Anrufungen.* Freiburg 1983

Wichmann, Jörg: *Wicca. Die magische Kunst der Hexen – Geschichte, Mythen, Rituale.* Berlin 1964

Hexen und Hexenprozesse

Becker, Gabriele/Bovenschen, Silvia, u. a.: *Aus der Zeit der Verzweiflung*. Frankfurt/M. 1977

Bocknik, Peter A.: *Die mächtigen Diener. Die Medizin und die Entwicklung von Frauenfeindlichkeit und Antisemitismus in der europäischen Geschichte*. Hamburg 1985

Delumeau, Jean: *Angst im Abendland*. Reinbek 1985

Duerr, Hans Peter: *Traumzeit*. Berlin 1978

–: *Können Hexen fliegen?* In: *Unter dem Pflaster liegt der Strand*, Band 3. Berlin 1981

Ehrenreich, Barbara/English, Deirdre: *Hexen, Hebammen und Krankenschwestern*. München 1975

Grünther, Ralf Achim: *Was ist Wahres an Hexensalben?* In: *Der gläserne Zaun. Aufsätze zu Hans Peter Duerrs ›Traumzeit‹*. Frankfurt/M. 1983

Hammes, Manfred: *Hexenwahn und Hexenprozesse*. Frankfurt/M. 1977

Hansen, H. A.: *Der Hexengarten*. München 1980

Hansen, Joseph A.: *Quellen und Untersuchungen zur Geschichte des Hexenwahns und der Hexenverfolgung im Mittelalter*. Bonn 1901

Heinsohn, Gunnar/Steiger, Otto: *Die Vernichtung der weisen Frauen*. Herbstein 1985

Kruse, Johann: *Hexen unter uns? Magie und Zauberglauben in unserer Zeit*. Hamburg 1951 (Nachdruck Leer 1978)

Michelet, Jules: *Die Hexe* (dt. Leipzig 1863). Berlin 1977

Mulack, Christa: *Maria – Die geheime Göttin im Christentum*. Stuttgart 1985

Schade, Siegrid: *Schadenzauber und die Magie des Körpers*. Worms 1983

Schormann, Gerhard: *Hexenprozesse in Deutschland*. Göttingen 1981

Soldan/Heppe: *Geschichte der Hexenprozesse*. Hanau 1911

Spee, Friedrich von: *Cautio Criminalis* (1631). München 1982

Sprenger, Jakob/Institoris, Heinrich: *Der Hexenhammer* (1487). München 1982

Stelzl, Ulrike: *Hexenwelt. Hexendarstellungen in der Kunst um 1900*. Berlin 1983

Szasz, Thomas: *Die Fabrikation des Wahnsinns*. Olten 1974

Wesel, Uwe: *Der Mythos vom Matriarchat*. Frankfurt/M. 1980

Neuere Literatur

Behringer, Wolfgang: *Hexen: Glaube, Verfolgung, Vermarktung*. München 1998.

Dülmen, Richard van (Hg.): *Hexenwelten: Magie und Imagination*. Frankfurt/M. 1993

Graichen, Gisela: *Das Kultplatzbuch*. Augsburg 1998

Malanowski, Anja/Köhle, Anne-Bärbel: *Hexenkraft: Macht und Magie der weisen Frauen heute*. München 1998

Opitz, Claudia (Hg.): *Der Hexenstreit: Frauen in der frühneuzeitlichen Hexenverfolgung*. Freiburg 1995